⁹ 그러므로 너희는 이렇게 기도하라

하늘에 계신 우리 아버지여 이름이 거룩히 여김을 받으시오며

¹⁰ 나라가 임하시오며 뜻이 하늘에서 이루어진 것같이 땅에서도 이루어지이다

¹¹ 오늘 우리에게 일용할 양식을 주시옵고

¹² 우리가 우리에게 죄 지은 자를 사하여 준 것같이 우리 죄를 사하여 주시옵고

¹³ 우리를 시험에 들게 하지 마시옵고 다만 악에서 구하시옵소서

(나라와 권세와 영광이 아버지께 영원히 있사옵나이다 아멘)

마 6:9-13

고려신학대학원에서 조직신학을 평생 가르쳐 온 저자가 은퇴 후 목회 사역을 주기도 강해로 시작했다. 그것은 하나님 나라 백성의 특권과 삶의 방식이 주기도 안에 고스란히 녹아 있다는 신학자의 식견 때문이었을 것이다. 이 책에는 저자의 신학적 통찰과 목회적 안목이 어우러져 빚어진 독특한 스타일의 메시지가 책 전반에 걸쳐 나타난다. 독자들은 주기도에서 밥과 하나님 나라가 어떤 미묘한 갈등과 동반 관계로 진행되고 땅과 하늘이 어떻게 입 맞추는지를 파악할 수 있다. 주기도의 신학을 쉽게 풀어낸 이 책은, 주님이 가르치신 기도의 본질과 내용을 깊이 알기 원하는 성도들과 목회자들을 위한 가장 탁월한 안내서가 될 것이다.

신원하 고려신학대학원 원장

사람은 매일 밥을 먹고 산다. 밥은 특별하지 않지만 특별한 것 이상의 의미가 있다. 이 책『밥심으로 사는 나라』는 평범한 듯하지만 결코 무시할 수 없는 기도의 비경을 보게 한다. 저자는 '지금 여기'에서 경험하는 하나님의 나라를 주기도문으로 흥미롭게 풀어낸다. 신학자의 사유와 목회자의 심정이 조화를 이루어, 독자들로 하여금 기도의 깊은 세계로 이끌어 가려는 열정이 묻어난다. 주기도에 관한 아주 특별한 책이 독자들의 손에 들려지게 되어 여간 반갑지 않다.

이규현 수영로교회 담임목사

주기도는 하나님 나라 백성이 제자로 살아가는 방식을 안내한다. 그러므로 모든 그리스도인은 주님이 가르쳐 주신 이 기도의 정신을 되살려 기도해야 한다. 그뿐 아니라 우리에게는 이 기도를 살아 낼 능력이 없음을 인식하고, 이것을 가능하게 하시는 성령님을 의지해서 기도해야 한다. 이 책은 우리가 참된 그리스도인으로 살아가게끔 주기도의 내용을 친절하고 예리하게 해석할 뿐 아니라, 우리가 마음 깊이 성령을 구하도록 이끌어 준다. 나는 특별히 박영돈 교수의 책은 안심하고 권한다. 이 책도 그러하다. 주님이 가르쳐 주신 기도를 깊이 배우고 인식하며 기도하기를 소원하는 분들에게 이 책은 큰 도움을 줄 것이다.

이찬수 분당우리교회 담임목사

신학대학원 시절 저자의 수업을 들을 때, 나를 비롯한 많은 학생들은 저자가 하는 수업의 장르가 신학교 강의인지 복음 설교인지 헷갈려 하고는 했다. 많은 학우가 수업 중 눈물을 훔쳤고, 깊이 있는 신학적 통찰에 놀라워했다. 그러한 저자가 신학교에서 은퇴한 후 강단에서 목회에 전념하며 풀어낸 이 주기도 강해서에는, 설교를 통해 기대할 수 있는 모든 내용이 극한까지 담겨 있다. 주님이 우리에게 가르치신 기도에 대한 저자 자신의 숙고, 2천 년간 공교회가 묵상해 온 신학적 고찰, 성도들의 삶의 정황을 이해하고 현장의 언어로 공감하며 적용하는 따뜻함이 어우러져 있는 것이다. 게다가 곳곳에 배어 있는 자기 반성적 묵상과 적용은 기도의 신학뿐 아니라 기도하는 자의 자세 혹은 영성을 깨닫게 한다. 특히 각 장 마지막에 실려 있는 '함께 드리는 기도'를 절대 지나치지 말고 실제로 기도해 보기를 권한다. 하나님과 더불어 겸손과 열정으로 교제하는 세계로 독자들을 인도할 것이다. **이정규** 시광교회 담임목사

밥심으로 사는 나라

IVP(InterVarsity Press)는
캠퍼스와 세상 속의 하나님 나라 운동을 지향하는
IVF(InterVarsity Christian Fellowship)의 출판부로
생각하는 그리스도인을 위한 문서 운동을 실천합니다.

밥심으로 사는 나라

기도와 삶의 부흥을 이끄는
주기도 강해

박영돈

Ivp

차례

머리말 · 9

주기도의 서론	**너희는 이렇게 기도하라** 1 우리에게 찾아온 주기도 · 14
주기도의 첫마디	**하늘에 계신 우리 아버지여** 2 우리 아버지 1 · 28 3 우리 아버지 2 · 46 4 하늘에 계신 우리 아버지 · 59
첫 번째 간구	**이름이 거룩히 여김을 받으시고** 5 아름다운 그 이름 · 78
두 번째 간구	**나라가 임하시고** 6 가고 싶은 나라 · 98 7 그 나라에서 살아가기 · 113 8 두 나라의 시민으로 살기 · 125 9 '이미'와 '아직' 사이에서 살기 · 141
세 번째 간구	**뜻이 하늘에서 이루어진 것같이 땅에서도 이루어지이다** 10 하늘과 땅의 입맞춤 · 158

네 번째 간구	**오늘 우리에게 일용할 양식을 주시고** 11 하나님 나라, 밥심으로 산다 1 • 172 12 하나님 나라, 밥심으로 산다 2 • 190
다섯 번째 간구	**우리가 우리에게 죄 지은 자를 사하여 준 것같이 우리 죄를 사하여 주시고** 13 하나님 나라, 회심으로 산다 1 • 208 14 하나님 나라, 회심으로 산다 2 • 222
여섯 번째 간구	**우리를 시험에 들게 하지 마시고 다만 악에서 구하소서** 15 하나님 나라, 시험을 헤치며 산다 • 238 16 하나님 나라를 향한 출정 • 253
송영	**나라와 권세와 영광이 아버지께 영원히 있습니다 아멘** 17 주기도의 종점 • 270 18 아멘 • 286

참고 도서 • 301

머리말

신학교에서 20년 넘게 일하다가 그간 섬겨 오던 작은 교회의 담임목사가 되었습니다. 회중의 대부분이 젊은 교인들이고 그 가운데는 아직 기도의 훈련이 잘 되어 있지 않은 이들이 많아, 주기도 강해를 먼저 해야겠다는 생각이 들었습니다. 다섯 달에 걸쳐 매주 설교를 위해 주기도를 연구하면서, 무엇보다 저 자신이 이 기도의 보배로움을 새롭게 발견하게 되었습니다. 그리고 오랜 세월 주기도의 부요하고 심층적인 의미를 제대로 음미하지 못한 채 이 기도를 해 온 것이 정말 후회가 되었습니다. 교인들도 전에는 별 생각 없이 주기도를 외듯이 기도하다가 그 풍성한 의미를 깨닫고 새로운 차원에서 기도하게 되니 정말 좋다는 고백을 들려주었습니다. 그래서 그 내용을 정리하여 좀더 많은 이들과 나누기 위해 이렇게 책으로 내게 되었습니다.

사실 지금까지 출간된 주기도에 관한 책들도 차고 넘치는데 거기에 또 하나를 더한다는 것이 망설여지기도 합니다. 수많은 이들이 섭렵하고 정리한 내용에 비해 색다른 것이 과연 있을까 싶기 때문입니다. 그럼에도 이 책만의 중요한 특징이 있다면, 바로 조직신학자 특유의 방식으로 앞서간 이들의 수고의 열매 중 좋은 것을 선별하고 조합하고 재활용했다는 점을 들 수 있겠습니다. 거기에 미세하나마 제 아둔한 머리에서 떠오른 지혜의 편린도 더해졌을 것입니다. 아무래도 오랜 세월 제 안에 굳어진 조직신학적 사유의 습관이 주기도 강해에 많은 흔적을 남겼을 것입니다. 그렇지만 동시에 목회 현장에서 교인들과 함께 호흡하는 목회자로서, 최대한 회중의 눈높이와 영적 필요에 맞추어 주기도의 신학을 설교로 풀어 보려고 노력했습니다.

『밥심으로 사는 나라』라는 이 책의 제목과 관련해서도 언급이 필요할 것 같습니다. '밥'과 '하나님 나라'는 잘 어울리지 않는 조합으로 보일 수 있기 때문입니다. 그러나 하나님 나라는 이 땅의 현실과 거리가 먼 뜬구름 잡는 이야기가 아니라, 이 땅에서 가장 절박한 밥의 문제와 깊은 연관이 있습니다. 이 땅에서 하나님 나라를 추구하는 삶은 밥을 중심으로 얽혀 있습니다. 하나님 나라와 밥은 함께 가는 단짝인 동시에 계속 충돌하는 맞수입니다. 밥 문제가 우리의 발목을 잡아 하나님 나라의 추구를 끈질기게 방해하기에, 일용할 양식을 믿음으로 구할 때만 주기도의 다른 간구도 제대로 드릴 수 있습니다. 이러한 점에서 매일 밥을 구하는 것이 주기도의 핵심이라고 할 수 있으며, 그것이 밥을 전면에 부각시킨 이유입니다.

한편 책에 인용하거나 특별히 도움을 받은 참고 문헌을 각주로 처리하여 좋은 자료를 찾는 독자에게 조금이나마 도움을 드리려고 했습니다. 그리고 책 말미의 참고 도서 목록에도 추천하고 싶은 책을 표시해 두었습니다. 각 장 마지막에는, 강해는 끝나도 독자들의 기도는 시작되기를 바라는 마음에서 강해 내용을 함축한 기도문을 더 했습니다.

초대 교회에서부터 오늘날까지, 2천 년 교회 역사 속 모든 영적 부흥과 각성은 기도에 뿌리를 내리고 있습니다. 하나님의 백성들이 기도의 영광에 눈을 뜨고 그 중요성에 대해 각성한 것이 바로 부흥의 시작이었습니다. 그래서 저는 주님이 가르치신 보배로운 기도를 통해 이 시대 그리스도인들의 마음에도 기도의 불을 붙이시는 성령의 역사가 시작되기를 간절히 소원하는 마음으로 이 책을 씁니다.

끝으로 매주 주기도를 연구하며 강해하는 일에 기도로 함께해 준 작은목자들교회 교우들과 항상 옆에서 힘이 되어 준 아내에게 감사하며, 이 책의 출간을 위해 수고하신 IVP의 모든 분들께 깊은 감사를 표합니다.

2019년 10월
시흥에서
박영돈

주기도의
서론

너희는 이렇게 기도하라

1. 우리에게 찾아온 주기도

보배로운 선물

그리스도인들 가운데 기도의 중요성을 부인하거나 기도해야 한다는 의식 없이 살아가는 사람은 거의 없을 것입니다. 그런데 중요한 것은 많은 이들이 기도를 부담스러워하고, 기도해야 한다는 의무감과 기도를 제대로 하지 못한다는 죄책감에 눌려 있다는 사실입니다. 이런 문제는 우선적으로 기도가 무엇이고 어떻게 하는 것인지를 잘 알지 못하는 데서 비롯됩니다. 그래서 이제부터 주님이 가르치신 주기도를 통해 기도의 의미와 기도의 올바른 방식을 살펴보려고 합니다.

저는 주기도에 대한 설교를 준비하기 위해 여러 책을 읽고 연구하며 시간을 보냈습니다. 그 과정에서 이 기도가 얼마나 진귀하고 보배로운 선물인지를 새롭게 깨달았고, 왜 진작 이런 설교를 하지 않았는지 정말 후회했습니다. 주기도를 공부하면서 우선 저 자신의 기도를 돌아보게 되었고, 기도를 더 잘하고 싶은 열망이 일어났습니다. 이 기도에 담긴 놀라운 축복과 특권을 발견하니 전율까지 느껴졌습니다.

이 기도 속에는 하나님 나라로 들어가는 문이 있고, 그 나라의 풍성한 생명과 평강을 스스로 누릴 뿐 아니라 세상으로 흘려보낼 수 있는 비결이 담겨 있습니다. 그래서 평상시 기도를 잘하지 못하고 힘들어했던 분들에게는 이 기도가 동기를 부여하고 열심을 자극할 것입니다. 또한 열심히 기도해 온 분들은 자신의 기도에 대한 철저한 점검과 교정을 받게 될 것입니다. 그렇게 해서 모든 분들의 기도가 한층 더 성숙한 단계로 도약하게 되리라 믿습니다. 지금까지 기도를 꾸준히 해 왔든 아니든, 뒤의 것은 모두 잊어버리고 앞으로 기도를 새롭게 배운다는 마음으로 주님의 가르침을 받으시기 바랍니다.

하나님 나라로 들어가는 관문

누가복음 11장에도 주기도문이 기록되어 있습니다. 거기서는 (세례 요한이 제자들에게 기도를 가르친 것처럼 우리에게도) 기도를 가르쳐 달라는 제자들의 요청에 응해서 주님이 주기도를 말씀해 주십니다. 누가는 어떤 배경과 상황에서 주님이 이 기도를 가르치셨는지를 이렇게 밝혔습니다.

그런데 마태는 그에 대한 언급을 하지 않고, 주기도를 산상수훈 안에 넣습니다. 주기도를 교훈적 목적을 위해 재배치한 것입니다. 마태는 산상수훈을 통해 구약에서부터 대망하고 그리스도로 말미암아 도래한 하나님 나라와 그 의가 무엇인지를 증거합니다. 산상수훈의 대 주제는 하나님 나라입니다. 산상수훈을 하나님 나라의 대헌장이라 부르기도 합니다. 여기서 마태는 유대인들이 지닌 잘못된 개념을 바로잡고 하나님 나라의 원리와 의가 무엇인지를 밝히기 위해 특별히 대조법을 도입했습니다. 유대인들이 추구하는 율법적 의로움과 하나님 나라가 요구하는 마음에서 우러나는 의로움, 위선과 참된 경건을 극명하게 대비시킨 것입니다.

산상수훈의 중앙에 위치하는 이 본문 역시 외식으로 치우친 유대인의 기도와 대조되는 바른 기도의 전형을 제시합니다. 이 기도에는 하나님 나라를 향한 갈망과 부르짖음이 고스란히 녹아 있습니다. 이 기도는 하나님 나라의 백성이 어떤 존재인지 그 정체성을 확실히 밝혀 줍니다. 하나님 나라 백성이 살아내야 할 삶의 근본 원리와, 이들이 우선적으로 추구하는 비전과 가치와 목표가 무엇인지를 제시해 줍니다. 주기도는 참된 기도의 원형이며 기초라고 할 수 있습니다.

이렇듯 하나님 나라의 핵심에 주기도가 놓여 있습니다. 주기도를 통해 우리는 이 땅에 임한 하나님 나라의 실체 속으로 들어가고 그 나라의 능력과 은혜를 맛봅니다. 주기도를 통해 온 땅에 하나님의 뜻이 이루어지고 그분의 나라가 확장되게 합니다. 주기도는 하나님 나라를 향한 부르짖음입니다.

주기도의 요약

주기도는 총 여섯 개의 간구로 구성되어 있고, 이는 다시 세 개의 '당신 청원'과 세 개의 '우리 청원'으로 나눌 수 있습니다. 먼저 '당신 청원'을 보겠습니다. "당신의 이름이 거룩히 여김을 받으시고" "당신의 나라가 임하시고" "당신의 뜻이 하늘에서 이루어진 것같이 땅에서도 이루어지이다."* 첫 번째 청원은 하나님의 거룩한 이름을 송축하는

---

* 한글 번역에는 원문에 있는 '당신'이라는 단어가 생략되어 있다.

것이라 볼 수 있습니다. 하나님의 성호를 찬양함으로 기도를 시작하는 것입니다. 세 개의 '당신 청원'에서 핵심이 되는 것은 "당신의 나라가 임하시고"라는 간구입니다. 세 번째 청원인 "당신의 뜻이 땅에서도 이루어지이다"는 하나님 나라가 임하기를 원한다는 말과 동일한 의미입니다. 그래서 누가복음에는 이 대목이 빠졌는데, 그럼에도 주기도의 핵심 내용에는 큰 차이가 없습니다. 세 개의 당신 청원은 결국 하나로 수렴될 수 있는데, 바로 하나님 나라를 위한 청원입니다.

이어지는 세 개의 '우리 청원'은 하나님 나라를 위한 간구에 수반되는 축복, 즉 일용할 양식과 죄사함, 악에서의 구원을 구하는 내용입니다. 그래서 마태복음 6:33은 전체 주기도문의 요약인 셈입니다. "그런즉 너희는 먼저 그의 나라와 그의 의를 구하라. 그리하면 이 모든 것을 너희에게 더하시리라." 그리고 바로 앞의 6:32은 이 말씀의 서문 역할을 합니다. "이는 다 이방인들이 구하는 것이라. 너희 하늘 아버지께서 이 모든 것이 너희에게 있어야 할 줄을 아시느니라." 이는 6:6-8이 주기도문의 서문 역할을 하는 것과 비슷한 구조입니다. "또 기도할 때에 이방인과 같이 중언부언하지 말라. 그들은 말을 많이 하여야 들으실 줄 생각하느니라. 그러므로 그들을 본받지 말라. 구하기 전에 너희에게 있어야 할 것을 하나님 너희 아버지께서 아시느니라"(마 6:7-8).•

• 주기도의 구조에 대한 더 자세한 논의는, 김세윤의 『주기도문 강해』(두란노), pp. 10-57를 참고하라.

'주기도'가 아닌 '나 기도'

하나님 나라와 의를 먼저 구하면 이 모든 것을 더하실 것이라고 하셨습니다. 하나님 나라를 구하는 것이 이 모든 것을 얻는 길입니다. 하나님 나라에 대한 청원에는 우리에게 필요한 모든 것도 포함되어 있습니다. 즉 하나님을 위한 '당신 청원'이 우리를 위한 기도에 우선해야 합니다.

그런데 우리는 너무나 쉽게 주기도가 아닌 '나 기도'를 드립니다. 주님의 소원과 뜻이 아니라 내 소원과 욕망을 이루고자 기도합니다. 우리는 주님의 나라가 임하고 주님의 뜻이 이루어지게 해 달라는 간구인 '당신 청원'에는 별로 마음을 두지 않습니다. 그보다 자신의 필요와 평안과 행복을 위한 기도에 온 마음과 관심을 기울입니다. 우리 기도가 궁극적으로 지향하는 것은 하나님이 아니라 나입니다.

'나 기도'가 주기도로 바뀌어야 합니다. 어떤 목사가 기도의 인플레이션 현상이라고 할 정도로 한국 교회가 기도를 많이 한다고 말한 적이 있습니다. 세계에서 매일 새벽기도를 하는 교회는 한국 교회밖에 없습니다. 수요기도회, 금요철야기도회, 금식기도회 등 기도 모임이 정말 많습니다. 요즘은 특별새벽기도회도 유행인데, 외국에서 한국 교회를 탐방하러 와서 두 번 놀란다고 합니다. 기도를 많이 하는 것을 보고 놀라고, 그만큼이나 많이 싸우고 분쟁하는 것을 보고 놀란다는 것입니다. 그 많은 기도가 바람직한 열매를 맺지 못하고 있습니다. 원인은 한국 교회가 기도를 열심히 하지 않는 것이 아니라, 기도가 잘못되었다는 데 있습니다. 기도의 본질을 모르는 것입니다. 주기도가 아니라 '나 기도'를 드리고, 기도를 자기 소원과 욕망을 성취하는 도구로 삼는 것입니다.

이 본문에서 주님이 지적하신 외식하는 기도의 문제도 기도의 도구화에 있습니다. 그것은 우리 안의 가장 강한 욕구인 인정 욕구를 채우는 도구로 기도를 이용하는 태도입니다. 세상에서 복 받고 성공하기 위한 도구로서 기도를 이용하는 것은 그래도 좀 순진한 편에 속합니다. 기도를 많이 하는 신령하고 경건한 사람이라는 평판과 영광을 얻으려는 은밀한 욕망에서 기도를 도구화하는 것은 좀더 심각한 영적 탈선입니다. 이것은 기도하는 사람들이 빠지기 쉬운 위험인데, 높은 수준의 경건을 갖춘 사람만이 범할 수 있는 과오입니다. 기도에서 항상 따라오는 유혹은 보이지 않는 하나님보다 당장 눈앞에 보이는 사람들을 더 의식하는 것입니다. 하나님보다 사람으로부터 인정과 영예를 얻기 위해, 하나님이 아닌 사람이 듣도록 기도하는 것입니다. 외식하는 기도의 문제는, 기도의 궁극적 대상이 바르게 설정되지 않았다는 데 있습니다.

'홀로'와 '함께'

주님은 제자들에게 골방에 들어가서 문을 닫고 기도하라고 하셨습니다. 물론 주님은 공중 기도의 가치를 폄하하고 골방 기도만 참된 기도라고 말씀하시지 않았습니다. 그 말씀의 핵심은 은밀한 곳에 함께 계시는 우리 아버지께 기도하라는 것입니다. 보이는 사람에게 들리도록 기도하지 말고 보이지 않지만 분명히 현존하시는 하나님 아버지께 기도하라고 하신 것입니다. 이것이 모든 기도의 근본 원리입니다. 많은 사람 앞에서도, 은밀한 골방에 있는 것처럼 하나님 아버지를 의식하고 주님께 기도해야 합니다. 사실 사람들 가운데서 기도하는 것이 골방에서 기도하는 것보다 어렵습니다. 사람들 앞에서도 사람보다 하나님을 더 의식하고 기도할 수 있다면 상당한 수준의 경건에 이르렀다고 볼 수 있습니다. 그렇게 기도하려면 은혜가 더 충만해야 합니다.

우리는 홀로 기도할 때가 있고 함께 기도할 때가 있습니다. 우리 신앙생활은 '홀로'와 '함께'의 균형이 잘 유지되어야 합니다. 홀로 기도하지는 않으면서 사람들 앞에서만 멋지게 기도한다면 문제가 있습니다. 홀로 하든 함께 하든 기도 대상과의 관계가 중요합니다. 기도는 은밀한 중에 계신 아버지께 하는 것입니다.

그런데 홀로 하는 기도는 있어도 개인이 고립되는 기도는 없습니다. 진정한 기도는 공동체적 기도입니다. '나'만을 위한 기도가 아니라 '우리'를 위한 기도입니다. 혼자 기도할 때도 '우리'라는 공동체로서 기도하는 것입니다. 교회로서, 하나님 나라 백성으로서 기도하는 것입니다. 골방에서 홀로 기도할 때도 우리는 교회의 형제자매들과 함께 기도합니다. 개인의 소원만 구하는 것이 아니라 공동의 소원과 갈망을 간구하기 때문입니다.

주기도는 '내' 아버지가 아니라 '우리' 아버지로 시작합니다. 주기도는 개인주의 영성을 철저히 배격합니다. 개인주의보다 기도의 본질을 왜곡하는 것이 없습니다. 자신만을 위한 기도를 많이 할수록 이기적이고 교만한 사람이 되기 쉽습니다. 반면, 우리를 위한 기도를 많이 한 사람일수록 우리를 사랑합니다. 형제자매를 사랑합니다. 주님의 교회를 사랑합니다. 하나님 나라의 백성들을 사랑합니다.

주기도는 우리가 드려야 할 공동의 간구가 무엇인지를 알려 줍니다. 주기도는 우리의 뜻과 하나님의 뜻이 하나가 되게 하는 동시에, 형제자매들의 뜻이 서로 하나가 되게 합니다. 형제자매가 사랑으로 연합하는 것입니다. 주기도는 주님의 한 몸을 이루는 비결입니다. 하나님은 서로 뜻이 하나 된 거대한 무리인 하나님 백성이 함께 드리는 주기도를 통해, 이 세상을 자신의 뜻대로 빚으며 역사를 운행해 가십니다. 주기도를 드리는 것은 교회 역사 속에 존재했던 기라성 같은 신앙 인물들의 위대한 기도에 동참해서 이 역사를 움직이는 것과 같습니다.

우리를 찾아온 주기도

주님은 주기도를 가르치실 때 이방인처럼 중언부언하지 말라고 하셨습니다. 그런데 요즘은 바로 그 주기도가 중언부언하는 기도의 대표적인 예가 되었습니다. 의미 없이 되뇌는 주문이 되고 만 것입니다. 종교개혁자 마르틴 루터(Martin Luther)는 주기도문이 역사상 가장 끔찍한 순교자라고 말했습니다. 그만큼 주기도가 오용되고 있다는 뜻입니다. 오직 주기도의 참된 의미를 가슴에 새기고 온 마음을 다해 이 기도를 드릴 때 비로소 이 땅의 교회가 영적으로 살아날 것입니다.

초기 교부 테르툴리아누스(Tertullianus)는 주기도가 복음의 요약이라고 말했습니다. 주기도는 복음을 함축할 뿐 아니라, 복음에 기초합니다. 주기도는 주님이 십자가에서 고난받으신 대가로 우리에게 주신 선물입니다. 기도는 우리가 공을 쌓고 정성을 드림으로써 위로 올라가는 상승 작용이 아니라, 위에서 내려오는 은총입니다. 우리가 주기도를 선택한 것이 아니라 주기도가 우리를 기도자로 선택했습니다.• 우리에게 이 기도를 드릴 수 있는 자격을 부여하며 이 기도를 통해 주어지는 모든 특권을 누리도록 허락했습니다. 주기도가 진귀한 선물로서 우리를 찾아온 것입니다. 주님이 십자가에서 피를 흘려 우리 죄를 씻으시고 양자로 삼아 주셨기에 우리에게 하나님을 아버지라고 부를 수 있는 자격이 주어진 것입니다. 우리가 아버지를 부를 때 하늘 아버지가 성령으로 우리 가운데 임재하십니다.

사랑하는 이는 기도한다

그러므로 기도는 믿음의 구체적인 표현입니다. 예수님의 구속 사건으로 말미암아 우리가 하나님의 자녀가 되고 하나님이 우리의 자비로운 아버지가 되셨다는 복음의 진리를 확신하는 이는 기도하지 않을 수 없습니다. 그리스도 안에서 이제 하나님 나라가 임했다는 복음을 참으로 알고 믿는 사람은 하나님 나라를 갈망하고 추구합니다. 우리는 진리를 아는 만큼, 믿는 만큼 기도합니다. 복음을 통해 하나님과 자신을 바로 아는 데서 기도가 나옵니다. 하나님을 아는 지식에서 기도가 나오고, 기도가 하나님을 참으로 아는 길이 됩니다.

 신학 공부에서 가장 중요한 것이 기도입니다. 참된 신학은 기도하는 신학입니다. 성경과 신학에 대한 지식이 아무리 많은 사람도 기도하지 않으면 그 지식은 머릿속에 개념으로 남을 뿐입니다. 자

• 스탠리 하우어워스·윌리엄 윌리몬, 『주여, 기도를 가르쳐 주소서』(Lord, Teach Us, 복있는사람), p. 24.

신의 이성 안에 갇히는 것입니다. 하지만 기도는 우리를 자기 밖으로 나아가 초월적 실체의 생명을 접하게 합니다. 하나님을 밋밋한 개념, 지식의 대상으로만 알던 사람이 기도 속에서 하나님의 실존과 생명과 사랑을 체험합니다. 그 선하심과 아름다우심을 맛보아 아는 것입니다. 모든 탁월한 신학자는 기도의 사람이었습니다. 기도하지 않는다는 것은 사실상 하나님을 잘 모르고 그분을 믿지 않는다는 뜻입니다. 기도 없는 믿음은 하나님과의 생명력 있는 관계가 결여된 죽은 믿음입니다.

기도는 이처럼 믿음의 표현인 동시에, 사랑의 행위이기도 합니다. 아버지를 사랑하지 않는 이는 아버지를 즐겨 찾지 않습니다. 사랑하지 않는 대상과 교제하는 것은 지겨운 일이기 때문입니다. 하나님 나라를 사랑하고 갈망하지 않는다면 하나님 나라가 임하도록 간절히 기도할 필요가 없습니다. 또한 서로 사랑하지 않는 자녀들은 아버지라는 이름을 부를 수 없습니다. 형제자매를 용서하지 않으면서 자기 죄를 용서해 달라고 기도할 수도 없습니다. 형제자매를 사랑하지 않고 상대의 행복에 별 관심이 없다면 그들을 위해 간절히 기도하지 못합니다. 이 사회와 민족과 세상을 사랑하지 않는 이 역시 이 땅에 하나님 나라가 임하기를 간구할 수 없을 것입니다.

기도는 자신을 뛰어넘어 남을 위해 사는 방식입니다. 기도는 자기의 필요만을 위한 것이 아니라 온 세상을 부둥켜안는 행위입니다. 하나님에 대한 지식, 하나님 나라에 대한 갈망과 추구, 이웃에 대한 사랑 등 모든 것이 기도에 응축되어 있습니다. 기도에서 내가 드러납니다. 내가 무엇을 중요하게 여기며 갈망하는지, 무엇에 우선적 관심을 갖고 사는지, 영혼의 상태가 어떠한지가 모두 나타납니다. 매일 주기도를 진심으로 의미 있게 드리며 살고 있다면 우리는 건강하고 충만한 영적 상태에 있다고 볼 수 있습니다. 주기도를 바르게 드리는 것이 신앙 회복과 부흥의 핵심입니다.

습관이 영성이다

교회는 기도의 집으로서 기도를 배우고 학습하는 곳입니다. 루터는 "신앙은 기도이고, 오직 기도다"라고까지 말할 정도로 기도를 강조했습니다. 바른 기도를 배우기까지는 하나님을 안다, 믿는다고 말할 수 없고, 그리스도인의 삶을 살 수도 없습니다. 따라서 우리는 조금이라도 빨리 기도를 배워야 합니다. 주일학교에 다닐 때부터, 아니면 청년 시절부터 기도를 배워야 합니다. 운동도 그렇고, 무엇이든 습관으로 몸에 배지 않으면 하기가 싫고 무척 어렵습니다. 기도도 배우고 훈련하여 몸에 밸 때까지 익숙해지지 않으면 그저 힘든 고역일 뿐입니다. 교회에서 무엇보다 바르게 기도하는 법을 배워야 합니다. 그래서 주님은 우리에게 무엇을 어떻게 기도해야 할지를 가르쳐 주셨습니다.

또한 교회 안에 거하는 기도의 영이신 성령도 올바른 기도를 드릴 수 있도록 우리를 인도하고 도우십니다. 성령은 예수 그리스도의 구속으로 말미암아 하나님이 우리 아버지가 되셨다는 복음을 확신하게 하시고, 영혼 깊은 곳에서 '아빠 아버지'를 향한 부르짖음이 솟구쳐 올라오게 하십니다. 갓 태어난 아기가 자지러지게 우는 것처럼, 성령으로 새로 태어난 사람은 '아빠 아버지'를 부르며 울부짖습니다. 기도는 성령으로 거듭났다는 표시이며 하나님 나라 백성이 되었다는 분명한 증거입니다. 성령은 그리스도 안에 임한 하나님 나라의 실체, 즉 하나님의 임재와 통치를 체험하게 하며, 하나님 나라의 더 온전한 도래를 갈망하게 합니다.

우리는 주님이 가르치신 기도를 마음으로 터득할 뿐 아니라 몸으로도 체득할 필요가 있습니다. 이때 성령이 일련의 습득 과정을 통해 기도를 배우게 하시고, 경건의 습관이 형성되도록 도우십니다. 『습관이 영성이다』(You Are What You Love)*라는 책에서 이야기하듯, 진정한 영성과 성품은 습관을 통해 배양됩니다. 기도를 우리의 충동적 갈망에만 맡겨 버릴 수 없습니다. 충동과 감동만을 따라 기도하면 지속적인 기도의 습관이 자리 잡지 못하기 때문입니다. 우리는 감정에 의존하기보다 의무적이고 습관적으로 기도할 필요가 있고, 이것을 율법적이라고 볼 수는 없습니다. 생각해 보면 우리는 대부분의 중요한 일을 습관적으로 합니다. 먹고 마시고 출근하고 공부하고 운동하는 일을 습관적으로 한다면, 당연히 기도도 매일의 습관이 되어야 합니다. 그러면 기도가 자연스러운 일상이 되고, 고역스러운 의무가 아닌 즐겁게 할 수 있는 일이 됩니다.

기도를 혼자 배우기는 어렵기 때문에, 우리는 바른 기도를 교회에서 함께 배워야 합니다. 기도의 영이 충만히 임재하고 운행하시는 그리스도인의 모임에서 함께 기도하며 기도의 정신과 분위기에 젖어 드는 것은 기도를 배울 수 있는 매우 유익한 방법입니다. 이 과정에서 우리는 하나님이 주기도를 통해 의도하신, 우리가 마땅히 되어 가야 할 모습으로 빚어져 갑니다. 그리고 하나님 나라를 향해 부르짖는

• 제임스 스미스, 『습관이 영성이다』(비아토르).

주기도를 통해 역사의 무대에 올라 하나님과 함께 이 세상을 통치하는 영광스러운 사명을 수행합니다. 이 땅의 교회가 진정으로 그런 교회가 되기를 소원합니다.

‖ 함께 드리는 기도 ‖

1. 우리에게 주기도라는 귀한 선물을 주셔서 감사합니다. 주기도의 참된 의미를 깨달아 바르게 기도할 수 있게 하소서.
2. 주기도를 드릴 때 하나님의 임재와 통치가 우리 가운데 임하게 하소서. 하나님의 뜻이 우리 삶과 세상 속에서 이루어지게 하소서.
3. 조금이라도 일찍 기도를 배워 기도가 우리 몸에 밴 매일의 습관이 되게 하소서. 성령이 연약한 우리를 도우셔서 우리 안에 기도에 대한 갈망과 부르짖음이 일어나게 하시고 기도의 습관이 형성되게 하소서.
4. 이 땅의 교회가 하나님과 함께 세상을 통치하며 새롭게 하는 기도의 집 역할을 하게 하소서.

주기도의
첫마디

하늘에 계신 우리 아버지여

2. 우리 아버지 (1)

주기도를 여는 첫마디

주기도는 "하늘에 계신 우리 아버지"로 시작합니다. 우리말 성경에서는 '하늘'이 가장 먼저 등장합니다. 반면, 원어 성경에서 가장 먼저 등장하는 단어는 '아버지'입니다. 이는 어순의 차이 때문인데, 헬라어로는 '아버지'가 제일 먼저 나오고 그다음에 '우리'와 '하늘에 계신'이 이어집니다. 바로 이 첫마디가 기도의 성격과 방향을 결정합니다. 이 첫마디가 주기도를 잘못된 기도와 분명하게 대조시킵니다.

주님이 지적하신 외식하는 기도와 중언부언하는 기도의 문제는 기도의 대상이 바르지 못하다는 것이었습니다. 외식하는 유대인의 기도는 하나님이 아니라 사람을 향한 기도입니다. 이방인이 기도할 때 중언부언하는 이유도 기도하는 대상을 잘 모르기 때문입니다. 그들은 말을 많이 해야 기도가 들린다고 생각했습니다. 그들의 관심은 기도의 대상에 있는 것이 아니라 원하는 것을 얻어 내는 데 있었던 것입니다. 기도하는 대상이 누구인지 잘 모르고, 심지어 그 대상이 누구라도 상관이 없었습니다. 다만 그들의 소원만 들어주면 됩니다.

이방인의 기도가 원래 그렇습니다. 다신교가 성행했던 헬라 시대에는 사람들이 많은 신에게 소원을 빌었고, 심지어 그중에는 알지 못하는 신도 있었습니다. 정말 그런 신들이 존재하는지는 모르지만, 그중 하나라도 기도의 레이다에 걸리는 요행을 바라는 마음으로 비는 것입니다. 혹시라도 어떤 신이 존재한다면 그의 환심을 사기 위해서 공을 들여야 합니다. 그 신의 마음을 움직이기 위해 열심히 빌어야 하는 것입니다. 우리 민족 정서에도 샤머니즘과 각종 미신이 흐르고 있고, 지성이면 감천이라는 신념으로 바위나 고목 앞에 정화수를 떠놓고 열심히 빌기도 했습니다.

현대판 미신

인간 안에 내재한 이런 미신적 성향이 현대에 와서는 좀더 고상한 형태로 진화합니다. 미신이 현대 문화를 지배하고 있는 실용주의 및 다원주의와 결합하여 좀더 품격 있는 신앙으로 발전하고 있습니다. 실용주의(pragmatism)는 현대 문화, 특별히 서구 문화에 지대한 영향을 끼친 사상인데, 실용주의 철학의 대가 윌리엄 제임스(William James)는 산업과 과학이 눈부시게 발달되어 살기 좋은 세상이 도래하리라는 희망으로 부풀었던 1900년대에 『종교적 경험의 다양성』(*The Varieties Religious Experience*)이라는 유명한 책을 썼습니다.* 그는 그 책에서 과학과 문명이 발전하여 인류에게 살기 좋은 환경과 여건이 주어진다고 해서 참으로 행복해지는 것은 아니라고 말합니다. 진정한 행복은 외적 환경이 아니라 인간의 마음에서 오는데, 과학의 발전이

---

* 윌리엄 제임스, 『종교적 경험의 다양성』(한길사).

가져다주지 못하는 마음의 행복은 종교 체험에서 온다는 것입니다.

제임스는 주로 기독교 체험, 성령 체험을 분석해서 그의 주장의 근거로 삼았지만, 핵심 메시지는 행복해지고 싶으면 어떤 종교든 자신에게 맞는 것을 택해서 종교 체험을 하라는 것입니다. 체험의 대상이 기독교의 하나님이든, 이슬람이나 힌두교나 불교에서 말하는 절대자든 상관이 없습니다. 중요한 것은 그 체험을 통해서 얻는 유익과 실용적 가치일 뿐, 신 혹은 절대자는 우리가 알 수 없다는 것입니다. 그런 점에서, 잘 모르는 신을 믿는 미신과 맥을 같이한다고 볼 수 있습니다.

이러한 현대판 미신은 고차원적 철학을 새로운 기반으로 도입하여, 하나님같이 우리의 경험을 초월한 존재는 우리 이성으로는 알 수도 없고 설명할 수도 없다고 주장합니다. 그것이 바로 세기의 철학자 이마누엘 칸트(Immanuel Kant)의 주장입니다. 이런 종교관은 현대 다원주의 문화와 코드가 매우 잘 맞습니다. 미국 서점에 가 보면 베스트셀러 종교 서적이 주로 다원주의 영성에 관한 책들인데, 대부분 기독교, 유대교, 힌두교, 불교, 모르몬교 등 온갖 종교에서 좋은 것만 가져다가 혼합해 놓았습니다. 혼합주의 영성은 인간의 행복과 평안을 지향합니다. 그것을 얻을 수 있다면 어떤 종교나 신이든 상관없습니다.

다급할 때 하는 기도

인간의 미신적 성향과 오늘날의 실용주의 및 다원주의 문화가 결합하여 현대인의 새로운 종교성이 형성됩니다. 간혹 영화에서 하나님,

예수님, 부처님, 천지신명을 모두 부르며 기도하는 코믹한 장면이 등장하는데, 그것이 바로 사람들의 내면에 도사리고 있는 종교성입니다. 다급해지면 아주 이성적인 사람도 그런 기도를 하게 됩니다.

오래전에 고등학교 동창에게서 온 전화가 기억납니다. 당시 그 친구가 공군 대령이었는데 장군으로 승진하는 일로 애태우고 있었던 모양입니다. 학교 다닐 때 저와 별로 친하지도 않았는데 제가 목사라는 것을 알고 연락해서는 승진을 위해서 꼭 기도해 달라고 합니다. 그래서 '너도 교회 다니냐'고 물었더니 자신은 독실한 불교도라고 했습니다. '나는 절에 가서 빌 테니 너는 교회에서 빌어 달라'는 것입니다. 무척이나 다급했던 모양입니다. 교회 다니는 정치인도 선거 때가 되면 신통하다는 무속인이나 보살을 찾아가 당선을 빌어 달라고 부탁합니다. 오늘날에는 기독교 신앙도 실용주의와 상업주의의 영향으로 많이 변질되어 버렸습니다. 그런 모습이 기도에서 역력히 나타납니다. 어떤 사람에게 기도는 위급한 상황에 처했을 때 하나님께 보내는 SOS입니다. 자신이 절박할 때만 기도를 응급조치로 이용하는 것입니다.

기도를 통해 자신이 원하는 것을 얻어 내는 것에만 관심이 있다면 하나님을 깊이 알 필요가 없습니다. 그런 기도는 하나님을 모르는 이방인의 기도와 별반 다르지 않습니다. 기도 생활을 오래 해도 하나님보다 자신이 원하는 바를 얻어 내는 데 집중했기에 하나님을 아는 데는 별 진전이 없습니다. 그런 기도를 하다 보면 하나님과의 관계가 왜곡됩니다. 하나님을 자신의 유익과 욕망을 위해 교묘히 이용하는 도구로 취급하고, 하나님을 비인격화합니다. 그러면 결국 하나님은 섬기고 사랑할 '그분'이 아니라 활용할 '그것'이 됩니다. 심지어 기도를 통해 열심히 하나님과의 관계를 추구하는 사람도 그 관계에서 오는 유익과 열매에 더 마음을 빼앗길 수 있습니다. 하나님과 교제하며 얻는 평안과 기쁨에 더 집착하는 것입니다.

우리는 하나님보다 그분으로부터 무엇인가를 얻어 내는 것을 더 좋아합니다. 하나님의 얼굴보다 손을 더 바라봅니다. 그래서 그렇게 절박하고 아쉬운 것이 없고 은혜와 평강을 얻으려는 영적 갈망이 없는 상태에서는 잘 기도하지 않습니다. 기도의 실용적 가치와 필요성이 사라진 상태이기 때문입니다. 그러면 기도가 부담스러운 의무로 느껴지기 십상입니다. 이런 사람들은 사실상 실용주의 가치관에 깊이 젖어 있는 상태라고 보아야 합니다.

잊혀진 아버지

기도에서 가장 중요한 것은 기도하는 대상을 바로 아는 것입니다. 기도의 대상을 온전히 알 때 기도가 무엇인지, 어떻게 하는 것인지, 기도에서 무엇을 구해야 하는지가 명확해집니다. 그래서 주님이 먼저 그 대상이 누구인지를 알려 주신 것입니다. 우리 기도의 대상이신 하나님은 우리가 구하기 전에 이미 우리에게 필요한 것이 무엇인지 속속들이 아시는 아버지입니다.

하나님이 우리 아버지라는 사실은 기도의 특성과 방향을 완전히 바꾸어 놓습니다. 우리는 더 이상 하나님을 알지 못하는 사람들처럼 무엇을 얻어 내기 위해 안달하며 중언부언하는 기도를 하지 않아도 됩니다. 기도란 내켜 하지 않는 하나님을 어떻게든 설복시키려는 인간의 애처로운 몸부림이 아니라, 우리에게 주는 것을 너무도 기뻐하시는 아버지의 마음을 알고 믿음으로 받아들이는 것입니다. 그 아버지의 심장 고동 소리를 가까이서 듣는 것입니다.

하나님이 우리 아버지라는 말씀에는, 하나님이 우리에게 한없이 자애로운 아버지 역할을 해 주신다는 약속이 담겨 있습니다. 기도는 하나님이 이 약속을 신실하게 지키시는 것을 매일 체험하는 일입니다. 이와 같은 약속을 받은 우리가 이제 우선적으로 구할 것은 하나밖에 없습니다. 바로 하나님 나라입니다. 앞에서 주기도문의 요약이라고 했던 마태복음 6:33을 다시 보겠습니다. "그런즉 너희는 먼저 그의 나라와 그의 의를 구하라. 그리하면 이 모든 것을 너희에게 더하시리라." 우리가 하나님 나라를 구하면, 하나님이 다른 것을 알아서 공급해 주실 것입니다.

'아버지'라는 주기도문의 첫 단어를 제대로 이해해야 주기도의 전체 내용을 온전히 파악할 수 있습니다. 이 한마디에 복음의 핵심이 담겨 있고, 주기도의 모든 내용이 응축되어 있습니다. 마음 깊은 곳에서부터 우러나오는 '아버지'라는 부르짖음에 주기도의 모든 간구가 따라 올라옵니다. 이 첫마디가 가슴에서 터져 나오는 사람에게 주기도는 자연스러운 심령의 외침입니다. 하나님을 아버지로 알고 사랑하면, 자연스럽게 아버지의 이름이 거룩히 여겨지고 아버지의 나라가 임하고 아버지의 뜻이 이루어지기를 간절히 원하게 됩니다.

주기도를 잘 드리지 못하고 이 선물을 풍성히 누리지 못하는 우선적인 이유는 이 첫 단어를 잘 이해하지 못하는 데 있습니다. 아버지를 잘 모르기 때문입니다. 복음의 핵심을 잘 모르고 믿지 못하기 때문입니다. 하나님이 우리 아버지라는 사실에 담긴 형용할 수 없는 그분의 사랑과 은혜와 축복을 모르기에, 아버지의 사랑에 끌리지 않고 아버지를 사모하지 않습니다. 그러니 아버지와의 깊은 사귐과 대화가 단절되는 것입니다.

『잊혀진 아버지』(The Forgotten Father)*라는 책의 저자는, 오늘날 교회가 안고 있는 심각한 문제가 바로 그리스도인들이 아버지를 잘 모르는 것이라고 말합니다. 아버지와 자녀 사이가 소원하다는 것입니다. 주기도가 교회에서 홀대받으며 오용되고 있는 현실은 하나님 아버지가 교회에서 잊히고 소외되는 것과 맞물려 있습니다. 신앙의 핵심은 아버지와의 친밀한 관계입니다. 신앙이 성숙한다는 것은 아버지를 인격적으로 깊이 알고 그분과의 교제가 더 친밀해지며 풍성해진다는 뜻입니다.

부정적 아버지상

기도는 우리가 가진 하나님상과 긴밀하게 연결되어 있습니다. 여러분은 기도할 때 어떤 하나님의 이미지가 떠오르십니까? 성경이 말하는 아버지상이 과연 떠오르십니까? 우리는 대개 육신의 아버지를 투영해서 하나님 아버지를 이해할 수 있습니다. 제 아내는 이전에 어려운 문제를 겪으며 하나님께 간절히 기도하던 중, 마치 육신의 아버지가 '내가 도와줄게'라고 하시며 다가오듯이 하나님이 다가오시는 것 같아 큰 위로가 되었다고 말합니다. 이렇게 자라면서 다정다감하고 자상한 아버지를 경험한 사람은 자애로운 아버지상이 자연스럽게 떠오를 것입니다.

* 톰 스매일, 『잊혀진 아버지』(IVP).

그러나 대부분의 사람들이 가진 육신의 아버지에 대한 이미지는 그리 긍정적이지 않습니다. 평생 자식들을 위해 희생하며 우직하게 일해 온 아버지를 둔 사람도 아버지를 존경하지만 가까이하기는 힘든 거리감을 느낍니다. 육신의 아버지와 소통이 어려운 사람은 하나님 아버지와 관계 맺기도 힘들 수 있습니다. 게다가 육신의 아버지로부터 상처를 받은 경험이 있다면 더 그러할 것입니다. 육신의 아버지는 대부분의 경우 하나님을 아버지로 이해하는 데 도움이 되기보다는 오히려 방해가 됩니다. 그래서 스탠리 하우어워스(Stanley Hauerwas)는 "하나님이 아버지 되심은 모든 인간 아버지들에 대한 심판"이라고 말하기도 합니다.• 이처럼 하나님의 아버지 되심을 인간 아버지를 통해 이해하는 데는 심각한 한계가 있습니다. 오히려 우리는 하나님의 아버지 되심에서 우리가 어떤 아버지가 되어야 하는지를 배우고 도전받을 필요가 있습니다.

세계 여러 나라 젊은이들을 대상으로 세상에서 가장 아름답다고 생각하는 단어를 묻는 설문조사를 한 적이 있는데, 그 답변 중 1위가 '어머니'였다고 합니다. 반면에 '아버지'는 70위권 밖에 있었다고 합니다.▲ 군대에서 높은 절벽 아래로 줄을 타고 하강하는 유격 훈련을 한 적이 있는데, 두려움을 조금이라도 극복하기 위해 많은 훈련병들이 어머니를 부르며 뛰어내리던 모습이 생각납니다. 그리고 놀랍게도 아버지를 부르는 사람은 단 한 사람도 없었습니다.

• 스탠리 하우어워스·윌리엄 윌리몬, 『주여, 기도를 가르쳐 주소서』, p. 49.
▲ 김남준, 『깊이 읽는 주기도문』(생명의말씀사), p. 95.

차라리 하나님이 어머니라면

하나님을 차라리 어머니라고 부르면 더 친밀감이 느껴져 기도가 잘 될 것 같습니다. 그래서 하나님을 아버지가 아닌 어머니로 부르자고 주장하는 신학자들이 있습니다. 그들은 하나님에 대한 남성 위주의 호칭을 배격합니다. 그런데 아버지라는 하나님의 호칭은 성별을 초월한 호칭입니다. 성경을 보면 하나님을 어머니에 비유하는 것을 확인할 수 있습니다. 그뿐 아니라 하나님은 연인, 친구, 목자, 반석, 피난처 등 다양한 대상에 비유됩니다. 그러나 아버지 호칭은 비유가 아닙니다. 하나님은 영원 전부터 아버지 하나님이라는 고유한 명칭으로 존재하셨고, 자신을 아버지로 계시하셨습니다. 주님은 하나님을 아버지라고 부르시고, 우리에게도 그렇게 부르도록 가르치셨습니다. 우리 안에 계신 성령 또한 우리로 하여금 아버지를 부르짖게 하십니다. 주님의 가르침과 모범을 따라, 그리고 성령의 인도하심을 따라 우리도 아버지라 불러야 합니다.

요즘은 어머니 이미지와 아버지 이미지가 그렇게 명확히 고정되지는 않는 것 같습니다. 자녀에게 부드럽게 대하는 아버지도 있고, 엄격하게 대하는 어머니도 있습니다. 하나님 안에는 부성적 특성과 모성적 특성이 함께 존재합니다. 하나님 아버지 안에는 인간에게서 볼 수 있는 대표적인 네 가지 사랑의 특성, 즉 아버지의 사랑과 어머니의 사랑, 연인의 사랑, 친구의 사랑이 완전하게 통합되어 있습니다.

특별한 아버지상

주님이 하나님을 우리의 아버지라고 말씀하신 것은 모든 인간이 하나님의 소생이라는 뜻이 아닙니다. 헬라 시대에는 인간을 신의 소생이라고 여겼는데, 대표적으로 호메로스(Homeros)는 제우스를 인간과 신들의 아버지라고 불렀습니다. 헬라 종교철학에서 하나님을 아버지라고 묘사하는 것은 보편적이었습니다.

그러나 성경에서 이 개념은 특정한 사람들에게만 국한되어 있습니다. 하나님은 자신이 특별히 선택하여 언약을 맺은 이스라엘 민족을 향하여 자신이 그들의 아버지라고 말씀해 주셨습니다. 구약에서 하나님이 아버지 되신다는 언급은 14회 정도 등장하는데, 그것도 개인보다는 공동체를 향하여 사용되었습니다. 즉 하나님은 이스라엘의 아버지로 나타나십니다. 또한 이 아버지 용어는 하나님을 '목자'라고 표현할 때처럼 거의 은유로 사용되었습니다. 하나님의 이름조차 부르기를 두려워했던 유대인들은, 결코 주님이 하셨던 것처럼 개인적으로 기도하는 가운데 하나님을 아버지라고 부르지 못했습니다.

어떤 신약학자는, 예수님이 하나님을 아버지로 부른 것은 독특한 것이 아니라 구약에 존재했던 아버지 개념의 연장이라고 봅니다. 구약에서 하나님이 이스라엘 공동체를 해방하고 구원하신 아버지셨듯이, 신약에서도 이 구약적 소망을 실현하여 자기 백성을 해방하시는 아버지라는 공동체적 관점에서 이해해야 한다는 것입니다. 즉 하나님과 개인의 친밀한 관계에 역점을 둔 개념으로 봐서는 곤란하다는 것입니다.

물론 하나님이 아버지 되신다는 개념을 하나님과 이스라엘의 관계를 통해 이해할 수 있습니다. 그러나 주님이 하나님을 아버지로 부르신 것은 구약적 개념을 뛰어넘습니다. 그것은 이스라엘과 하나님의 관계보다 더 우선적으로 주님과 하나님의 관계에 기초합니다.

우리 아빠

주님은 아람어를 일상어로 사용하셨습니다. 아람어로 아버지는 '아바'이고, 우리말 성경에서는 '아빠'로 번역했습니다. 이에 대해 논란이 많습니다. 하나님을 경망스럽게 아빠라고 부르지 말고 아버님이라고 부르자는 제안도 있습니다. 이런 논란은 신약학자 요아킴 예레미아스(Joachim Jeremias)의 주장으로 거슬러 올라갑니다. 그는 "아바"(abba)라는 논문에서 예수님이 하나님을 아바라고 부른 것에 특별히 주목하여 예수님의 독특성, 즉 하나님 아들 되심이 드러난다고 보았습니다. 그의 주장에 따르면 "유대교에서 하나님을 아바로 부른 예는 단 한 번도 없지만 예수는 언제나 그의 기도 중에 하나님을 그렇게 불렀다"는 것입니다. 예레미아스는 여기서 예수와 하나님의 관계가 독특했다는 점이 드러난다고 했습니다. 그는 아람어 아바가 유아들의 언어였다고 주장했습니다. 오늘날 어린아이들이 아버지를 영어로 대디(daddy), 우리말로 아빠라고 부르는 것같이 그 당시 어린아이들이 아버지를 친밀하게 부르는 호칭이었다는 것입니다.

그 후 제임스 바(James Barr)가 '아바는 아빠(대디)가 아니다'(*Abba isn't Daddy*)라는 논문을 발표해서 예레미아스의 견해를 정면으로 반박했습니다. 그러나 최근 아빠 연구로 권위를 인정받은 엘케 탱게스(Elke Tonges)는 그의 논문에서 고대 문헌의 치밀한 연구를 통해 제임스 바의 견해가 잘못되었음을 드러내고 예레미아스의 원래 주장이 약간 수정되어야 할 부분이 있지만 여전히 유효하다는 점을 밝혔습니다.*

예레미아스는 이미 그의 견해를 일부 수정하여 아바는 어린아이뿐 아니라 성인도 사용한 호칭이라고 보았습니다. 아바는 남녀노소를 막론하고 아버지를 친밀하게 부르는 가족 언어였다는 것입니다.

제임스 던(James Dunn)을 비롯한 많은 학자들은, 유대교에서 하나님을 아바라고 부른 단 한 번의 예도 없다는 예레미아스의 주장을 반박했습니다. 그들이 제시한 여러 증거 중 유사한 표현(아비 등)들이 있지만, 기도 중에 예수님처럼 아바라는 호칭을 2인칭으로 사용한 예는 아직 발견되지 않았다고 봅니다.

아빠라는 우리말 번역을 어떻게 보아야 할까요? 아바라는 아람어를 예레미아스의 처음 주장대로 유아들의 언어라고 받아들여 그렇게 번역한 것일까요? 소리 나는 대로 음역한 것이라는 추측도 있습니다. 이 번역에 대한 자세한 배경을 알 수는 없습니다. 신자들이 마주하게 되는 의문은 번역에 있어 논란의 여지가 있기에 아빠라는 호칭을 사용해서는 안 되느냐 하는 점입니다. 그러나 오늘날 한국 사회에서 아빠라는 호칭은 더 이상 유아만 사용하는 언어가 아닙니다. 사람들이 어렸을 때뿐 아니라 성인이 되어 결혼한 후에도 아빠라는 호칭을 사용하는 경우가 더 많아지고 있습니다.

저도 결혼한 딸과 아들이 여전히 저를 아빠라고 부릅니다. 저는 아이들이 아버지보다 아빠라고 부를 때 더 친근감이 느껴져서 좋습

---

* 이동영, 『송영의 삼위일체론』(새물결플러스), p. 213.

니다. 언어는 문화라는 옷을 입고 변해 갑니다. 아바라는 아람어처럼 아빠라는 말은 이제 어린아이와 어른 모두 친근감을 느끼게 만드는 가족 언어입니다. 특별히 한국 전통문화에서 아버지라는 호칭은 딱딱하고 엄한 가부장적 이미지를 수반합니다. 육신의 아버지에 대한 이런 부정적 이미지가 하나님께 투사되어 하나님에 대한 오해를 낳을 수 있습니다. 아빠라는 호칭은 이런 문제를 완화하고 하나님을 매일 친밀하게 교제할 수 있는 분으로 여기게 하는 장점이 있다고 봅니다. 예수님 이전에 구약과 유대 전통에서 주님처럼 매일 자연스럽게 하나님을 아바라고 부른 예는 없습니다. 바로 여기서 예수님만이 하나님과 누린 독특한 관계가 드러납니다.

예수님은 하나님이 택하신 첫 번째 아들들인 이스라엘과는 매우 다른 아들입니다. "내 이름을 멸시하는 제사장들아, 나 만군의 여호와가 너희에게 이르기를 '아들은 그 아버지를, 종은 그 주인을 공경하나니, 내가 아버지일진대 나를 공경함이 어디 있느냐. 내가 주인일진대 나를 두려워함이 어디 있느냐' 하나, 너희는 이르기를 '우리가 어떻게 주의 이름을 멸시하였나이까' 하는도다"(말 1:6). 하나님이 택하신 첫 번째 아들들은 아버지를 공경하고 순종하지 않았습니다. 아버지의 이름이 이방에서 모독을 당하게 했습니다. 아버지의 나라와 뜻이 이 땅에 이루어지는 데 거침돌이 되었습니다.

그러나 예수님은 이스라엘과 달리 아버지를 온전히 공경하고 죽기까지 순종하여 아버지를 영화롭게 하셨습니다. 아버지의 나라와 뜻이 이 땅에 실현되게 하셨습니다. 그래서 '내가 기뻐하는 내 아들'이라는 하늘의 인정을 받으셨습니다. 예수님은 하나님께 온전히 순종한 유일한 아들입니다. 그분은 첫 번째 아들인 이스라엘이 실패한 것을 만회하러 오셨습니다. 그들의 반역과 불순종으로 더럽혀진 아버지의 이름을 존귀케 하려고 오셨습니다. 이스라엘의 불순종에 대한 대가를 대신 치르셨습니다. 그리고 불순종하는 마음을 근본적으로 치유하는 은혜가 임하도록 하셨습니다. 그것이 바로 구약에 약속된 새 언약의 은혜입니다. 주님이 십자가에서 피를 흘리심으로 새 언약을 성취하셨습니다. 그로 인해 새 언약의 영인 성령이 우리에게 주어진 것입니다.

그리고 성령은 예수님을 믿는 신자 안에 내주하여 새 언약이 그 안에 실현되게 하십니다. 성령이 불순종하는 우리 마음의 굳은살을 베어 버리고 순종하는 부드러운 마음의 새살이 돋아나게 합니다. 과거 불순종하던 이스라엘과 구별되는 순종하는 아들, 새로운 이스라엘이 되게 하십니다. 예수님은 새로운 이스라엘의 원조입니다. 그리고 자신 안에 거했던 순종하는 아들의 영이 우리 안에도 거하게 해 주셨습니다. 예수님이 하나님과 누린 사랑과 순종의 관계가 마침내 우리 안에 재현되게 하신 것입니다.

성령은 오직 예수님만이 누린 하나님과의 친밀한 교제를 우리도 똑같이 경험하게 하십니다. 우리 심령 깊숙한 곳에서 예수님과 똑같은 부르짖음이 올라오는 것이 바로 그 증거인데, 바로 '아빠 아버지'라는 부르짖음입니다. "너희가 아들이므로 하나님이 그 아들의 영을 우리 마음 가운데 보내사 아빠 아버지라 부르게 하셨느니라"(갈 4:6). 구약의 위대한 신앙 인물들, 아브라함과 모세와 다윗과 엘리야와 이사야 같은 이들도 누리지 못한 특권을 우리가 만끽하게 되었습니다. 예수님만이 누리던 하나님 아들의 영광스러운 특권과 권세가 우리에게 부여된 것입니다.

아빠: 복음이 함축된 찬양

아버지라는 이 한 단어에 복음의 핵심이 녹아 있습니다. 아버지 호칭은 예수님이 행하신 전 사역에 기초합니다. 예수님이 십자가에서 피 흘리고 부활하심으로써 새 언약을 성취하셨다는 사실에 근거합니다. 예수님이 이 땅에 오셔서 죽임을 당하심으로 우리에게 주신 최고의 선물이 바로 아버지라는 호칭입니다. 이 호칭 안에 구원의 모든 은혜와 선물이 담겨 있습니다. 바로 이 호칭에서 우리를 구원하신 목적이 이루어진 것입니다. 예수님의 구원의 목적은 그분의 아버지가 우리의 아버지가 되는 것이었고, 마침내 아버지와 누리던 말할 수 없이 복되고 영광스러운 관계를 고스란히 우리에게 전수하신 것입니다.

역설적이게도, 하나님의 진노 아래 놓인 죄인들이 감히 하나님을 아빠로 부르도록 하시기 위해 나아가신 그 십자가가 주님이 유일하게 하나님을 아빠로 부르지 못한 자리가 되었습니다. 주님은 그곳에서 "나의 하나님, 나의 하나님, 어찌하여 나를 버리시나이까" 하고 부르짖으셨습니다. 우리 대신 죄인의 자리로 나아가 우리가 받아야 할 하나님의 진노를 받으셔야 했기 때문입니다. 영원 전부터 사랑받던 아빠에게 저주를 받아 그분과 끊어지는 고통을 당하신 것입니다. 그 엄청난 희생의 대가로, 아무런 의도 선함도 없이 죄로 가득한 죄인들이 거룩한 하나님을 담대하고 자유롭게 아빠라고 부를 수 있게 되었습니다.

따라서 하나님을 아빠라고 부르는 것은 복음에 대한 믿음의 반응입니다. 주님이 우리를 위해 행하신 놀라운 일과 그로 인해 우리에게 주어진 은혜와 특권에 대한 감사와 찬양의 반응입니다. 무엇을 얻어 내기 위해서가 아니라, 예수님의 구속으로 하나님이 우리 아버지가 되어 주신 놀라운 은혜를 찬양하기 위해 아빠를 부르는 것입니다. 그래서 아버지를 부른 후 바로 이어지는 간구인 "당신의 이름이 거룩히 여김을 받으시고"는 찬양이라고 보아야 합니다. 이 은혜를 아는 사람은, 우리를 위해 이처럼 큰일을 행하신 아버지의 이름이 높아지기 원합니다. 아버지가 온 세상에서 영화롭게 되기를, 아버지의 나라와 뜻이 온 땅에 임하기를 원하게 됩니다. 주기도의 첫마디를 바로 이해하는 이, 그 첫마디에 담긴 복음의 은혜를 깨달은 이에게 주기도는 자연스러운 심령의 갈망과 외침입니다.

아버지라는 호칭을 부르는 것은 기도이기 전에 찬양입니다. 우리는 아버지를 부름으로써 하나님이 우리에게 어떤 분이신지를 인정하고 높여 드리게 되며, 그것을 자신에게 계속 깨우치고 상기합니다. 아버지를 계속 부르면서 하나님이 우리 아버지라는 믿음의 확신이 깊어집니다. 감사와 찬양이 점점 더 흘러넘칩니다. 가장 아름답고 존귀한 호칭, 아무리 불러도 우리 안에 그 부르짖음이 고갈되지 않는 호칭이 '아빠 아버지'입니다.

이와 같은 복된 진리에서 우리는 자신이 누구인지에 대한 정체성을 발견합니다. 존귀하신 하나님이 우리 아버지라는 사실보다 가슴 벅찬 사실이 또 있겠습니까? 우리에게 그보다 큰 영광과 행복은 없습니다. 영화로운 하나님이 영원한 아버지가 되어 주시는 놀라운 관계를 맺기 위해 태어났다는 것보다 더 존귀한 인생의 의미를 과연 발견할 수 있겠습니까?

우리는 예수님의 공로로 하나님을 아버지라고 부를 수 있는 완전한 자격이 죄인에게 주어졌다는 복음을 믿음으로써만 매일 하나님을 아버지로 부를 수 있습니다. 우리가 더 의롭고 거룩해져서 그분을 아버지라고 부를 수 있는 자격을 조금이라도 갖추었다고 생각하면 오산입니다. 우리는 항상 세리처럼 자신에게 아무런 자격이 없다는 생각을 가지고 주님의 은혜에만 전적으로 의존해야 합니다.

아버지를 향한 부르짖음은 믿음의 최상 표현입니다. 이 부르짖음이 하나님을 기쁘시고 영화롭게 합니다. 하나님은 이 부르짖음에 반드시 반응하십니다. 하나님이 은혜롭게도 우리의 호출에 응해 주시는 것입니다. 우리 가운데 임재하십니다. 우리로 하여금 하나님이 얼마나 은혜롭고 자애로운 아버지이신지를 체험하게 하십니다. 삶에 변화가 없고 제대로 살고 있지 못하다는 자책감 때문에 아버지라고 부르기가 부끄럽고 낙담되십니까? 하지만 이제는 아무 자격이 없는 자로서 오직 예수님의 공로만 의지해서 하나님을 아버지라고 부르며 나아갑시다.

‖ 함께 드리는 기도 ‖

1. 존귀하신 하나님이 우리 아버지가 되어 주시니 감사합니다. 우리 죄인들에게 하나님을 아버지라고 부를 수 있는 온전한 자격을 주시기 위해 십자가에서 고난받으시고 부활하신 예수님의 은혜를 감사합니다. 우리 안에 아들의 영을 보내어 '아빠 아버지'라 부르짖게 하심을 감사합니다.
2. '우리 아버지'라는 호칭 안에 담긴 형용할 수 없는 하나님의 사랑과 은혜를 깨달아 알게 하셔서, 아버지를 즐겨 찾으며 친밀하고 풍성한 사랑의 교제를 누리게 하소서.
3. 하나님이 우리의 필요를 알고 채워 주시며 매일 돌보시는 아버지가 되어 주신다는 약속을 믿고, 이제는 하나님 나라를 구하는 삶을 살게 하소서.

놀라운 은혜를 베푸신 아버지의 이름을 높이며 아버지의 나라와 뜻이 이 땅에 임하기를 열망하며 살게 하소서.

3. 우리 아버지 (2)

아내의 간절한 기도

주기도는 하나님 나라를 향한 부르짖음입니다. 저는 첫 장에서 주기도의 전체 내용이 "먼저 그의 나라와 그의 의를 구하라. 그리하면 이 모든 것을 너희에게 더하시리라"라는 말씀에 요약되어 있다고 이야기했습니다.

    요즘 저는 하나님 나라와 의를 구하자고 열심히 설교하고 있는데 제 아내는 세상 것, 돈을 위해 열렬히 기도하고 있습니다. 아들이 미국에서 취직하는 문제를 두고 간절히 기도하더니, 그 기도가 응답된 후로는 회사와의 연봉 협상에서 돈을 많이 받게 해 달라고 몸과 마음과 정성을 다해 기도합니다. 교회 온라인 채팅방에도 계속 기도 요청 글을 올리고, 협상 기간이 가까워지니 만사를 제쳐 놓고 기도만 하였습니다. 아내가 그렇게 절박한 이유는 아들이 미국에서 장학금도 별로 없는 예술대학을 6년이나 다니면서 거액의 학자금을 아내 이름으로 대출받았기 때문입니다. 그래서 아내의 기도의 요지는, 아들이 대출금을 갚아 가며 생활할 수 있을 정도의 연봉을 받게 해 달라는 것이었습니다. 감사하게도 아들은 전공 분야가 아님에도 좋은 회사에

취직이 되었지만, 연봉은 아내의 간절한 기도에도 불구하고 원하는 만큼 책정되지는 않았습니다.

이 상황을 지켜본 교우들은 '하나님 나라를 먼저 구하라'는 제 설교보다 돈을 먼저 구하는 아내의 기도 요청에 더 격려를 받은 모양입니다. 어떤 교우는 세상 것을 구하는 것 같아 교회에 선뜻 내놓지 못한 기도제목을 내놓을 담력을 얻었다고 합니다. 제 설교가 위기에 직면했습니다. 이제 세상 것을 구하는 기도제목이 폭주할 것 같습니다.

물론 돈이나 세상살이에 필요한 것들을 구하는 것도 하나님 나라를 위한 기도가 될 수 있습니다. 목사가 빚에 허덕이면 교회에 덕이 되지 않고 하나님 나라를 위한 사역에도 지장이 생기기 마련입니다. 우리는 육체를 입고 이 땅을 딛고 사는 존재입니다. 하나님 나라를 먼저 구하라는 말이 현실과 동떨어진 숭고한 것만 구하라는 뜻은 아닙니다. 우리는 당장 이 땅에서 살아가는 데 절박하게 필요한 것을 구할 수밖에 없습니다.

그러나 이 땅에서 번영하고 잘사는 것이 우리가 지향하는 목표는 아닙니다. 우리는 그저 하나님의 백성으로서 그분을 잘 섬기고 하나님 나라를 위해 살고 봉사하기 위해 이 땅에서 요긴한 것들을 구할 뿐입니다. 세상에서 필요한 것들을 과도한 욕심과 염려 없이 구한다면 그것도 하나님 나라를 위한 기도일 것입니다. 이런 기도를 통해 우리는 존귀한 하나님이 우리의 필요를 채우고 섬세하게 돌보시는 아버지이심을 구체적으로 경험하게 됩니다. 하나님이 우리 아버지이심을 더 확신하고 감사하게 됩니다.

지금까지 신앙생활을 해 오면서 저와 아내는 필요를 채우시는 아버지의 손길을 많이 경험했습니다. 하나님이 아버지 되심을 성경과 신학 공부뿐만 아니라 오랜 삶의 경험으로 알게 되었습니다. 독자들 가운데도 그런 경험을 하신 분이 많을 것입니다. 반면 그런 체험이 부족하거나, 아직은 하나님이 우리를 아버지처럼 돌보신다는 것이 믿기지 않고 너무도 멀고 모호하게 느껴지는 분도 계실 것입니다. 하나님이 자신의 절박한 기도를 들어주시지 않아 야속하게 느껴질 수도 있습니다. 그런 분들은 이 책을 통해 성경이 증거하는 하나님의 아버지 되심을 잘 알아 가게 되기를 바랍니다. 하나님에 대한 생각을 성경적으로 바꾸면 성경의 하나님이 우리에게 다가오실 것입니다. 성경의 하나님을 체험할 것입니다.

예수님을 믿는다는 것은 예수님을 영접할 뿐 아니라 하나님을 아버지로 모시게 된다는 뜻입니다. 우리가 잘 아는 요한복음의 말씀을 생각해 봅시다. "영접하는 자, 곧 그 이름을 믿는 자들에게는 하나님의 자녀가 되는 권세를 주셨으니"(요 1:12). 예수님을 믿음으로써 우리가 받는 최고의 복이 무엇입니까? 바로 하나님이 우리 아버지가 되시는 것입니다. 하늘과 땅의 모든 것을 주관하시는 하나님이 지금부터 영원토록 우리의 아버지가 되신다는 복음이 인류에게 가장 복되고 기쁜 소식입니다.

<가버나움>

레바논 베이루트에 살던 한 빈민 가정의 비극적 일화를 각색한 <가버나움>(Capernaum)이라는 영화가 있습니다. 가난한 부모가 자식을 많이 낳아 놓고는 제대로 키우고 먹이지를 못합니다. 주인공 자인은 열두 살 정도 된 소년인데, 부모가 출생신고를 하지 않아 정확히 언제 태어났는지도 모릅니다. 자인은 열한 살쯤 된 여동생이 생리를 시작한 것을 알고 그 사실을 감추게 하는데, 부모가 그 사실을 알면 동생을 팔아넘길 것 같았기 때문입니다. 그런데 곧 자인의 우려대로 그 사실을 눈치챈 부모가 그 어린 여자아이를 돈 몇 푼에 나이 든 건장한 남자와 결혼시킵니다. 이후 자인은 동생을 데리고 도망치려다가 붙잡히고, 결국 동생은 다시 끌려가고 자인은 집을 뛰쳐나와 힘겹게 살아갑니다. 그러다가 남자에게 팔려간 동생이 하혈을 많이 하고 죽었다는 소식을 듣고 그 남자를 찾아가 살해합니다. 결국 법정에 선 자인은 재판장에게 충격적인 말을 합니다. 자기 부모를 고소하겠다는 것입니다. 무슨 혐의인지를 물으니 "자기를 낳은 것"이라고 대답합니다. 돌봐 주지도 않고 비참하게 살도록 내버려 두려면 왜 자식을 낳았느냐는 것입니다.

　영화를 끝까지 본 사람은 주인공의 당돌하고 도발적인 말에 충분히 공감할 것입니다. 1970년대에 활동한 시각장애인 가수 이용복의 노래 중에 "1943년 3월 4일생"이라는 곡이 있습니다. 그 노랫말이 참 애절합니다.

> 바람이 휘몰던 어느 날 밤, 그 어느 날 밤에
> 떨어진 꽃잎처럼 나는 태어났다네
> 내 눈에 보이던 아름다운 세상 잊을 수가 없어
> 가엾은 어머니 왜 나를 낳으셨나요.

얼마나 사는 게 힘들었으면 이런 마음이 들었겠습니까? 사실 많은 사람들이 이 험한 세상을 살아가면서 때때로 그런 비통한 심정을 느껍니다. 세상살이가 너무 힘들고 고달플 때 이 땅에 태어난 것을 한탄합니다. 성경 인물 욥도 극심한 고난 속에서 자신의 출생을 저주했습니다. 어머니 태에서 차라리 죽어서 나오지, 왜 살아 나와 이런 고초를 당해야 하느냐고 탄식했습니다. 죽지 못해 사는 인생들이 많습니다. 이런 비참한 인간들에게 자애로운 아버지가 되어 주시기 위해 놀랍게도 하나님이 친히 찾아오셨습니다. 이런 인생들을 위해 아들을 희생하심으로 우리를 자신의 자녀로 입양해 주셨습니다. 이 땅의 삶이 참으로 힘들고 괴롭더라도 하나님 같은 분이 정말로 우리의 아버지라면, 우리는 삶에서 비할 데 없는 가치와 새로운 의미를 발견할 수 있을 것입니다.

뻔뻔함이 아닌 담대함의 근거

하나님이 아버지가 되신다고 하는 이 복음이 도무지 믿기지 않고 실감 나지 않는 분들이 있을 것입니다. 거기에는 여러 이유가 있겠지만, 우선 복음에 대한 이해가 부족하기 때문일 수 있습니다. 자신의 못난 모습을 보면 하나님을 감히 아버지라고 부를 자신이 없는 것입니다. 하지만 자신을 들여다보면 죽을 때까지 하나님을 아버지라고 부를 자신감의 근거를 찾을 수 없습니다. 우리 죄인들이 거룩하신 하나님을 아버지라고 부를 수 있는 근거는 결코 우리 안에 없습니다.

    우리가 아버지를 부를 수 있는 담대함의 유일한 근거는 오직 삼위 하나님이 행하신 구원 사역에 있습니다. 하나님이 죄인들의 아버지가 되시기 위해 아들을 희생하고 성령을 보내셨습니다. 그 덕분에 하나님을 아버지라고 부를 수 있는 완전한 자격이 우리에게 주어졌습니다. 이것은 하나님의 전적인 은혜의 선물입니다. 우리의 많은 허물과 약함과 죄악에도 불구하고 그 자격에는 조금의 변동이나 결함도 생길 수 없습니다. 우리의 많은 죄보다 우리를 자녀 삼은 하나님의 은혜가 비할 수 없이 크기 때문입니다. 그 무엇도 우리가 하나님을 아버지라고 부를 수 있는 자격과 근거를 흔들 수 없습니다.

신앙을 가지면 양심이 예민해집니다. 아버지의 뜻대로 바르게 살지 못하면 하나님을 아버지라 부르기가 민망하고 송구스러운데, 사실 그런 마음이 드는 것이 정상입니다. 오히려 아버지 뜻을 거스르며 거짓되게 살면서도 아무런 수치심이나 자책 없이 아버지를 부르는 것은 신앙의 양심이 굳어졌다는 증거입니다. 이것은 성령이 주시는 담대함이 아니라 완고한 마음에서 나온 뻔뻔함입니다. 하나님을 아버지라고 부를 수 있는 담대함은 하나님의 은혜와 자비만을 의지하는 겸손한 담대함입니다. 비록 우리 자신은 하나님을 아버지라 부를 수 있는 자격이 없어도, "천부여 의지 없어서 손들고 갑니다"라는 찬양처럼 하나님의 자비에만 의지하며 그분을 아버지라고 부르는 것입니다. 그것이 바로 믿음의 부르짖음이라 할 수 있습니다. 우리는 오직 복음의 은혜를 깨닫고 믿음으로써만 하나님을 아버지라고 부를 수 있습니다.

세 가지 근거

우리가 하나님을 아버지라고 부를 수 있는 담대함의 근거는 오직 삼위 하나님이 행하신 일에 있습니다. 첫 번째 근거는 바로 하나님 아버지의 사랑입니다. 하나님 아버지께서 우리를 자녀로 삼기 위해 예수님을 이 땅에 보내셨습니다. 이 비천한 죄인들을 자신의 자녀로 지극히 높이기 위해 자신의 존귀한 아들을 지극히 낮추셨습니다. 이 진노의 자식들을 사랑하는 자녀로 받으시기 위해, 영원 전부터 사랑하시던 아들을 우리 대신 진노의 자식으로 여겨 처벌하셨습니다. 십자가는 바로 죄인을 자녀 삼기 위해 하나님 아버지께서 자신의 친아들을 버리신 자리입니다. 십자가에서 저주를 받아 아버지와의 관계가 끊어지는 예수님의 고통도 말할 수 없이 크지만, 사랑하는 아들에게 맹렬한 진노를 쏟아붓는 아버지의 아픔은 가히 헤아릴 수 없을 것입니다. 우리가 하나님을 아버지라고 부르게 된 것은 죄인들을 향한 하나님 아버지의 무궁한 사랑의 결정체입니다. 아버지를 부를 때 우리는 이 놀라운 사랑을 믿고 감사하며 찬양하게 되는 것입니다.

두 번째 근거는 예수님의 은혜입니다. 예수님은 죄인들을 자녀 삼고자 하는 아버지의 뜻에 죽기까지 순종하심으로써 우리가 하나님의 자녀가 되게 하셨습니다. 예수님이 죄인의 자리로 내려와 하나님께 심판을 받고 끊어지는 저주스러운 운명을 우리 대신 감당하셨습니다. 차라리 태어나지 않았으면 훨씬 좋았을 비참한 인생을 너무도 존귀하고 복된 인생으로 바꾸어 놓으셨습니다. 예수님은 십자가의 참혹한 고난을 말할 수 없이 영광스러운 결말을 위해, 자신과 함께 하나님을 아버지라고 부를 수많은 형제자매들을 얻는 기쁨을 위해 참아 내셨습니다. 죄인들을 자녀로 삼으시려는 아버지의 기쁜 뜻을 이루셨습니다. 하나님의 수많은 자녀로 구성된 하나님 나라가 이 땅에 임하게 하셨습니다. 그렇게 아버지의 이름을 영화롭게 하신 것입니다.

부활하신 주님이 마리아에게 이렇게 말씀하셨습니다. "나를 붙들지 말라. 내가 아직 아버지께로 올라가지 아니하였노라. 너는 내 형제들에게 가서 이르되 내가 내 아버지 곧 너희 아버지, 내 하나님 곧 너희 하나님께로 올라간다 하라"(요 20:17). 주님이 십자가에서 고난당하고 부활하심으로 말미암아 당신의 아버지가 우리의 아버지가 되게 하셨습니다. 우리의 부적합한 모습과 삶만을 들여다보고 있으면 하나님을 아버지라고 부를 담력을 평생토록 얻을 수 없습니다. 물론 조금씩 새로워지고 변화되기는 하겠지만 불완전함을 완전히 벗어날 수는 없기 때문입니다. 하나님을 아버지라고 부를 수 있는 근거는, 나 자신이 아니라 예수님이 십자가에서 고난당하고 부활하심으로 당신의 아버지가 우리 아버지 되게 하셨다는 사실에 있습니다.

세 번째 근거는 우리 안에 내주하시고 감동케 하시는 성령의 사역입니다. 우리의 힘만으로는, 복음의 진리를 들어도 잘 믿어지지 않고 전혀 실감이 나지 않을 수 있습니다. 이 복음이 나 같은 죄인에게도 정말 해당되는지 확신이 서지 않습니다. 복음을 개념적으로는 이해하겠는데 마음에서 정서적 반응이 일어나지 않고 아무런 감동이 없습니다. 바로 이런 우리의 연약함을 돕기 위해 성령이 오셨습니다. 성령이 우리 심령 안에 거하여 2천 년 전에 예수님이 하신 일이 바로 우리를 위한 사건이라는 사실을 증거하십니다. 우리를 사랑하시는 하나님 아버지께서 독생자를 내어 주심으로 죄인들을 자녀로 삼으셨다는 사실을 마음에 확증시켜 주십니다. 즉, 우리가 하나님의 자녀라는 사실과, 하나님 아버지의 사랑이 어떠한 것인지를 참으로 알게 하십니다.

성령은 예수님이 누리신 아버지와의 친밀한 관계를 우리 안에 고스란히 재현해 주십니다. 우리 안에서도 주님과 똑같은 부르짖음이 올라오게 하십니다. 바로 '아빠'라는 부르짖음 말입니다. 성령은 우리가 종말에 누릴 자녀의 특권과 영광을 이 땅에서 미리 맛보게 합니다. 우리 가운데 와 계신 성령은 아버지의 임재입니다. 아빠의 영입니다. 성령을 통해 하나님 아버지가 우리 안에, 우리가 아버지 안에 있습니다. 성령은 하나님 아버지의 사랑의 품입니다. 따라서 성령 안에 있다는 것은 아버지 사랑의 품 안에 있다는 뜻입니다. 우리는 아버지 사랑의 임재에 완전히 에워싸여 있습니다.

물론 이렇게 영적으로 이미 아버지의 집에 있지만 육체를 입고 이 땅에 사는 동안은 아직 자녀로서 누리는 영광을 온전히 누리지 못하는 것도 사실입니다. 몸이 부활할 때에야 비로소 우리는 주와 같이 영광스러운 형상으로 변할 것이며, 그때까지는 몸의 구속을 기다리며 탄식할 수밖에 없습니다. 그래서 신자의 삶에는 하나님의 자녀 된 기쁨과 함께 아직도 그 영광에 이르지 못함으로 인한 탄식과 신음이 공존합니다.

'이미'와 '아직' 사이의 사명

'아버지'로 시작하는 주기도는 삼위 하나님의 구원 사역에 기초합니다. 주기도는 예수님과 성령이 오심으로써 이미 성취된 하나님 나라에 근거하며, 아직 완성되지 않았고 주님의 재림과 함께 온전히 이루어질 하나님 나라를 지향합니다. 주기도는 이미 임했으나 아직 완성되지는 않은 하나님 나라 안에서 하나님의 자녀들이 살아가는 삶의 방식입니다. '이미'와 '아직' 사이를 살아가는 그리스도인은 하나님 나라가 임하게 해 달라고 기도함으로써 그 나라의 반경을 부지런히 넓혀 갑니다.

주기도는 '내' 아버지가 아닌 '우리' 아버지를 부름으로써 개인주의 신앙을 배격합니다. 그러므로 우리는 함께 하나님을 '우리' 아버지라고 부를 형제자매들을 열심히 불러 모아야 합니다. 그것이 바로 교회의 사명입니다. 주님은 많은 형제자매를 얻기 위해 자신을 버리셨습니다. 하나님을 아버지로 모시는 많은 자녀들이 연합하여 하나님의 가족을 이루는 것이 주님의 소원이자 하나님 아버지의 뜻입니다. 같은 아버지를 모시는 형제자매들은 '우리 아버지'라고 기도함으로써 사랑으로 깊이 연합합니다. 마음과 뜻이 하나가 됩니다. 기도는 아버지 사랑과 형제자매 사랑의 기초입니다. 형제자매들이 사랑 안에 하나가 되는 비결입니다. 사도 요한은, 거듭났다는 사실에 대한 증거가 곧 하나님으로부터 난 자를 사랑하는 것이라고 했습니다. "예수께서 그리스도이심을 믿는 자마다 하나님께로부터 난 자니, 또한 낳으신 이를 사랑하는 자마다 그에게서 난 자를 사랑하느니라"(요일 5:1). 아버지를 사랑하는 이는 아버지가 그토록 사랑하는 형제자매들을 사랑합니다.

그래서 '우리 아버지'라는 호칭에는 아직도 하나님을 아버지로 모시지 않은 이웃들을 아버지께로 인도하는 선교적 사명이 깃들어 있습니다. 주님은 자신의 아버지가 죄인들의 아버지가 되시도록 하기 위해 자신을 버리셨습니다. 우리 역시 그와 같은 마음과 소원을 가진 주님을 조금이라도 닮아 간다면, 우리의 아버지가 아직도 하나님을 모르는 사람들의 아버지가 되기를 간절히 구하게 될 것입니다. 그것이 바로 전도의 근본 동기입니다. 전도하는 이유가 '저 사람이 예수 안 믿으면 지옥에 갈 것이다'라는 염려의 차원에서 한 단계 더 나아가야 합니다. 우리는 그들도 영원토록 하나님을 아버지로 모시는 복을 누리기를 간절히 원하는 마음으로 전도해야 합니다.

    부모로서 아이를 낳고 키우는 일은 사실 너무나 힘이 듭니다. 그래도 하나님을 영원히 아버지로 맞을 이들을 낳고 양육하는 일이니 얼마나 복되고 의미 있습니까? 어느 날 제 아내가 부모님이 자신을 낳아 주신 것이 너무나 감사하다고 눈물을 글썽입니다. 자신이 이 땅에 태어났기에 하나님을 영원히 아버지로 모시게 된 것 아니냐고 합니다. 〈가버나움〉의 자인은 부모가 자기를 낳은 것을 고소하고 저주했지만, 하나님 아버지를 만난 우리는 부모님이 우리를 낳아 주신 것이 너무도 감사합니다. 부모가 크게 해 준 것이 없고 큰 재산을 물려주지 못했어도 나를 낳아 주셨기에 하나님 아버지를 알게 되었으니 얼마나 큰일을 하신 것입니까? 그래서 우리 그리스도인들은 부모님을 공경해야 합니다. 믿지 않는 부모님이라 할지라도 마땅히 그래야 합니다. 그리고 그분들이 우리 아버지를 알도록 기도해야 합니다.

    또한 그리스도인들은 우리 하늘 아버지가 우리가 낳은 자녀의 아버지가 되기를 간절히 기도해야 합니다. 제가 섬기는 교회에는 혼자 신앙생활을 하는 자매들이 많은데, 교회에서 자란 아이들이 커 가면서 교회에 안 나오는 것을 두고 무척 가슴 아파합니다. 자신이 신앙생활의 본이 되지 못하고 잘못 가르쳐서 그런가 하는 죄책감에 늘 시달립니다. 우리는 그런 자매들을 특별히 위로해 주어야 합니다. 아무리 내가 낳은 자식이라도 결코 내 마음대로 되지 않습니다. 그 자녀들을 신앙의 길로 인도하는 것은 그들에게만 맡겨진 책임이 아니라 교회 전체의 책임입니다. 온 교회가 함께 자기 자식처럼 교회의 어린 아이들과 젊은이들을 위해 기도해야 합니다. 그리고 자매들은 낙심하지 말고 자비로우신 아버지께 간절히 구하시길 바랍니다. 어머니가 기도하는 자녀는 망하지 않는다는 말이 있습니다. 우리 아버지가 언젠가는 그들을 돌이켜 그들의 아버지가 되어 주실 것이라는 믿음과 소망으로 기도하십시오.

우리의 호출에 응하시는 아버지

아버지라는 단어는 호격입니다. 칼 바르트(Karl Barth)는 그리스도인은 아버지에 관하여 말하지 말고 아버지께 말해야 한다고 했습니다.[*] 하나님에 대해서만 말하는 사람은 하나님을 관념적 지식으로 알 뿐입니다. 그러나 아버지를 부르며 그분께 직접 말하는 것은, 하나님의 실존을 호출하여 그 인격과 만나고 교제하는 것, 그 실존 안에 거하는 것입니다.

    자식이 아버지를 부르면 아버지는 거기에 반응합니다. 하나님이 자신을 아버지라고 부르라고 명하신다는 것은, 우리의 호출에 반드시 응하신다는 약속에 스스로 매이신다는 뜻입니다. 우리가 아버지를 부르면 하나님도 '내 아들아!' 하고 부르십니다. 더 정확한 표현은, 우리가 아버지라고 부르기 전에 먼저 하나님이 '내 사랑하는 아들아!' 하고 부르십니다. 그리고 그에 대한 반응으로 우리가 '아버지여' 하고 부르는 것입니다. 우리는 우리 쪽에서만 아버지를 찾는 것처럼 느끼지만 사실은 하나님이 지금 우리를 부르고 계십니다. 우리가 아버지라고 부를 때 하나님은 우리 목소리를 들으실 뿐 아니라 우

---

* Karl Barth, *The Christian Life* (Grand Rapids: Eerdmans, 1981), p. 51.

리에게 오십니다. 그 사랑의 임재로 우리를 감싸 안으십니다. 그리고 우리를 축복하십니다. 아버지를 부르며 기도할 때 우리 개인과 공동체 안에 아버지의 임재가 가득해집니다.

‖ 함께 드리는 기도 ‖

1. 우리 죄인들이 거룩하신 하나님을 아버지라고 담대하게 부를 수 있는 확실한 근거를 우리 자신이 아니라 복음에서 발견하게 하소서. 우리를 위해 삼위 하나님이 행하신 구원 사역이 우리에게 완전한 자녀의 자격을 부여했다는 복음을 믿고, 삼위 하나님의 은혜만을 의지하는 믿음으로 하나님을 담대히 아버지라고 부를 수 있게 하소서.
2. 존귀하신 하나님이 지금부터 영원토록 우리 아버지가 되신다는 사실에서 인생의 참된 의미와 기쁨과 행복을 발견하게 하소서. 또한 그것이 영원한 감사와 찬양의 제목이 되게 하소서.
3. 주님은 자신을 버리심으로 자신의 아버지가 우리 죄인들의 아버지가 되게 하셨습니다. 우리도 우리 아버지가 아직 믿지 않는 이들의 아버지가 되기를 간절히 바라고 기도하며 전도하는 수고를 하게 하소서.
4. 하나님이 우리 자신만이 아니라 우리 자녀들의 아버지가 되게 하소서. 우리 자녀들도 하나님을 영원히 아버지로 모시는 하나님의 가족에서 제외되는 일이 없게 하소서.

4. 하늘에 계신 우리 아버지

마태와 누가의 차이

주기도의 첫 단어는 '아버지'이고, 거기에 '하늘에 계신'이라는 수식어가 붙습니다. 그런데 누가복음에는 이 표현이 없고 단순히 '아버지여'라는 말로 시작됩니다. 누가가 이 부분을 생략했는지, 아니면 마태가 이 문구를 덧붙였는지 우리로서는 알 수 없습니다. 누가복음의 짤막한 주기도가 원형이고 마태복음의 주기도는 초기 교회가 예배용으로 사용하면서 수식어나 다른 문구들을 첨가했다고 보는 학자들이 많지만, 꼭 그렇게 단정할 수 없습니다. 어떤 것이 원형인지 우리는 확실히 알 수 없습니다. 둘 다 주님이 말씀하신 것과 조금씩 다를 수 있습니다. 마태나 누가가 주님의 말씀을 토씨 하나 차이 없이 그대로 옮겼다고 볼 필요는 없습니다. 둘 다 주님이 가르친 근본 내용을 전하는 데는 착오가 없었다고 봐야 할 것입니다. 마태와 누가의 버전이 약간 다르지만 주기도의 핵심 내용에는 별 차이가 없습니다.

    둘의 확연한 차이는 서로 다른 맥락에 주기도를 배치한 점에서 드러납니다. 누가는 주님이 제자들에게 주기도를 가르치게 된 배경을 밝혀 줍니다. 반면, 마태는 주기도를 산상수훈 정중앙에 위치시켰습니다. 그러나 둘 다 하나님 나라의 맥락에서 주기도를 다룬다는 점은 같습니다. 누가는 하나님 나라가 진행되는 역사적 관점에서 주기도를 소개합니다. 앞뒤 문맥은, 하나님 나라의 복음을 전하고 귀신의 세력을 쫓아내고 그 나라가 임하게 하는 데 기도가 결정적 역할을 한다는 점을 암시합니다. 마태는 하나님 나라의 백성이 어떻게 살아야 하는지를 가르치는 산상수훈의 한복판에 주기도를 배치했습니다.

아주 정교한 문학적 구조로 짜인 산상수훈은 다섯 부분으로 구성되어 있습니다. 팔복과 그에 이어지는 빛과 소금에 대한 말씀은 하나님 나라 백성의 정체성을 선언합니다(마 5:3-16). 이어지는 부분에는 하나님 나라 백성이 살아내야 하는 새로운 삶의 방식이 제시됩니다(마 5:17-48). 이렇게 문학적으로 치밀하게 짜인 산상수훈의 중심이 바로 주기도이며, 이는 하나님 나라 백성 됨의 핵심이 기도임을 말해 줍니다. 기도가 하나님 백성이 살아야 할 삶의 근본 원리이며 새로운 삶의 방식을 따라 사는 동력의 원천임을 시사하는 것입니다. 하나님의 뜻에 순종할 수 있는 힘은 기도에서 나옵니다. 하나님 나라를 이 땅에 임하게 하는 복음 사역의 권능도 기도를 통해 주어집니다. 기도가 하나님 백성의 삶과 사역의 근본이며 핵심입니다.

산상수훈은 예수님이 보여 주신 하나님 나라의 삶을 잘 반영합니다. 예수님은 하나님 나라의 복음을 전하셨고, 친히 그 나라의 원리를 따라 사셨습니다. 그런 삶의 동력을 기도를 통해 받으셨습니다. 산상수훈이 제시하는 하나님 나라 백성의 삶 정중앙에 주기도가 있듯이 이 땅에서 하나님 나라를 살아내신 주님의 삶과 사역의 중심에도 기도가 놓여 있었음을 우리는 잘 알고 있습니다.

'하늘'의 의미

'하늘에 계신'이라는 문구는 이런 마태의 의도를 백분 잘 살린 표현입니다. 이 땅을 살아가는 우리는 세상의 거대한 세력 앞에 주눅이 들어 낙담하기 쉽습니다. 하나님 나라 백성이라는 우리의 정체성과 사명을 쉽게 저버리고 자포자기합니다. 이런 우리에게 '하늘에 계신'이라는 말씀은 우리를 지배하는 이 땅의 막강한 세력을 압도하는 하늘의 권세를 바라보게 합니다. 하늘의 권능을 힘입어 세상을 이기고 하나님의 뜻을 행하는 믿음의 담력을 우리 안에 불러일으킵니다.

'하늘에 계신'이라는 표현은 마태의 전용어라고 할 수 있을 정도로 그가 즐겨 사용한 문구입니다. 이 표현은 마가복음에서만 예외적으로 한 번 등장하고(막 11:45), 다른 복음서에서는 전무합니다. 마태복음은 일차적으로 유대인들을 위해 쓰인 복음서인데, '하늘에 계신'이라는 표현은 유대인들에게 아주 익숙했습니다. 그래서 마태만 유일하게 하나님 나라를 '하늘나라'라고 했습니다(우리말 성경은 '천국'이라고 번역합니다). 그들은 하늘을 하나님과 같은 의미로 이해하곤 했습니다. 일례로 주님은 유대인들에게 다음과 같은 질문을 던지기도 하셨습니다. "'요한의 세례가 어디로부터 왔느냐 하늘로부터냐 사람으로부터냐.' 그들이 서로 의논하여 이르되, '만일 하늘로부터라 하면 어찌하여 그를 믿지 아니하였느냐 할 것이요'"(마 21:25).

헬라어 원어를 보면, '하늘'이라는 단어가 복수로 사용되었습니다. 아버지가 '하늘들'에 계시는 것입니다. 하늘을 뜻하는 헬라어 단어 '우라노스'는 새가 날고 구름이 떠다니는 창공을 뜻하기도 하고, 하나님의 세계를 비유적으로 의미하기도 합니다. 우리말 '하늘'도 저

창공을 가리키기도 하고, '하늘이 도왔다'고 말할 때처럼 신의 세계를 비유적으로 뜻하기도 합니다.

그런데 영어는 뜻을 구분해서 사용하는 경우가 많습니다. 물리적 공간을 뜻할 때는 sky를 쓰고 비유적 의미를 전달할 때는 heaven이라는 단어를 사용합니다. "올라가실 때에 제자들이 자세히 하늘[sky]을 쳐다보고 있는데 흰 옷 입은 두 사람이 그들 곁에 서서 이르되, '갈릴리 사람들아 어찌하여 서서 하늘[sky]을 쳐다보느냐. 너희 가운데서 하늘[heaven]로 올려지신 이 예수는 하늘[heaven]로 가심을 본 그대로 오시리라' 하였느니라"(행 1:10-11). 주기도의 '하늘에 계신'이라는 말에서 하늘은 물리적 공간을 뜻하는 것이 아닙니다. 하나님이 저 창공 어딘가에, 은하계를 수없이 지나 무한한 우주의 한 공간에 계시다는 말이 아닙니다. 여기서 하늘은 공간을 초월한 영적 영역, 하나님이 존재하시는 특별한 영역을 뜻합니다.

하나님이 하늘에 계시다는 것은, 하나님이 피조물을 초월하시면서도 이 땅의 모든 것을 다스리는 절대적 주권과 권세를 가지신 분이라는 뜻입니다. 그리고 하나님은 피조물과 구별되는 영광을 가지신 분이라는 뜻입니다. 하나님은 그 영광의 찬란한 빛 가운데 거하시기에 아무도 범접할 수 없습니다. '하늘에 계신'이라는 말은 주기도의 후렴, 즉 "나라와 권세와 영광이 아버지께 영원히 있사옵나이다"라는 송영과 잘 어울립니다. 주기도의 첫 단어와 마지막 후렴이 앞뒤에서 주기도를 보자기처럼 싸고 있습니다.

하늘과 땅이 서로 먼 것처럼 하나님과 우리 사이에는 무한한 질적 차이가 있습니다. 하나님은 우리의 인식을 초월하시며, 결코 우리 이해와 경험의 틀 속에 가둘 수 없는 분입니다. 우리는 컴퓨터를 잘 사용하기 위해 컴퓨터를 익혀 통달하지만, 하나님은 그처럼 우리 작은 머리로 통달할 수 있는 분이 아닙니다. 우리의 마음대로 조정하거나 우리 취향에 맞게 길들일 수 있는 분이 아닙니다. 바로 이 사실로 인해 우리는 하나님께 기도할 때 마땅한 경외감을 가져야 합니다.

친밀감과 경외감의 조화

'아버지'라는 호칭은 우리로 하여금 친밀감을 가지고 기도하게 합니다. 동시에 하나님 아버지가 하늘에 계신다는 사실은 경외감을 가지고 기도하게 합니다. 주기도는 '아버지' 호칭과 '하늘에 계신'이라는 표현을 절묘하게 조합하여 기도에 꼭 필요한 두 특성인 친밀감과 경외감을 고양합니다.

하나님이 한없이 자애롭고 친밀한 아빠라는 점만 강조하면 기도가 경외감을 잃고 경망스러워질 수 있습니다. 그래서 하나님을 아빠라고 칭하는 것을 반대하는 이들이 있습니다. 그들은 하나님을 아빠 대신 '아버님'으로 부르자고 주장하는데, 그들의 우려를 충분히 이해할 만합니다. 실제로 어떤 사람의 기도를 보면 그 태도가 너무 무례하고 방자하다는 생각이 듭니다. 하나님께 마구 윽박지르듯이 기도하고, 하나님 앞에 일장 연설을 합니다. 하나님께 훈계하고 설교하듯이 기도합니다. 지극히 거룩하고 광대하신 하나님 앞에 두렵고 떨리는 마음으로 선다는 의식이 전혀 없습니다.

전도자가 말합니다. "너는 하나님 앞에서 함부로 입을 열지 말며 급한 마음으로 말을 내지 말라. 하나님은 하늘에 계시고 너는 땅에 있음이니라. 그런즉 마땅히 말을 적게 할 것이라"(전 5:2). 유대인들은 하나님의 이름조차 두려워서 부르지 못했습니다. 그들은 율법 아래서 두려워하는 종의 영을 받았기 때문입니다. 하지만 복음 아래서 아들의 영을 받은 우리는 '아빠 아버지'를 담대하게 부를 수 있게 되었습니다. 아들의 영은 이런 친밀함과 담대함과 함께 아버지에 대한 경외감, 거룩한 두려움을 갖게 합니다. 그래서 우리는 하나님의 이름을 함부로 부르지 않고 그분의 이름을 존귀하게 여깁니다. '우리 아빠'라는 호칭과 '하늘에 계신'이라는 표현의 조합은 우리가 기도할 때 빠질 수 있는 두 가지 오류, 즉 두려움의 영에 사로잡히는 것과 경박하고 방자해지는 것을 모두 경계하도록 해 줍니다.

우리가 믿는 하나님은 너무 작다

'하늘에 계신'과 '우리 아버지'의 결합은 우리의 기도 대상이 누구인지를 밝혀 줍니다. 하늘에 계신 우리 아버지는 하늘과 땅의 모든 권세 위에 뛰어난 절대적 주권과 권세를 가지신 분입니다. 우리 아버지는 이 땅의 모든 나라와 권력자들을 세우기도 하고 폐하기도 하십니다. 공중의 권세 잡은 자, 마귀와 어두움의 영들도 관할하고 다스리십니다. 마귀도 하나님이 허용하시는 한도 내에서만 활동합니다. 하나님 아버지는 자신의 나라와 다스림을 거부하는 불순종의 사람들을 지배할 수 있는 권한을 마귀에게 잠정적으로 허락하신 분입니다.

불의와 악이 창궐하여 도무지 공의의 하나님이 존재하지 않는 것 같아 보이는 이 부조리한 세상에서도 하늘에 계신 우리 하나님 아버지께서 역사하며 다스리십니다. 자신의 뜻이 하늘에서 이루어진 것처럼 땅에서도 이루어지도록 일하십니다. 자신의 통치와 나라가 하늘에서 온전히 이루어진 것처럼 이 땅에서도 실현되게 하십니다. 이를 위해 우리를 하나님 나라 백성으로 세우시고, 우리의 기도를 통해 이 땅에 그분 뜻이 이루어지며 그분의 나라가 임하게 하십니다. 그분은 우리 기도를, 그분의 뜻을 성취하는 하늘의 권세가 역사하는 통로로 삼으셨습니다.

이 땅의 악과 불의의 세력은 가공할 정도로 막강하며 우주적으로 확대되어 있습니다. 악은 인간의 마음뿐 아니라 모든 문화와 사회 속에 깊숙이 스며들어 구조적이고 조직적인 형태로 사람들을 억압합니다. 정치, 사회, 경제, 문화, 교육 전반에 걸쳐 만연한 이 구조적 불의와 부조리는 너무나 강력해 도무지 손을 쓸 수 없는 지경입니다.

이런 상황에서, 우리 기도가 이 땅의 문제를 해결할 수 있는 유일한 권세와 자원을 가진 하늘 아버지께 드리는 기도가 아니라면 과연 무슨 효력이 있겠습니까? 그것은 그저 공허한 넋두리나 독백에 불과할 것입니다. 우리 기도는 악과 불의가 가득한 이 땅을 새롭게 할 새 창조의 능력을 가진 하늘 아버지께 드려지는 것이기에, 이 땅에 하나님 나라가 임하게 하는 효력이 있습니다. 우리 기도는 이 땅에 창궐한 죽음의 전염병을 멈추게 하고, 영적으로 죽은 이들을 살리는 부활의 생기가 하늘 아버지로부터 세상으로 흘러 나가게 하는 통로입니다.

이런 아버지께 드려지는 우리 기도의 반경은 무한대입니다. 우리 기도의 폭은 한편으로는 무한히 확장되어야 하는 동시에 다른 한편으로는 무한히 축소되어야 합니다. 하늘에 계신 우리 아버지께는 너무 큰 것도 없고 너무 작은 것도 없습니다. 그분께는 너무 힘든 것이 있을 수 없습니다. 우리의 문제는, 우리 기도의 대상이신 하나님이 너무 작다는 것입니다. 우리 하나님 아버지는 우리가 생각하고 상상하고 구하는 것보다 훨씬 크십니다. 우리는 기도할 때 하나님을 하나님으로 대접해 드려야 합니다. 하나님이 하늘에 계신 광대하신 분임을 인정하고 높여 드려야 합니다.

우리는 이 땅에서 활동하는 악과 사탄의 거대한 세력에 압도당한 나머지, 하나님 나라가 임하기를 구하는 기도가 무슨 소용이 있는지 반신반의하며 기도하기 일쑤입니다. 하늘 아버지의 능력에 대한 믿음이 없는 것입니다. 하지만 우리 하늘 아버지는 이 땅의 악의 세력에 비할 수 없이 강하신 분입니다. 하늘 아버지의 은혜와 자비는 우리 죄악과 부패보다 훨씬 크고 한량이 없습니다. 하늘 아버지께서 주시는 복은 이 땅의 처절한 비참함과 황폐함을 넉넉히 해소하고도 남습니다. 이런 이유 때문에 우리는 이 땅의 곤고함과 비참함을 훨씬 능가하는 크신 하늘 아버지께 나아가는 것입니다.

우리가 믿는 하나님은 너무 크다

우리가 믿는 하나님이 너무 작은 것도 문제이지만, 너무 큰 것도 문제입니다. 하나님이 너무도 광대하고 높은 분이셔서 우리가 당면하는 하찮은 일에는 별 관심이 없으시다고 생각하는 것입니다. 그런 생각 때문에 일상의 사소한 것을 구할 엄두를 내지 못하고, 삶의 모든 염려와 문제들 앞에서 스스로 해결사가 되어 하나님 역할을 하며 살려고 합니다.

하지만 우리 하늘 아버지는 우리 각자가 안고 있는 어떤 문제보다 크실 뿐 아니라 그 모든 문제에 관심을 가지는 분이십니다. 그분은 우리가 안고 있는 그 어떤 고통스러운 문제도, 그 어떤 질병, 자녀나 가정의 문제, 직장 생활의 문제 혹은 경제적 어려움도 능히 도우실 수 있습니다. 물론 모든 기도가 마법처럼 즉각적으로 이루어지지는 않습니다. 오히려 우리 아버지는 우리 각자에게 꼭 알맞게 맞춤형으로 기도에 응답하십니다. 어떤 사람은 기도가 빨리 응답되면 지속적으로 기도하지 않습니다. 아쉬울 때만 하나님을 찾습니다. 많은 경우, 최고의 기도 응답은 응답하지 않음으로써 더 기도하게 하시는 것입니다. 우리는 기다리며 기도하는 가운데 자신이 원하는 것뿐 아니라 미처 생각지 못한 풍성한 은혜를 누릴 수 있습니다.

하늘 아버지께 지극히 큰 것을 구하는 것도 아버지의 능하심을 믿는 행위이며, 동시에 아주 작고 사소한 것을 구하는 것도 그분이 우리를 세밀하게 돌보시는 아버지이심을 믿는 행위입니다. 하나님을 큰일만의 하나님이 아니라 우리의 작은 일에도 하나님이 되게 하십시오. 이 땅에 아버지의 뜻이 이루어지고 그분의 나라가 임하도록 기도하는 것 못지않게 오늘 일용할 양식을 달라고 구하는 것도 위대한 기도입니다. 매일 부딪히는 자질구레한 문제를 두고 아버지께 구하는 것은, 작은 일에서까지 아버지께 의존하는 구체적인 믿음을 나타내는 귀한 기도입니다. 이렇게 아이처럼 하늘 아버지를 전적으로 의지하는 태도는 하나님을 영화롭게 하는 매우 귀한 믿음입니다.

여기가 바로 하늘

하나님이 계시는 하늘은 어디입니까? 우리는 머릿속에서 굳어 버린 하늘에 대한 공간적 이해로부터 벗어날 필요가 있습니다. 하나님이 계시는 하늘은 저 창공 어딘가, 우주의 한 공간이 아닙니다. 그런 하늘이 하나님을 담을 수는 없습니다. 하나님은 공간을 초월합니다. 또한 그분은 시공간을 초월한 차원에 존재하시면서도 시공간 속으로 들어와 내재하십니다. 하나님이 계신 하늘은 바로 여기입니다. 우리가 예배하는 이 자리가 하나님 아버지가 임재하시는 하늘입니다. 우리가 기도하는 자리가 바로 그 하늘입니다. "너는 기도할 때에 네 골방에 들어가 문을 닫고 은밀한 중에 계신 네 아버지께 기도하라. 은밀한 중에 보시는 네 아버지께서 갚으시리라"(마 6:6). 아버지께서 은밀한 중에 보실 뿐 아니라 은밀한 중에 계십니다. 이는 우리가 은밀하게 기도하는 자리에 아버지가 계신다는 뜻입니다.

우리가 하늘로 가는 것이 아니라 하늘이 우리에게 오는 것입니다. 그리고 우리는 우리에게 온 하늘 안으로 들어갑니다. 오순절에 성령이 오신 사건은 시공간을 초월한 하늘의 영역이 이 땅으로 뚫고 들어온 사건입니다. 우리가 성령 안에 있다는 것은 곧 하늘에 있다는 것과 같습니다. 아버지가 계신 곳에 우리도 있는 것입니다.

우리는 기술 문명이 급속도로 발전하는 시대에 살고 있습니다. 앞으로 20년만 지나면 무인자동차가 보편화될 것이라고 하니, 지금 태어나는 아이들은 운전을 해 보지 못하는 세대가 될 것입니다. '전에는 사람이 운전했다고? 정말이야?' 하고 신기해할지도 모릅니다. 그러나 과학이 아무리 발전해도 3차원을 초월할 수는 없습니다. 신의 세계를 침범하지 못합니다. 3차원을 훨씬 초월한 하나님의 세계, 그 하늘의 영역은 오직 하나님의 은혜로 우리 가운데 침투해 들어옵니다. 내세가 현재로 뚫고 들어옵니다.

믿음을 가진 사람은 과학이 아무리 발전해도 들어가지 못하는 세계에 들어가 내세의 능력, 종말에 누릴 천상의 복을 미리 누립니다.

성령 안에서 부활의 생명을 누립니다. 사망의 세력이 이 땅을 살아가는 우리를 사로잡고 있었는데, 이제는 부활의 생명이 우리 전 존재를 관통합니다. 이 땅에서 불안에 휩싸여 쫓기는 인생들에게 하늘의 평강이 엄습해 옵니다. 바로 이 내세의 권능만이 우리를 옥죄는 현실을 이기는 동력입니다. 기도는 하늘의 영적 파장과 에너지, 하늘의 평강에 푹 젖어드는 것입니다. 하늘의 능력과 평강이 우리 전 존재에 깊숙이 스며들어 우리를 주관하게 하는 것입니다. 반면 기도하지 않는 이들은 이 땅의 죄와 사망의 세력, 염려와 불안에 잠식당하고 맙니다.

하늘: 바울을 이해하는 열쇠

하늘에 대한 이 같은 개념은 사도 바울이 전한 복음의 토대를 형성하는 것이기도 합니다. 바울은 '하늘에 계신'과 아주 유사한 표현인 '하늘에 속한' 또는 '하늘에'라는 문구를 즐겨 사용합니다. 예를 들어 에베소서를 살펴봅시다. "찬송하리로다. 하나님 곧 우리 주 예수 그리스도의 아버지께서 그리스도 안에서 하늘에 속한 모든 신령한 복을 우리에게 주시되"(엡 1:3). "또 함께 일으키사 그리스도 예수 안에서 함께 하늘에 앉히시니"(엡 2:6). 이처럼 하늘에 속했다는 개념은 바울의 가르침을 이해하는 핵심 열쇠입니다.

바울은 그리스도인의 정체성을 근본적으로 하늘에 속한다는 관점에서 이해했습니다. 그리스도인은 하늘에 속한 사람, 이 땅에서 이

• 자세한 논의를 위해서는, 게하더스 보스의 『바울의 종말론』(*The Pauline Eschatology*, 좋은씨앗)을 참고하라.

미 하늘에 속한 신령한 복을 누리는 사람들입니다. 우리의 시민권은 하늘에 있는 것입니다. 또한 바울은 그리스도인들에게 위의 것, 즉 하늘의 것을 생각하고 찾으라고 권면합니다(골 3:1-2). 바울은 그리스도인들이 이미 그리스도와 함께 하늘에 앉아 있다고 생각했습니다. 이는 그리스도와 함께 만물을 다스리는 권세를 누리는 자리에 있음을 뜻합니다.

우리가 이미 하늘에 있다는 말씀이 전혀 실감나지 않는 판타지 소설처럼 들릴지도 모르겠습니다. 하지만 여기서 말하는 하늘이 저 위의 창공을 뜻하는 것이 아니라 바로 이 땅에 임하는 영적 영역이라는 사실을 상기한다면 이해가 그리 어렵지 않을 것입니다. 성령이 우리 가운데 계신 것을 믿으십니까? 바로 그 성령이 우리 가운데 임하심으로 하늘이 우리에게 내려온 것입니다. 우리가 성령 안에 있다는 것은 하나님 아버지가 계신 영적 영역, 하늘에 있다는 뜻입니다. 사도 바울은 '성령 안에' 있는 것과 '영적 영역에' 있는 것, 그리고 '하늘에' 있는 것을 모두 같은 개념으로 사용합니다.

하늘에 속한 자

하늘에 계신 아버지는 우리와 완전히 구별되는 존재로서 전혀 다른 차원의 영역에 계시면서도, 이 땅에 있는 우리와 함께하십니다. 또한 이 땅에 있는 우리도 그분이 계신 하늘에 있게 하십니다. 이 땅에 있으나 하늘에 있는 자가 되는 것, 바로 그것이 하늘에 계신 하나님 아버지의 자녀 된 이가 누리는 영광입니다. 예수님을 생각해 봅시다. 그분은 이 땅에 계셨지만 하늘에 속한 분이었습니다. 그분은 하늘로부터 보냄을 받고 하늘의 풍성한 자원으로 이 땅을 섬겼습니다. 하늘의 권능으로 이 땅을 치유하고 회복했습니다. 이 땅에 하늘이 임하게 하셨습니다. 주님의 삶과 사역의 중심에는 기도가 있었고, 주님의 사역은 기도로써 하늘을 이 땅으로 끌어내리는 것이었습니다. 그분은 땅과 하늘을 이어 이 땅을 살리셨습니다.

주님은 "나를 믿는 자는 내가 하는 일을 그도 할 것이요, 또한 그보다 큰 일도 하리[라]"(요 14:12)고 말씀하셨습니다. 왜 그런 부담스러운 말씀을 하셨겠습니까? 바로 우리도 주님과 같이 하늘에 속한 사람이기 때문입니다. 우리는 주님이 지상에서 미처 이루지 못한 일까지 행하는 사람들입니다. 예수님의 십자가와 부활, 승천으로 가능하게 된 새 창조와 하나님 나라를 완성하는 사명을 수행하는 사람들입니다. 제자들에게 하늘의 권능이 임하자 예수님의 말씀과 행적을 보고도 그분을 배척한 유대인들이 3천 명이나 회개하는 역사가 일어났습니다. 마른 뼈 가득한 에스겔 골짜기처럼 영적으로 피폐했던 이스라엘이 회복되는 역사가 일어난 것입니다. 천국 복음이 땅끝까지 전파되어 수많은 민족이 주께 돌아오는 놀라운 일이 벌어졌습니다. 하늘이 땅에 침투해 들어와 땅을 점령해 가는 것입니다.

이처럼 우리도 하늘을 이 땅에 임하게 하도록 보냄을 받은 사람들입니다. 그리스도인의 정체성은 하나님의 자녀인 동시에 하늘에 속한 자인 것입니다. 그리고 하늘에 속한 사람의 삶과 사역 중심에는 바로 기도가 놓여 있습니다. '아빠'라는 호칭이 우리가 누구인지를 알려 주듯이 '하늘에 계신'이라는 말도 우리가 누구인지에 대한 정체성을 밝혀 줍니다. 우리는 하늘에 계신 아버지의 자녀로서 아버지가 계신 영적 영역에 있습니다. 아버지와 함께 세상을 다스리는 하늘의 권세를 누리는 자리에 있습니다. 바로 이 '하늘에 계신'이라는 수식어가, 하나님 나라가 임하고 아버지의 뜻이 땅에서도 이루어지기를 바라는 우리의 기도에 효력을 가져다줍니다. 이 표현에는 하나님 나라가 임하기를 구하는 주기도의 권세가 온전히 내포되어 있습니다.

하늘은 하나님의 뜻이 이루어지는 곳, 하나님의 통치가 실현되는 영역입니다. 그와 반대로 땅은 하나님의 통치와 뜻을 거부하는 불순종이 뒤덮고 있는 곳입니다. 죄와 사망이 지배하는 곳입니다. 여러분은 지금 어디에 있습니까? 하늘입니까, 아니면 땅입니까? 우리 모두 전에는 하나님의 뜻과 다스림을 거부함으로써 죄와 사탄이 지배하는 땅에 있던 자들이었습니다. 그런데 이제는 복음을 믿고 순종함으로 땅의 세력으로부터 자유롭게 되어 하늘에 속한 자가 되었습니다.

거대한 하늘의 침공

지금 하늘이 거대한 스케일로 이 땅을 침공해 들어오고 있습니다. 바로 이 땅에 하나님 나라가 임하고 있다는 뜻입니다. 하늘이 먼저 우리 안에 쳐들어와 우리 자아의 왕국을 깨부수어야 합니다. 하나님의 통치를 거부하는 자아의 통치가 끝장나야 합니다. 그래야 자아를 사로잡고 있는 죄와 사탄의 세력에서 자유로워질 것입니다. 우리 삶에 샬롬이 임할 것입니다. 우리에게 하늘이 임할수록 우리는 편안해지고 행복해집니다. 땅이 우리를 점령할수록 우리 삶은 곤고해지고 비참해집니다.

이 땅을 지배하는 죄와 사망의 세력은 중력처럼 우리를 죄의 자리로 끌어내립니다. 오직 하늘의 권세만이 이 땅의 불가항력적이고 폭압적인 죄의 세력을 무력화할 수 있습니다. 하늘의 권능은 오직 기도를 통해서 임합니다. 오직 하늘이 임하는 기도의 자리에서, 비로소 우리의 옛 자아가 죽습니다. 땅에 속한 지체와 욕심, 죄와 혈기와 교만이 죽습니다. 기도의 자리에서 임하는 하늘의 평강만이 우리를 짓누르는 염려와 두려움과 불안을 모두 평정합니다. 기도야말로 하늘이 우리 가운데 임하게 하는 유일한 통로입니다. 그리고 하늘이 자신 안에 임한 사람은 기도를 통하여 하늘이 이 땅에 확장되게 합니다. 그렇게 기도하는 이들이 모인 교회가 마침내 이 땅을 침공해 들어와 이 땅을 점령하는 하나님 나라의 군대가 되는 것입니다.

하늘이 우리 안에 임할 때 우리는 온유해집니다. 그것은 바로 우리 안에서 죄와 사탄의 세력이 하늘에 의해 점령당했다는 증거입니다. 우리의 완악과 교만이 하늘의 권능에 의해 꺾였다는 표지, 은혜의 지배를 받게 되었다는 표징인 것입니다. 그리고 자기 안의 죄와 교만의 세력을 점령한 사람은 이 땅을 지배하는 어두움의 권세를 꺾고 이 땅을 점령하게 될 것입니다. 하나님의 통치가 임하도록 할 것입니다. 예수님은 온유한 자가 이 땅을 차지한다고 말씀하셨습니다. 하나님 나라의 백성은 온유한 사람입니다. 하늘의 권세로 이 땅을 점령하는 하늘의 군대는 무력이 아니라 기도를 무기로 사용합니다. 기도를 통해 하늘의 권세가 역사하기 때문입니다.

기도는 하늘 문을 열어 하늘의 부요함이 빈곤한 이 땅에 쏟아져 내려오게 하는 통로입니다. 지금 이 땅은 얼마나 하늘의 복이 절실합니까! 죄와 사망의 권세가 지배하는 이 고통과 어두움의 땅은 얼마나 하늘의 생명과 권능과 은총을 절박하게 필요로 하고 있습니까! 감사하게도 하나님은, 미미하기 짝이 없는 우리 기도를 하늘의 권세가 이 땅에 임하는 통로로 삼으셨습니다. 그것은 바로 우리가 하늘에 계신 아버지의 자녀이기 때문입니다. 하나님은 우리 기도를 통해 온 세상을 축복하기 원하십니다.

권세 있는 자녀의 기도

칼 바르트는, 우리가 기도하는 것은 예수님이 기도하는 것과 같다고 말했습니다.• 하나님 아버지께서 예수님의 기도를 들으시는 것처럼 우리 기도를 들으신다는 것입니다. 우리가 '아버지'를 부르며 기도한다는 것은, 예수님의 공로를 힘입어 예수님과 같은 아들의 자리에 서서 아들의 특권을 가지고 기도한다는 뜻입니다. 그것이 예수님의 이름으로 기도한다는 말의 의미입니다. 장 칼뱅(John Calvin)은 우리 입으로 기도하는 것은 마치 예수님의 입으로 기도하는 것과 같다고 말했습니다.▲ 자신의 친아들을 희생하면서까지 우리를 양자로 삼으신 그분이 우리의 기도에 엄청난 가치와 권위를 부여하신 것입니다. 우리 입으로 한마디씩 기도할 때마다 예수님의 무한한 공로가 그것을 뒷받침합니다. 하나님 아버지는 이 보혈의 공로 때문에 우리 기도가 전혀 아들답지 않은 기도일지라도 아들의 기도로 들으십니다.

물론 우리의 기도는 예수님의 기도처럼 올바르고 순수하지 못합니다. 하나님의 뜻을 구하기보다는 자기 뜻과 소원을 구하기도 하고, 하나님 나라보다 이 세상 것을 구하기가 쉽습니다. 기도하면서

• Karl Barth, *Prayer* (Philadelphia: westminster, 1985), p. 34.
▲ John Calvin, *Genevan Catechism*, 1542.

너무도 자주 죄를 범하고 욕심을 부립니다. 그러나 아버지는 그런 기도마저 예수님의 보혈의 공로로 씻어 주십니다. 용서해 주십니다.

한 청년과 면담을 한 적이 있습니다. 그 청년은 주기도 설교를 듣고 난 후 자기가 아쉬울 때만 이기적으로 하나님을 찾는 것 같아서 이제는 기도 자체를 못 드리겠다고 말했습니다. 그러나 그런 기도라도 드려야 합니다. 아버지를 부르고 찾는 일 자체가 귀하기 때문입니다. 처음부터 숭고한 기도를 드리려고 하면 기도를 전혀 못 하게 됩니다. 그뿐 아니라 마음에도 없는 말들로 외식하는 기도를 하게 되기가 쉽습니다. 가장 좋은 것은 솔직하게 기도하는 것입니다.

순수하지 못한 기도는 오직 기도로만 순수해질 수 있습니다. 세속적인 기도 역시 오직 기도로만 하나님 나라를 향한 기도로 변화할 수 있습니다. 기도의 자리에 임하는 하늘의 은혜가 기도를 변화시킵니다. 제임스 패커(James Packer)는, 우리 기도가 하나님께 올라가는 길에 성령께서 그것을 수정해 주신다고 말했습니다.* 우리는 마땅히 구할 바를 알지 못하지만 성령이 말할 수 없는 탄식으로 우리를 위해 간구하십니다. 우리 기도를 반드시 들으시는 하늘 아버지는, 우리의 엉터리 같은 기도마저 들으시고 예수님의 보혈로 씻어 새롭게 하십니다. 아들답지 못한 우리 기도를 아들다운 기도로 변화시켜 주십니다.

하늘과 땅의 모든 것을 주관하시는 하나님이 우리 아버지라는 사실과, 그분께 아빠라고 부르며 기도할 수 있다는 사실은 얼마나 놀라운 축복이며 영광입니까? 이 한 가지 사실만 바로 믿어도 우리는 지금부터 영원히 복된 사람이 될 뿐 아니라, 나아가 이 세상을 복되게

• 제임스 패커·캐롤린 나이스트롬, 『제임스 패커의 기도』(Praying, IVP), p. 269.

하는 사람이 될 것입니다.

‖ 함께 드리는 기도 ‖

1. 하늘과 땅의 모든 것을 주관하시는 지극히 높고 전능하신 하나님이 우리 아버지가 되어 주셔서 감사합니다. 우리의 기도가 이 땅을 지배하는 거대한 악의 세력을 꺾고 하나님 나라가 임하게 하는 통로임을 믿고, 담대히 기도하게 하소서.
2. 능하지 못한 일이 없는 하늘에 계신 아버지께 우리의 모든 문제와 염려와 어려움을 믿음으로 아뢸 수 있게 하소서.
3. 우리가 전에는 땅에 속한 사람이었으나, 이제는 하나님 아버지가 계신 하늘에 있는 자가 되었습니다. 성령 안에서 하늘 아버지의 집에 거하며 하늘에 속한 권능과 복을 풍성히 누리게 하소서.

첫 번째
간구

이름이 거룩히 여김을 받으시고

5. 아름다운 그 이름

이름 콤플렉스

제가 일하는 교회의 교인들 이름 중에는 멋지고 산뜻한 이름이 참 많습니다. 얼마 전에 태어난 한 형제의 딸 이름은 '은지'인데 제가 직접 지어 주었습니다. 제게 작명의 은사가 있나 봅니다. 한편 교역자들 이름 중에는 낯설고 특이하게 느껴지는 이름들도 있습니다. 무엇보다 저는 '영돈'이라는 제 이름이 마음에 들지 않는데, 사실 자랄 때 일종의 이름 콤플렉스가 있었습니다. 친구들에게 돼지 '돈' 자라고 놀림을 많이 받았기 때문입니다.

하지만 제 이름은 돼지 '돈'이 아니라 '돋아나다'라는 뜻을 지닌 '돈'을 씁니다. 어머니가 들려주시기를, 제 부친이 큰 사업가였는데 제가 태어나기 직전에 사업이 기울기 시작했고, 제가 태어난 후 전국의 유명한 작명가들에게 의뢰해서 가장 마음에 드는 이름을 지은 것이라고 합니다. 아주 비싼 이름인 셈입니다. 영화 '영'에 돋아날 '돈', 그러니까 영화가 돋아난다는 뜻입니다. 다시 사업이 번창하여 부귀영화를 누리기 원하는 부친의 소원이 제 이름에 투사된 것이라고 할 수 있겠습니다. 그러나 제가 태어나고 얼마 후 부친은 병환으로 별세

하시고 사업은 망했습니다. 어쨌든 과거에는 한자로 이름을 지을 때 이런 식으로 부모의 염원을 이름에 담곤 했습니다.

　우리는 구약에서도 이름을 통해 그 이름을 짓는 하나님의 계획과 뜻이 표현되는 것을 종종 확인할 수 있습니다. 아브라함이라는 이름이 그렇습니다. "이제 후로는 네 이름을 아브람이라 하지 아니하고 아브라함이라 하리니, 이는 내가 너를 여러 민족의 아버지가 되게 함이니라"(창 17:5). 아브라함이라는 이름에, 하나님이 그의 후손을 통해 모든 민족을 축복하시고자 하는 뜻이 고스란히 담겨 있습니다. 또 이름은 그 사람의 존재와 삶을 함축해서 드러내기도 합니다. "원하옵나니, 내 주는 이 불량한 사람 나발을 개의치 마옵소서. 그의 이름이 그에게 적당하니 그의 이름이 나발이라 그는 미련한 자니이다. 여종은 내 주께서 보내신 소년들을 보지 못하였나이다"(삼상 25:25).

　물론 지금도 이름은 사람을 구별하는 단순한 기호가 아닙니다. 이름은 그 사람의 존재 자체와 긴밀하게 연결되어 있습니다. 어떤 이름을 들을 때는 어떤 이미지가 떠오르게 마련입니다. 이름과 함께 그 사람의 됨됨이, 인격과 삶이 연상되는 것입니다. 어떤 이름을 들으면 아름다운 이미지가 떠오릅니다. 그 사람의 인격과 삶의 내용이 그 이름을 빛나고 아름답게 합니다. 다른 사람들이 우리의 이름을 들을 때 어떤 이미지가 떠오를까요? 호랑이는 죽어서 가죽을 남기고 인간은 죽어서 이름을 남긴다는 말이 있듯이, 인간에게는 자기 이름을 보존하려는 본능이 있습니다. 인터넷 기사에 달리는 수많은 댓글 중에는, 오물을 토해 낸 것같이 인간의 추한 밑바닥이 그대로 드러나는 글이 있습니다. 그런데 자기 이름을 밝히고 그런 댓글을 다는 이는 찾아보기 힘듭니다. 모두 무명으로 혹은 별명 뒤에 숨어서 그 짓을 합니다.

그런 사람들도 자기 이름은 더럽히고 싶지 않은가 봅니다.

이름 없는 하나님?

하나님은 자기 이름에 대해 특별한 관심을 보이는 분이십니다. 그분은 자기 이름이 더럽혀지는 것을 도저히 용납하지 못하시며, 자기 이름이 거룩히 여겨지기를 열망하십니다. 하나님은 십계명을 통해 그분의 이름을 망령되이 부르지 말라고 엄히 명하셨습니다. 그런데 인간 안에는 끊임없이 하나님의 이름을 더럽히는 죄성이 도사리고 있습니다. 인간은 하나님의 이름을 헛되이 부르며 그 이름을 더럽히고, 그 이름을 주술적으로 통제하려고 합니다.

이전에 예수 이름으로 복 받고 예수 이름으로 병을 고치고 예수 이름으로 귀신을 쫓아내는 등 다양한 '예수 이름 사용법'이 기록된 책을 본 적이 있습니다. 이것은 모두 인간의 목적과 유익을 위해 그 이름으로 하나님을 조종하려는 시도입니다. 알라딘의 요술 램프처럼 그 이름을 부르면 신이 나타나 하인처럼 시중을 들어야 한다는 것입니다. 우리 역시 필요할 때 그 이름을 부르면 나타나 도움을 제공하는 하나님을 원합니다. 그것도 하나님의 이름을 망령되이 부르는 것입니다. 하나님의 이름을 더럽히는 인간의 이 같은 부패성을 아시기에, 하나님은 자신의 이름을 알려 주기를 매우 꺼리십니다. 구약을 보면 그런 대목이 종종 등장합니다. "야곱이 청하여 이르되 '당신의 이름을 알려 주소서.' 그 사람이 이르되 '어찌하여 내 이름을 묻느냐' 하고 거기서 야곱에게 축복한지라"(창 32:29).

그래서 '하나님은 이름이 없다' 혹은 '하나님께는 이름을 붙일 수 없다'고 주장하는 이들이 있습니다. 그런 주장도 일리는 있습니다. 우리는 이름을 붙이는 행위를 통해 사물을 규정합니다. 이름은 사물의 어떤 특성을 드러내기 위해 붙이는 것인데, 이름을 붙이는 순간 그 사물이 갖는 다른 특성은 가려지고 맙니다. 하지만 하나님은 어떤 이름으로도 규정할 수 없는 분입니다. 구약에 '엘 샤다이'라는 하나님의 이름이 등장하는데, 이를 '전능한 하나님'이라고 번역합니다. 그러나 하나님을 전능한 하나님이라는 이름으로만 규정해 버리면 하나님의 다른 특성들은 가려져 버립니다. 이렇듯 이름은 하나님을 제한하고 그분을 그 이름이 가진 틀 속에 가두는 결과를 가져옵니다.

한편 아담이 에덴 동산에서 동물들에게 이름을 지어 주었을 때, 그것은 아담이 그들을 다스리는 권한을 가졌다는 것을 의미합니다. 만약 그런 인간이 하나님께 이름을 붙이게 된다면 하나님을 마음대로 조종하고 지배할 수 있는 대상으로 삼을 수 있을 것입니다. 따라서 인간은 하나님께 임의로 이름을 붙일 수 없습니다. 오직 하나님이 자신의 이름을 계시해 주셔야만 우리는 그분을 알 수 있습니다.

우리도 아무에게나 이름을 알려 주지 않습니다. 통성명을 하고 연락처를 나눈다는 것은 좀더 친숙한 관계를 맺게 되었음을 뜻합니다. 마찬가지로 하나님을 만나 통성명을 한다는 것도 하나님과 특별한 관계를 맺는다는 의미입니다. 하나님이 우리 이름을 아시고 우리에게 자신의 이름을 친히 알려 주신다는 것은 굉장한 일입니다. 하나님은 아무에게나 이름을 알려 주시지 않습니다. 특별히 사랑하는 이에게만 이름을 알려 주십니다. 따라서 하나님의 이름을 마침내 안다는 것은 실로 엄청난 특권입니다. 여러분은 하나님을 만나 이름을 주고받으셨습니까?

하나님이 알려 주신 최초의 이름: "나는 나다"

구약에서 하나님의 이름을 알아내는 데 성공한 이는 바로 모세입니다. 모세는 호렙산의 불붙은 떨기나무 앞에서 하나님을 뵙고, 이집트로 가서 이스라엘 민족을 구원하라는 소명을 받습니다. 그때 모세는 하나님께 이렇게 질문합니다. "모세가 하나님께 아뢰되, '내가 이스라엘 자손에게 가서 이르기를 너희의 조상의 하나님이 나를 너희에게 보내셨다 하면 그들이 내게 묻기를 그의 이름이 무엇이냐 하리니 내가 무엇이라고 그들에게 말하리이까'"(출 3:13). 이 대목에서, 하나님이 이름을 도저히 알려 주지 않을 수 없도록 몰아붙이는 모세의 집요함을 봅니다. 그의 요청에 따라 하나님은 처음으로 그분의 숨은 이름을 알려 주셨습니다.

그 이름이 무엇이었습니까? "하나님이 모세에게 이르시되, '나는 스스로 있는 자이니라.' 또 이르시되 '너는 이스라엘 자손에게 이같이 이르기를 스스로 있는 자가 나를 너희에게 보내셨다 하라'"(출 3:14). 하나님은 "나는 스스로 있는 자"라고 하셨습니다. 이름이 참 기이합니다. 그 뜻이 무엇인지 헤아리기가 어렵습니다. 영어로는 'I am who I am'입니다. 직역하면 '나는 나다'입니다. 이 말의 의미가 무엇인지에 대한 논쟁은 끝이 없습니다. 초기 교회의 가장 권위 있는 교부 아우구스티누스(Augustinus)는, 이것이 하나님은 존재 자체이며 영원히 불변하는 존재임을 뜻한다고 보았습니다. 하나님은 그 존재의 근거를 자기 밖이 아니라 자기 안에 가진 분이라는 것입니다. 물론 이런 의미가 깃들어 있음을 부인할 수는 없지만, 다분히 철학적이고 추상적입니다. 어떤 신학자는 하나님이 여기서 자신을 계시하시는 동시에 자신을 감추신 것이라고 보는데, 그 주장에도 일리가 있습니다.

우리는 이 말을 문맥 속에서 이해해야 하는데, 바로 뒤의 구절은 다음과 같습니다. "하나님이 또 모세에게 이르시되, '너는 이스라엘 자손에게 이같이 이르기를 너희 조상의 하나님 여호와 곧 아브라함의 하나님, 이삭의 하나님, 야곱의 하나님께서 나를 너희에게 보내셨다 하라. 이는 나의 영원한 이름이요, 대대로 기억할 나의 칭호니라'"(출 3:15). 하나님은 자신을 아브라함과 이삭과 야곱의 하나님이라고 하셨습니다. 하나님은 자기 이름을 통하여 자신을 자신의 백성들과 하나로 엮으십니다. 즉 그들과 함께함으로 언약을 성실하게 성취하시는 하나님으로 자신을 계시하신 것입니다.

또한 하나님은 그 언약에서 "내가 반드시 너와 함께 있으리라"고 약속하셨습니다. '나는 나다'와 '내가 너와 함께 있으리라'라는 말씀이 서로 평행을 이룹니다.* 이런 맥락에서 보면 '나는 나다'라는 말의 의미는 '나는 너와 함께 있는 자로서 나다'라고 이해할 수 있습니다. 예일 대학교의 신학자 브레바드 차일즈(Brevard S. Childs)는 이 문장을 미래를 가리키는 미완료 시제로 해석하는데, 번역하면 '나는 나일 것이다'(I will be who I will be)가 됩니다. 차일즈는 이것을 "사람들은 미래에 하나님이 하시는 일을 보고 하나님의 목적을 체험할 것이다"라는 의미로 이해합니다.▲ 즉 하나님이 미래에 하시는 일을 보고 그의 목적을 알게 될 것이라는 말입니다. 여기서, 하나님이 자기 이름을 더 밝히 계시하실 미래가 예고됨으로써 그 이름의 미래성을 엿볼

---

* 앤터니 티슬턴, 『조직신학』(Systematic Theology, IVP), p. 79.
▲ 같은 책, p. 78.

수 있습니다.

처음으로 '여호와'라는 이름이 가진 깊은 의미가 모세에게 계시되었습니다. 그리고 하나님이 그 백성과 함께하여 언약을 신실하게 지키시는 행위를 통하여 그 이름의 의미와 영광이 더 선명하게 드러나게 됩니다. 하나님의 구원 역사를 통해 하나님의 이름이 점진적으로 계시됩니다. 익명을 좋아하는 마귀의 특성은 자신을 철저히 은폐하고 위장하는 것인 데 반해, 하나님은 자신의 이름을 알려 주시고 그 이름으로 구원을 행하십니다. 구원 역사는 하나님이 자신의 이름을 점점 더 밝히 계시해 주시는 역사입니다. 따라서 하나님의 이름은 그의 모든 사역을 통해 계시된 하나님 자신입니다.

구원 역사 속에 드러난 하나님의 이름

여호와 하나님이 그 이름이 의미하는 대로 백성과 함께하여 그들과 맺은 언약을 신실하게 지키는 과정에서 다양한 이름이 드러납니다. '여호와 이레'(하나님이 감찰하시고 준비하셨다), '여호와 라파'(치유하시는 하나님), '여호와 닛시'(승리의 깃발을 들게 하신다), '여호와 샬롬'(평강의 하나님), '여호와 삼마'(거기 계시는 하나님) 등이 대표적입니다. 구약에는 여호와라는 이름 외에 '엘로힘'이 하나님의 이름으로 자주 등장합니다. 히브리어로 '엘'은 하나님을 뜻하며, '엘로힘'은 그 복수형입니다. '엘 샤다이'는 전능하신 하나님을 뜻합니다.

하나님이 자신의 이름을 알려 주시는 계시는 그리스도 안에서 절정에 이릅니다. 구약에 다양한 이름으로 자신을 계시하신 하나님, 아브라함과 이삭과 야곱의 하나님 여호와께서 이제 예수 그리스도의 아버지로 자신을 계시하셨습니다. 예수님은 '아버지'라는 하나님의 이름을 자기를 믿는 자에게 알려 주셨습니다. "세상 중에서 내게 주신 사람들에게 내가 아버지의 이름을 나타내었나이다. 그들은 아버지의 것이었는데 내게 주셨으며 그들은 아버지의 말씀을 지키었나이다"(요 17:6). 아버지의 이름이 따로 있는 것이 아니라 아버지가 바로 하나님의 이름입니다. 그리고 우리 주님이, 하나님이 영원 전부터 자신의 아버지이시고 또한 자기를 믿는 자의 아버지이심을 알려 주신 것입니다. 아버지가 하나님의 이름입니다.

또한 성부, 성자, 성령도 하나님의 이름입니다. 영원 전부터 감추인 하나님의 비밀인 삼위일체의 신비가 계시된 것입니다. 하나님이 영원 전부터 아버지와 아들과 성령으로 존재하신다는 사실이 구약에서는 그림자같이 희미하게 나타날 뿐이었습니다. 그러다가 아들이신 예수님이 인간으로 오시고 성령이 강림하심으로 삼위일체의 신비가 밝히 계시되었습니다. 하나님이 어떤 존재이신지가 계시되는 것과 하나님의 이름이 계시되는 것은 하나로 맞물려 있습니다. 성부, 성자, 성령이라는 하나님의 이름은 하나님의 존재와 사역과 성품과 속성을 가장 잘 드러내 줍니다.

하나님 아버지께서 이 세상과 죄인들을 위해 아들을 희생하시고 성령을 보내심으로 이루신 위대한 구원 사역을 통해, 그 이름의 영광이 찬란히 드러나게 되었습니다. 성경은 구원 역사 속에 계시된 하나님의 이름이 얼마나 아름다운지를 증거합니다. "여호와 우리 주여, 주의 이름이 온 땅에 어찌 그리 아름다운지요. 주의 영광이 하늘을 덮었나이다"(시 8:1). 그리고 이 시편 기자의 찬송이 마침내 그리스도 안에서 성취되었습니다. 우리에게 구원을 주시는 그분의 이름이 온

천하에 울려 퍼집니다. "다른 이로써는 구원을 받을 수 없나니, 천하 사람 중에 구원을 받을 만한 다른 이름을 우리에게 주신 일이 없음이라"(행 4:12).

그 이름 안에 놀라운 구원의 은혜, 즉 구약에 약속된 새 언약의 모든 은총과 새 창조의 능력이 담겨 있습니다. 그 이름을 통해서 모든 구원의 은혜와 권능이 역사합니다. 누구든지 놀라운 그 이름 예수 그리스도를 부르면 구원을 받습니다. 죄와 사탄의 속박에서 해방됩니다. 새 사람이 됩니다. 예수를 믿음으로 우리에게 주어진 하나님의 이름, '아빠 아버지'는 얼마나 아름답고 존귀한 이름입니까! 그 이름은 구속 사역의 절정에서 우리 죄인들을 향한 하나님의 뜨거운 사랑의 용암이 폭발적으로 뿜어져 나온 결정체입니다.

기도의 시금석: 첫 번째 간구

주기도의 첫 번째 간구인 "아버지의 이름이 거룩히 여김을 받으소서"는 간구인 동시에 송영입니다. 이 복음의 진리를 깨달은 사람은 하나님 이름의 지극한 존귀함을 찬양하지 않을 수가 없습니다. 나아가 그 이름을 거룩하게 하려는 소원이 불타오릅니다. 복음을 참으로 깨닫고 믿는 사람에게 이 첫 번째 간구는 온 마음을 사로잡는 첫 번째 갈망과 소원입니다. 주기도는 복음의 말씀을 깊이 받아들인 심령이 갈구하는 것을 그대로 표현한 것입니다. 이런 갈망을 가진 사람에게, 아버지의 이름이 거룩하게 되기를 원하는 기도는 무척 자연스럽습니다. 반대로, 마음이 온통 세상 것에 대한 관심과 소원으로 가득한 사람이 이런 기도를 먼저 드리기란 거의 불가능합니다. 마음에도 없는 기도를 드릴 수는 없기 때문입니다.

 그래서 이 첫 번째 간구는 우리가 바르게 기도하는지를 진단해 볼 수 있는 시금석이 됩니다. 우리 기도의 중심이 하나님인지 자신인지, 우리가 하나님 나라를 지향하는지 이 세상을 지향하는지를 확실히 볼 수 있게 합니다. 기도의 중심이 바르지 않으면, 우리 기도는 자연스럽게 자기중심적이고 세속적이며 무속적이고 기복적인 방향으로 흐를 수밖에 없습니다. 주기도의 첫 간구는 우리의 심령과 영적인 상태를 하나님 앞에서 진단하게 하고 회개로 나아가게 합니다.

 아버지의 이름이 거룩히 여김을 받는 것은 우리의 기도에서 가장 중요한 간구일 뿐 아니라, 우리 생에서 제일 앞서는 소원과 목적이 됩니다. 하나님의 자녀들이 지녀야 할 가장 강렬한 열정은 아버지의 이름이 세상에서 존귀하고 영화롭게 되도록 하는 데 있습니다. 바로 이 열정이 우리 마음과 생각을 사로잡고 행동과 삶을 주관하며 우리의 인생 전체를 이끌고 가야 합니다. 이 열정이 우리의 인격을, 미래를, 운명을 빚어 가야 합니다. 하나님의 자녀들은 이 열정에 사로잡혀 짧은 생애를 불꽃처럼 태우며 사는 이들입니다. 불이 꺼지지 않는 떨기나무 아래서 아브라함과 이삭과 야곱의 하나님, 언약에 신실한 여호와 하나님을 만난 모세처럼, 예수 그리스도의 십자가에서 불타는 하나님의 사랑을 체험한 사람은 하나님의 영광을 향한 불붙은 열정이 결코 꺼지지 않습니다.

 세상 사람들에게는 하나님의 존귀한 이름을 알고 부를 수 있는 특권이 주어지지 않습니다. 그들은 도리어 하나님의 이름을 욕으로 사용합니다. 그런데 그보다 더 심각한 모독이 교회 안에서 일어나고 있습니다. 시시때때로 하나님의 거룩한 이름을 들먹이면서 그 이름에 걸맞지 않게 사는 탓에 하나님의 이름이 세상에서 모독을 당합니다. 아버지의 이름을 부르는 사람들의 인격과 삶이 전혀 자녀답지 않을 때 그분의 이름이 더럽혀집니다. 교회 내에서 복음의 진리가 바로 세워지지 않는 것이 하나님 이름이 모독받는 가장 큰 원인입니다.

어떤 신학자는, 한국 교회의 비극은 하나님이 강단에서 전파되지 않는 것이라고 말했습니다. 강단에서 하나님이라는 이름을 남발하지만 설교의 내용은 정작 성경이 증거하는 하나님과 전혀 다른 신, 우상을 전합니다. 세상의 복과 번영과 성공을 약속하는 현대판 바알 신을 전합니다. 예수님의 이름과 아버지의 이름이 세상 것을 얻어 내는 주술처럼 사용되고 있습니다. 이렇게 변질된 복음이 하나님의 아름다운 이름을 더럽히고 짓밟는 것입니다. 하나님의 형상과 영광을 일그러뜨리고 그분의 이름을 모독하고 훼방하는 것입니다. 우리 목사들의 죄가 너무도 큽니다.

이름을 거룩하게 하시는 하나님의 열심

아버지의 이름이 거룩하게 되기를 바라는 간구는, 일차적으로 하나님께 그렇게 해 달라고 요청하는 간구입니다. 오직 하나님만이 그 이름을 거룩하게 하실 수 있기 때문입니다. 우리의 노력으로는 결코 하나님의 이름을 거룩하게 할 수 없습니다. 우리에게는 그럴 능력이 없습니다. 부패성으로 가득한 우리에게는, 오직 하나님의 이름을 더럽힐 수 있는 힘만 있을 뿐입니다.

하나님은 자신의 이름을 거룩하게 하는 데 무한한 열심을 가지고 계십니다. 하나님 아버지는 예수 그리스도를 통해 자신의 이름을 선명하게 알리는 동시에 결정적으로 거룩하게 하셨습니다. 예수님이 이 땅에 오신 목적은, 아버지의 이름을 알리는 동시에 이스라엘 백성으로 인해 더럽혀진 하나님의 이름을 거룩하고 영화롭게 하기 위한 것이었습니다. 주님은 십자가 고난을 앞두고 이렇게 기도하셨습니다.

> "지금 내 마음이 괴로우니 무슨 말을 하리요. 아버지여, 나를 구원하여 이 때를 면하게 하여 주옵소서. 그러나 내가 이를 위하여 이 때에 왔나이다. 아버지여, 아버지의 이름을 영광스럽게 하옵소서" 하시니, 이에 하늘에서 소리가 나서 이르되 "내가 이미 영광스럽게 하였고 또다시 영광스럽게 하리라" 하시니. (요 12:27-28)

주님은 하나님의 이름을 영화롭게 하려는 사무치는 열정에 사로잡혀 있었습니다. 하나님이 예수님을 보내신 것은 세상에서 더럽혀진 자신의 이름을 거룩하게 하고 영화롭게 하시기 위한 하나님의 열심이었습니다.

한편 하나님이 지속적으로 불순종하는 이스라엘을 정죄하신 내용은 바로 '너희가 내 이름을 이방에서 더럽혔다'는 것이었습니다. 에스겔서에는 이렇게 기록되어 있습니다.

> 그들이 이른바 그 여러 나라에서 내 거룩한 이름이 그들로 말미암아 더러워졌나니, 곧 사람들이 그들을 가리켜 이르기를 이들은 여호와의 백성이라도 여호와의 땅에서 떠난 자라 하였음이라. 그러나 이스라엘 족속이 들어간 그 여러 나라에서 더럽힌 내 거룩한 이름을 내가 아꼈노

라. 그러므로 너는 이스라엘 족속에게 이르기를, 주 여호와께서 이같이 말씀하시기를 이스라엘 족속아 내가 이렇게 행함은 너희를 위함이 아니요 너희가 들어간 그 여러 나라에서 더럽힌 나의 거룩한 이름을 위함이라. (겔 36:20-22)

하나님이 범죄로 말미암아 멸망한 이스라엘을 회복하신 것은, 그들을 위한 것이 아니라 하나님 자신의 이름 때문이었습니다. 물론 이방의 속박 아래 고통받는 이스라엘 백성을 긍휼히 여겨 그들을 해방하시려는 뜻과 소원도 분명 있었을 것입니다. 그러나 그보다 하나님 자신의 이름을 위하는 열심이 더 우선이었습니다. 그 이름에 담긴 하나님 자신의 모든 영광스러운 성품 때문에, 언약을 반드시 지키시는 하나님의 신실하심 때문에, 버림받고 심판을 받아 마땅한 그들을 구원하신 것입니다.

우리의 구원 역시 그렇습니다. 우리가 구원받는 것은, 자신의 거룩한 이름에 대한 하나님의 무한한 열심 때문입니다. 우리 안에는 구원받을 근거와 이유가 전혀 없으며, 심판받을 이유만 가득할 뿐입니다. 구원의 모든 근거는 오직 그 이름에 있습니다. 자신의 이름을 위하시는 하나님의 열심이 우리를 구원한 것입니다.

더 중요한 것

따라서 우리 신앙의 최종 목표도, 우리 자신의 구원이 아니라 하나님의 이름을 존귀하게 하는 것이어야 합니다. 흔히 왜 예수를 믿느냐고 물으면 '내가 구원받기 위해서'라고 말합니다. 그것은 구원에 대한 지극히 자기중심적인 이해에서 나온 대답이라고 할 수 있습니다. 우리가 예수님을 믿는 것은 바로 아버지의 이름을 높이기 위해서입니다.

그에 따라 전도의 개념도 하나님 중심적으로 전환할 필요가 있습니다. 많은 그리스도인들은 사람들을 지옥의 형벌로부터 빼내어 천국으로 가도록 하기 위해 열심히 전도합니다. 물론 그런 동기에서 전도하는 것도 잘못은 아니라고 봅니다. 그러나 우리는 사람들이 예수님을 믿음으로 말미암아 아버지의 이름이 거룩하게 되기를 바라는 더 올바른 열심을 가지고 전도를 해야겠습니다. 사람들을 교회로 불러와 '구원'을 받게 하지만, 도리어 그들로 인해 아버지의 이름이 거룩해지기보다 더럽혀진다면 그 전도는 심각한 문제가 있다고 보아야 합니다. 사실 그것이 한국 교회에 만연해 있는 현상입니다. 우리의 구원이 최종 목표가 아니라, 아버지의 이름을 거룩하게 하는 것이 우리의 제일 중요한 목적입니다.

앞서 인용한 에스겔서 말씀 뒤에 새 언약과 새 창조에 대한 약속의 말씀이 등장합니다. 하나님은 메시아를 보내어 새 언약을 세우고 새 창조를 이루시는데, 그것은 이스라엘 백성들이 더럽혀진 그분의 이름을 아껴 그 이름을 다시 거룩하게 회복하도록 하기 위함이었습니다. 여기서 우리는 하나님이 자신의 이름을 얼마나 위하시는 분인지를 알 수 있습니다. 그분은 그 이름을 거룩하게 하기 위해 아들을 희생하셨습니다. 자기 이름을 거룩하게 하려는 하나님의 열심 때문에 인류에게 구원이 임한 것입니다. 그 이름이 더럽혀지면 이 땅에 구원의 소망도 사라집니다.

아버지께서 자신의 이름에 대한 열심 때문에 아들을 내어 주셨습니다. 아들은 십자가에서 흘린 피로써 그 이름을 더럽힌 죄를 씻으셨습니다. 그분의 이름을 더럽히는 죄의 오물이 흐르는 우리의 마음을 근본적으로 변화시키는 은혜를 부어 주신 것입니다. 그것이 바로 새 언약의 은혜이며, 새 언약의 영인 성령이 이제 우리 안에 거하시게 되었습니다. 성령이 거하시는 심령에는 아버지의 이름을 거룩하게 하려는 갈망과 부르짖음과 열정이 끊임없이 솟구쳐 올라옵니다. 동시에 아버지의 이름을 더럽히는 부패성과 죄악을 제압하는 성령의 능력이 그 심령에 부단히 역사합니다.

예수님이 아버지의 이름을 결정적으로 거룩하게 하셨습니다. 그리고 우리 역시 오직 예수님의 은혜로, 예수님이 거룩하게 하신 아버지의 이름을 거룩하게 할 수 있습니다. 하나님은 예수님이 재림하시는 마지막 날에 이 땅에서 자신의 이름을 완전히 거룩하게 하실 것입니다. 그리고 그때까지 이 땅의 교회와 그리스도인을 자신의 이름을 거룩하게 보존하는 새 언약의 백성으로 삼으십니다. 아버지의 이름을 세상에서 존귀하게 하는 것이 교회의 존재 목적이며 가장 중요한 사명입니다.

하나님의 이름 안에 우리 이름이 있다

우리는 하나님의 거룩한 이름으로 일컬어지는 사람들입니다. 하나님이 교회에 자신의 거룩한 이름을 두셨습니다. 우리는 하나님의 이름을 지니고 살며, 그 이름으로 행하는 이들입니다. 우리의 말과 행동과 삶과 인격에는 하나님의 이름이 항상 붙어 다닙니다. 우리로 인해 하나님의 이름이 존귀하게 되기도 하고 더럽혀지기도 합니다. 교회가 하나님의 거룩한 이름을 더럽히면 이 세상에 구원의 소망이 끊어지고 영적 어두움이 이 땅을 뒤덮고 말 것입니다.

지금 한국 교회로 인해 아버지의 이름이 세상에서 모독을 받고 있습니다. 많은 사람들이 우리가 전하는 복음에 귀를 막고 교회에 등을 돌리고 있습니다. 그들 앞에 놓여야 할 구원의 길을 교회가 막고 있습니다. 아버지의 이름을 사랑하는 사람이라면 이런 현실로 인해 가슴 아파하며 애통해야 하는데 우리는 별로 안타까워하지 않고 살아갑니다. 아버지의 이름과 명예에 대한 관심이 없기 때문일까요? 우리는 자기 이름과 명예가 조금이라도 실추되면 견딜 수 없어 하면서도 하나님의 이름이 짓밟히는 것에 대한 분노와 아픔과 슬픔은 느끼지 못합니다. 모두가 깊은 영적 혼돈에 빠져 있는 것 같습니다. 교회의 개혁과 부흥은 하나님의 사람들이 아버지의 이름을 거룩하게 하려는 열망에 사로잡힐 때 일어납니다. 자신의 이름을 거룩하게 하려는 하나님의 열망과 우리의 열망이 만날 때 비로소 교회는 새로워질 것입니다.

이런 한국 교회가 회복될 유일한 희망이 있다면, 바로 자신의 이름을 아끼는 하나님의 무한한 열심은 결코 사그라들지 않는다는 사실입니다. 하나님은 우리가 더럽힌 그분의 이름을 위해 반드시 일어나실 것입니다. 하나님의 이름을 더럽히며 사는 이들을 변화시켜 그 이름을 거룩하게 하는 이들이 되도록 하실 것입니다. 말씀으로 우리 영혼을 뒤흔들어 깨우실 것입니다. 그래도 깨닫지 못하면 비상수단을 총동원하실 것입니다. 그것이 무엇인지는 사람에 따라 다르겠지만 말입니다. 어쨌든 하나님의 열심은 결국에는 우리의 완악함을 이깁니다. 만약 하나님의 이름을 더럽히는 한국 교회가 속히 돌이키지 않는다면 하나님의 징계와 심판이 임할 것입니다. 이런 안타까운 상황에서 우리 각 사람이 먼저 아버지의 이름을 거룩하게 하려는 사무치는 열망에 사로잡히고, 이 땅에서 아버지의 이름을 높이는 교회를 이루기를 원합니다.

하나님을 거룩하게 여긴다는 것은 하나님을 모든 피조물과 구별되게, 그 무엇보다 존귀하게 여긴다는 의미입니다. 하나님을 유일무이한 존재로 대우한다는 뜻입니다. 여러분은 지금 삶에서 하나님을 가장 존귀한 분으로 여기며 살고 있습니까? 하나님은 우리 마음 한 구석에서 희미한 관심이나 기울일 정도의 하찮은 존재가 아닙니다. 살면서 쓰고 남은 자투리 시간과 물질과 에너지만 들여서 섬길 수 있는 분이 아닙니다. 우리 삶에는 하나님을 하나님으로 존중하지 않는 태도, 그분에 대한 멸시가 가득합니다. 하지만 하나님은 우리의 모든 것을 드려도 아깝지 않은 분이십니다. 왜냐하면 우리의 영원한 구원과 생명과 행복이 전적으로 의존하는 것이 바로 하나님의 거룩한 이름이기 때문입니다.

하나님의 이름 안에 우리의 이름이 있습니다. 아버지라는 이름 안에, 아버지의 사랑하는 자녀라는 우리 이름이 있습니다. 그것은 하늘에 영원히 기록되어 빛날 이름입니다. 아버지의 이름이 존귀하게 되는 것이 우리 이름이 하늘에서 영원히 존귀하게 되는 길입니다. 아버지의 이름을 높이는 데는 관심이 없고 그저 자기 이름만 내려는 사람은 영원히 그 이름이 지워질 것입니다. 아버지의 이름을 높이는 이들은, 그 이름이 그들을 존귀하게 할 것입니다.

"하나님이 이르시되, '그가 나를 사랑한즉 내가 그를 건지리라. 그가 내 이름을 안즉 내가 그를 높이리라'"(시 91:14).

‖ 함께 드리는 기도 ‖

1. 비천한 죄인들에게 존귀한 하나님의 이름을 알려 주시니 감사합니다. 예수 그리스도를 통해 계시된 '아버지'라는 이름에 담긴 모든 특권과 은혜와 복을 깨달아 감사하고 찬양하게 하소서. 아버지의 이름을 거룩하게 하려는 소원이 우리 삶을 이끄는 가장 강렬한 열정이 되게 하소서. 또한, 하나님의 이름을 지니고 사는 우리가 말과 행동과 인격과 삶으로 그 이름을 더럽히지 않게 하소서.

2. 한국 교회로 말미암아 이 땅에서 하나님의 이름이 모독받는 참담한 현실을 보며 애통하며 회개합니다. 자기 이름을 위한 하나님의 무한한 열심만이 한국 교회가 회복될 수 있는 유일한 희망입니다. 당신의 이름을 위해 일어나셔서, 우리가 더럽힌 아버지의 이름을 거룩하게 하소서.

3. 우리가 속한 교회가 이 땅에서 하나님의 이름을 거룩하게 하는 교회가 되게 하소서.

두 번째 간구

......

나라가 임하시고

6. 가고 싶은 나라

실낙원에 대한 동경

여러분은 어떤 나라에 가서 살고 싶습니까? 저는 어릴 때 미국을 동경했습니다. 십대 시절에 스콧 매켄지(Scott Mckenzie)의 "샌프란시스코"라는 노래가 유행했는데, 그 노래를 들으면 미국에 대한 아련한 동경이 마음에 밀려오곤 했습니다. 그리고 이 노래로 인해 미국이 아름다운 지상 낙원이라는 환상을 갖게 되었습니다. 그런데 스물일곱 살에 미국으로 이민을 가자마자 그 환상은 여지없이 깨지고 말았습니다. 이민을 가서 처음에는 누님이 운영하는 가게에서 일했습니다. 그곳은 흑인 동네였는데 거리가 몹시 지저분하고 집들도 허름했습니다. 저는 그 가게에서 일하면서 권총 강도를 두 번이나 당했습니다. 이후 미국 서부와 동부에서 16년간 이민 생활을 하면서 미국을 다양하게 경험했지만, 결국 미국이라는 나라에 대한 실망만 남았습니다. 우리는 낙원을 동경하지만 지상에 그런 곳은 없습니다.

인간은 이상 세계, 곧 유토피아를 동경하고 그런 세계를 실현하려고 노력합니다. 칼 마르크스(Karl Marx)가 주장한 공산주의나 그에 반대하는 자본주의가 추구하는 것도 결국은 살기 좋은 나라입니다. 현대 과학 기술 문명이 궁극적으로 지향하는 곳도 유토피아라고 할 수 있습니다. 존 밀턴(John Milton)이 "실낙원"이라는 서사시에서 묘사했듯이, 인간은 잃어버린 낙원을 그리워합니다. 어떻게 보면 인간의 문명은 그 실낙원을 다시 회복하려는 몸부림이라고 할 수 있습니다.

그런데 슬프게도 인간이 발전시키는 문명은 우리를 이런 이상에서 점점 더 멀어지게 하는 것 같습니다. 공산주의가 추구하는 나라는 경제적 착취와 불평등한 분배의 부조리를 타파하고 모든 사람이 균등하게 살 수 있는 경제 환경을 보장하는 사회입니다. 그런데 과연 그런 나라가 건설되었습니까? 그 이념과는 달리 공산주의는 오히려 사람들의 자유와 권리를 억압하고 유린하여 그 체제의 노예가 되게 만들었습니다. 그에 반하는 자본주의는 어떻습니까? 자본주의 사회에서는 모든 것이 자본과 연결되어 있습니다. 정경유착의 문제가 사회를 잠식하고, 교육의 목표도 부를 얻는 것으로 변질되고 말았습니다. 의과대학 내에서도, 공부를 잘하는 학생들이 어렵지만 중요한 분야를 기피하고 돈을 많이 버는 성형외과나 피부과를 택한다고 합니다. 자본이 모든 것을 주관하는 사회에서 인간은 하인으로 전락합니다. 사람들은 무한 경쟁으로 내몰리며 끊임없이 성과를 만들어 내기를 요구하는 체제 속에서 고역에 시달리는 노예가 됩니다.

이런 자본주의 사회에서는 빈부 격차가 무한히 벌어지게 되어 있습니다. 전 세계 10억 달러 이상의 자산가들 중에 상속이나 증여로 부자가 된 비율을 보면, 중국은 2퍼센트, 일본은 18.5퍼센트, 미국은 28.9퍼센트에 달하며, 한국은 무려 74.1퍼센트라고 합니다. 금수저가 대물림되듯이 흙수저도 마찬가지입니다. 흙수저는 아무리 노력해도 그 운명에서 벗어날 수가 없습니다. 빈익빈 부익부 현상이 극심해지는 것은 이 사회가 심각하게 병들어 가고 있다는 증거입니다. 이런 사회에서는 사람들 안에 깊은 소외감과 상대적 박탈감, 사회적 반감이 고조되고 그것이 사회적 불안과 갈등의 요인으로 작용합니다. 사람들 안에 불만이 쌓이면서, 기존 질서를 부수고 뒤집어엎고자 하는 바람에서 기인하는 폭력성이 드러납니다.

한편, 인류에게 문명의 이기와 편리를 안겨 준 첨단 과학 기술 역시 인간으로 하여금 너무도 비싼 값을 치르게 했습니다. 인간의 행복을 위해 자연을 무분별하게 개발한 탓에 참혹한 자연의 재앙을 불러온 것입니다. 우리는 에어컨, 자동차, 전기 기구들을 마음껏 사용하지만 그로 인해 지구 온난화가 급속히 진행되고 있습니다. 해양 오염으로 인해 물고기도 마음대로 먹을 수 없고, 대기 오염으로 인해 숨을 쉴 수 없는 지경이 되었습니다. 어떤 이는 하나님이 세상을 멸하기 위해 아무 일도 하실 필요가 없으며, 가만히 놔두어도 지구는 이대로 멸망할 것이라고 내다보기도 합니다.

인공 지능이 발달해 앞으로는 인간이 하던 많은 일을 대신해 줄 것입니다. 참 편리해지겠지만 그만큼 인간은 일자리를 빼앗길 것입니다. 심각한 고용 불안의 시대가 도래할 것입니다. 앞으로 비정규직 인구가 천만 명에 육박하는 날이 올 것이라고 합니다. 또한 첨단 과학 기술이 인간의 삶을 개선하는 순기능만 하는 것은 아닙니다. 그에 못지않게 이 세상을 파괴하는 역기능도 가지고 있습니다. 이 세상을 수백 번도 파괴할 수 있는 핵무기가 계속 생산되고 있고, 우리나라만 해도 군사비로 천문학적 비용을 들입니다. 저소득층과 실직자들을 충분히 먹여 살리고도 남을 비용입니다. 아무리 과학 기술이 발전하고 좋은 정치 사회 체제를 갖추어도 이상적인 나라, 유토피아는 이 땅에서 요원한 이야기입니다.

살아서만 갈 수 있는 천국

성경의 중심 주제도 '나라'입니다. 성경에서 펼쳐지는 하나님의 구원 역사의 핵심 주제가 바로 잃어버린 낙원의 회복입니다. 복음은 그 나라가 임했다는 기쁜 소식이며, 예수님이 오셔서 바로 그 복음을 전해 주셨습니다.

예수님의 첫 번째 메시지는 하나님 나라가 가까이 왔으니 회개하고 복음을 믿으라는 것이었습니다. 그분의 설교와 가르침도 온통 하나님 나라였습니다. 씨 뿌리는 비유, 포도원 품꾼의 비유, 밭에 감추인 보화 비유, 탕자의 비유 등 예수님이 드신 비유는 거의 다 하나님 나라였습니다. 하나님 나라의 대헌장이라 불리는 산상수훈 안에 위치한 주기도의 핵심도 하나님 나라입니다. 주기도는 하나님 나라를 향한 부르짖음입니다. 예수님이 병자들을 고치고 귀신을 쫓아내신 것도 하나님 나라가 임했음을 드러내는 표지로 이해할 수 있습니다. 예수님의 죽으심과 부활도 하나님 나라를 이 땅에 임하게 한 결정적 사건이었습니다. 이처럼 예수님의 삶과 죽음, 사역과 메시지는 모두 하나님 나라에 초점이 맞추어져 있습니다. 예수님은 하나님 나라를 위해 오셨습니다. 복음의 핵심은 예수님이 오심으로 하나님 나라가 임했다는 메시지입니다. 그러니 우리 신앙의 우선적 관심도, 가장 먼저 구해야 할 것도 하나님 나라여야 합니다.

그런데 이렇게 중요한 하나님 나라의 복음이 지금까지 제대로 전파되지 않았습니다. 하워드 마샬(Howard Marshall)이라는 저명한 신약학자는 평생 하나님 나라에 대한 설교를 제대로 들어 본 적이 없다고 개탄했습니다. 최근 들어 성경이 증거하는 하나님 나라에 대한 연구가 활발해지면서 하나님 나라에 대한 설교와 가르침이 풍성해지고 있습니다. 참 고무적입니다. 그럼에도 한국 교회에는 아직도 하나님 나라에 대한 곡해와 편견이 만연합니다. 하나님 나라에 대한 가장 보편적인 오해는 하나님 나라를 죽은 후에 가는 세계로 보는 것입니다. 과거 한국에 유행했던 '예수 천당'이라는 구호가 이런 오해를 증폭시켰고, 여전히 많은 사람들이 천국을 그런 식으로 이해합니다.

그러나 주님의 가르침에 따르면, 천국은 죽어서 가는 곳이 아니라 '살아서만' 갈 수 있는 곳입니다. 주님은 "여기 있다 저기 있다고도 못하리니, 하나님의 나라는 너희 안에 있느니라"(눅 17:21)라고 하셨습니다. "그러나 내가 하나님의 성령을 힘입어 귀신을 쫓아내는 것이면 하나님의 나라가 이미 너희에게 임하였느니라"(마 12:28). 주님은 하나님 나라가 '임한다' '온다'와 같은 표현을 자주 사용하셨습니다. 동시에 우리가 그 나라로 '들어간다'고도 말씀하셨습니다. '오다'와 '가다'가 짝을 이룹니다. 천국은 우리가 가는 것이 아니라 우리에게 오는 것입니다. 이렇게 온 천국에 우리가 들어가는 것입니다. 우리가 하늘로 가는 것이 아니라 하늘이 이 땅으로 들어왔습니다. 앞서 하늘이 공간을 초월한 영적 영역이라고 한 것을 기억하시기 바랍니다.

천국의 지점과 본점

이 땅에 천국이 임했습니다. 천국으로 들어가는 문이 이 땅에 열려 있습니다. 그 문을 발견하셨습니까? 그 문은 어디에 있습니까? 주님은 니고데모에게, 성령으로 거듭나야만 그 천국을 발견하고 들어갈 수 있다고 하셨습니다. "진실로 진실로 네게 이르노니 사람이 물과 성령으로 나지 아니하면 하나님의 나라에 들어갈 수 없느니라"(요 3:5). 성령으로 거듭나야만 이 땅에 임한 하나님 나라에 들어가 그 나라를 누리다가 때가 되면 영원한 천국으로 이주해 갑니다. 지금은 천국의 본점으로 직접 가지 못하고 지점으로 들어왔다가, 하나님이 이동 발령을 내리시면 그리로 옮겨 갑니다. 반면 성령으로 거듭나지 못해서 이 땅에 임한 천국을 발견하고 경험하지 못한 사람은 영원히 그 나라에 들어가지 못합니다. 이 땅에서 천국 문을 발견하지 못한 사람은 죽은 후에도 그 문을 결코 찾지 못할 것입니다. 살아 있는 동안에만 그 문으로 들어갈 수 있는 기회가 주어집니다. 그리고 곧 그 문이 닫힐 것입니다. 여러분은 지금 천국의 지점에 들어오셨습니까?

그런데 천국의 지점이 도대체 어디에 있다는 것일까요? 일제 강점기에 최권능이라는 목사님이 '예수 천당'을 외치며 전도하다가 일본 경찰에 잡혀 심문을 받게 되었습니다. 경찰이 최 목사님에게 도대체 천국이 어디 있다는 거냐고 물었습니다. 그러자 목사님이 "천국의 본점은 하늘에 있지만 천국의 지점은 내 마음에 있다"고 했습니다. 주님이 우리 안에 계시니 천국이 우리 마음에 있다고 말할 수 있는 것입니다. 그러나 천국을 우리 마음에만 있는 내면적이고 사적인 어떤 것으로 생각하면 곤란합니다. 하나님 나라는 우주적입니다. 우리 안이 아니라 이 세상 역사 속에 일어난 실체입니다.

'나라'는 왕국이라는 뜻입니다. 예수님이 그 나라의 왕으로 오셔서 이 땅에서 자신을 대적하는 권세를 폐하시고 자신의 왕국을 수립하셨습니다. 예수님의 십자가 고난은 이 세상의 권세를 잡았던 왕을 폐위시킨 사건입니다. "심판에 대하여라 함은, 이 세상 임금이 심판을 받았음이라"(요 16:11). 여기서 세상 임금은 마귀를 뜻합니다. 예수님이 십자가로 마귀의 권세를 깨부수고 그의 왕권을 박탈하셨습니다. 예수님의 오심, 그분의 십자가와 부활로 인류 역사에 대변혁이 일어났습니다. 마귀가 왕 노릇을 하던 시대가 끝나고 예수님이 왕으로 다스리시는 새로운 왕조가 시작된 것입니다. 하나님 나라가 내 마음 안에서뿐 아니라 전 우주적으로, 역사 속에 임했습니다.

예수가 왕이라는 복음에 기초한 기도

이제 이 세상은 예수님의 통치 아래 있습니다. 예수님이 하늘과 땅의 모든 권세를 가진 최고 통수권자이십니다. 그것이 바울의 증언입니다. "사람의 모양으로 나타나사 자기를 낮추시고 죽기까지 복종하셨으니 곧 십자가에 죽으심이라. 이러므로 하나님이 그를 지극히 높여 모든 이름 위에 뛰어난 이름을 주사 하늘에 있는 자들과 땅에 있는 자들과 땅 아래에 있는 자들로 모든 무릎을 예수의 이름에 꿇게 하시고, 모든 입으로 예수 그리스도를 주라 시인하여 하나님 아버지께 영광을 돌리게 하셨느니라"(빌 2:8-11).

하나님 나라가 임하기를 기도하는 것은 온 세상이 왕 중의 왕이신 예수님을 인정하고 그 발 앞에 엎드려 경배하기를 기원하는 것입니다. 세상 모든 사람들과 권세 잡은 자들이 예수님의 다스림에 굴복하는 때가 오기를 간구하며 요청하는 것입니다. 시편 2편은 왕으로 오실 메시아에 대한 예언시입니다.

어찌하여 이방 나라들이 분노하며 민족들이 헛된 일을 꾸미는가. 세상의 군왕들이 나서며 관원들이 서로 꾀하여 여호와와 그의 기름 부음 받은 자를 대적하며 우리가 그들의 맨 것을 끊고 그의 결박을 벗어 버리자 하는도다. (2:1-3)

그의 아들에게 입맞추라. 그렇지 아니하면 진노하심으로 너희가 길에서 망하리니 그의 진노가 급하심이라. 여호와께 피하는 모든 사람은 다 복이 있도다. (2:12)

  이 기도는 복음에 기초합니다. 예수님이 죽으시고 부활하심으로 왕으로 등극하셨다는 복음을 믿지 않는 사람은 드릴 수 없는 기도입니다. 복음이 무엇입니까? 내가 구원받는 것입니까? 내가 천국에 가는 것입니까? 복음을 그런 차원에서만 이해하면 결코 하나님 나라에 대한 온전한 기도를 드릴 수 없습니다. 복음은 예수님이 왕이시라는 메시지입니다. 이 복음을 믿는 자는 예수님이 자신과 가정에서, 교회와 세상에서 왕으로 대접받고 높임 받으시기를 열망합니다. 그런 소원을 가지고 하나님 나라가 임하기를 간절히 기도합니다.
  하나님 나라가 이미 이 땅에 임했습니다. 우리는 이 세상을 복음의 시각으로 바라보고 해석해야 합니다. 비록 공의의 하나님이 다스리지 않는 것처럼 불의와 악이 판을 칠지라도, 그런 부조리한 세상을 십자가를 통해 보아야 합니다. 칼 바르트는 히틀러라는 미치광이가 온 유럽을 불바다로 만들고 유대인을 6백만 명이나 살해하는 참담한 현실을 목도하면서 교의학 책을 집필했습니다. 책에서 그는 "예수님이 십자가로 승리하셨다" "십자가로 말미암아 이 세상의 권세 잡은 자는 폐위되고 예수님이 통치하신다." "아무리 이 땅의 현실이 비참할지라도, 십자가를 통해 세상이 결정적으로 새로워졌다는 믿음의 눈으로 세상을 보아야 한다"고 역설했습니다.• 지옥 같은 현실에서도 하나님 나라가 임했다는 것과 예수님이 다스리신다는 복음을 믿고 담대히 선포하기란 쉽지 않습니다. 그러나 그것이 바로 믿음입니다.

바로 앞에 놓인 암울한 현실을 직면하는 우리는 하나님 나라가 임했다는 복음에 대해 회의를 가지기 쉽습니다. 그러나 우리에게는 현실을 통해 복음을 해석하는 것이 아니라 복음을 통해 절망적이고 고통스러운 현실을 바라보는 믿음의 시각이 필요합니다. 하나님 나라가 임하게 해 달라는 간구는 오직 복음에 대한 확신과 소망을 가지고서만 드릴 수 있습니다. 그 간구는, 예수님의 십자가와 부활로 인해 하나님 나라가 임했고 그 나라가 예수님의 권능으로 세상 속에서 확장되어 간다는 사실을 믿는 믿음으로 드리는 기도입니다. 하나님 나라가 이미 임했으나 아직 완성되지는 않은 과도기적 상황에서 그 나라가 이 땅에 더 진전되기를 기도하는 것입니다. 예수님의 재림으로 그 나라가 마침내 완성될 것이라는 소망으로 기도하는 것입니다.

생기와 사기

물론 우리의 힘과 노력으로는 결코 하나님 나라가 임하게 할 수 없습니다. 하나님 나라는 오직 하나님의 능력으로만 임합니다. 세상을

• Karl Barth, *Church Dogmatics*, IV. 3/2 (Edinburgh: T & T Clark, 1958), pp. 712-769.『교회 교의학』(대한기독교서회).

지배하는 죄와 사망의 권세를 분쇄하는 하늘의 권능으로만 가능합니다. 주님이 부활하심으로 하늘과 땅의 모든 권세를 가지신 왕 중의 왕이 되셨습니다. 우리가 할 수 있는 것은 그분이 왕이 되신다는 복음을 전하는 것입니다. 그분을 왕으로 모시라고 세상에 권하는 것입니다. 이것이 바로 주님이 명하신 바입니다. "예수께서 나아와 말씀하여 이르시되 '하늘과 땅의 모든 권세를 내게 주셨으니, 그러므로 너희는 가서 모든 민족을 제자로 삼아 아버지와 아들과 성령의 이름으로 세례를 베풀고 내가 너희에게 분부한 모든 것을 가르쳐 지키게 하라. 볼지어다. 내가 세상 끝날까지 너희와 항상 함께 있으리라' 하시니라"(마 28:18-20). 우리의 복음 증거 사역에 주님이 하늘과 땅의 모든 권세를 가지고 우리와 함께하신다고 약속하셨습니다.

부활하신 주님이 우리와 함께하는 방식은 성령을 통해서입니다. 성령은 부활하신 주님의 임재와 사역을 온 세상으로 확대합니다. 성령을 통해 부활하신 주님이 온 세상에 임재하여 생기가 사방에서 불게 하십니다. 우리가 하나님 나라의 복음을 전할 때 부활하신 주님이 성령으로 함께하여 복음을 듣는 자들에게 생기를 불어넣습니다. 영적으로 죽어 마른 뼈 같아진 인생들이 살아나게 하십니다. 하나님 나라로 들어가 영생을 누리는 자들이 되게 하십니다. 하나님이 우리에게 복음을 전하게 하신 것은, 그분 나라가 이 땅에 확장되는 데 참여할 수 있는 특권을 부여하신 것입니다.

그런데 오늘날의 교회들을 보면 하나님 나라의 복음은 전하지 않고 세상 나라에서 잘살아야 한다는 변질된 복음을 전하고 있어 마음이 안타깝습니다. 그런 복음을 통해서는 결코 하늘의 권능이 임할 수 없습니다. 그런 거짓 복음에는 부활의 생기(生氣)가 깃들 수 없습니다. 오히려 영혼을 죽이는 죽음의 기운, 사기(死氣)를 불어넣을 것입니다. 우리도 에스겔처럼 믿음으로 하나님의 말씀을 대언해야 합니다. "너희 마른 뼈들아, 여호와의 말씀을 들을지어다.…내가 생기를 너희에게 들어가게 하리니 너희가 살아나리라"(겔 37:4-5).

왕적 권위를 행사하는 기도

이런 말씀 선포에 하늘의 권세가 함께하도록 하기 위해서는 반드시 기도가 선행되어야 합니다. 주님이 변화산에 올라가셨을 때 산 밑에 있던 제자들이 귀신 들린 아이를 고치는 문제로 씨름했습니다. 아마 그들도 계속 '귀신아 떠나가라'고 외쳤겠지만 좀처럼 귀신이 나가지 않았습니다. 얼마나 곤혹스럽고 창피했겠습니까? 그런 낭패를 당한 후 제자들이 조용히 주님께 그 이유를 물었습니다. "집에 들어가시매 제자들이 조용히 묻자오되 '우리는 어찌하여 능히 그 귀신을 쫓아내지 못하였나이까?' 이르시되 '기도 외에 다른 것으로는 이런 종류가 나갈 수 없느니라' 하시니라"(막 9:28-29). 그들이 실패한 이유는 기도하지 않았기 때문입니다. 기도만이 사람을 사로잡고 있는 귀신의 세력을 몰아내고 하나님 나라가 임하게 하는 유일한 방편이라고 주님은 분명히 말씀하십니다.

하나님 나라가 임하게 하는 데 기도가 결정적 역할을 합니다. 그래서 주님은 하나님 나라가 임하도록 기도하라고 하셨습니다. 하나님은 우리의 기도 없이도 얼마든지 일하실 수 있습니다. 그러면 더 편하고 자유로우실 것입니다. 그러나 우리의 미미한 기도를 그분의 나라를 앞당기고 확장해 나가는 중요한 방편으로 택하신 이유는 우리를 자신과 함께 왕적 권위를 행사하는 자녀로 대우하시기 위해서입니다. 우리도 그 놀라운 영광에 참여하도록 하신 것입니다. 기도는 우리가 예수님과 함께 하늘에 앉게 된 것을 구체적으로 체험하는 일입니다. 예수님과 함께 이 세상을 다스리는 특권을 누리는 것입니다. 기도는 불순종하는 사람들을 여전히 지배하고 있는 죄와 사탄의 세력을 쫓아내는 하늘의 권세를 이 땅에 풀어 놓는 도구입니다.

본래 하나님은 우리 인간을 왕과 같은 존재로 지으셨습니다. 인간을 하나님 아래서 만물을 다스리는 섭정 왕으로 삼으신 것입니다. 하지만 인간은 왕 중의 왕이신 하나님 안에서 왕 노릇 하기보다, 하나님을 떠나 스스로 왕이 되기를 원했습니다. 하나님의 왕국이 아니라 자기 왕국을 택한 것입니다. 그러나 자아의 왕국에서 스스로 왕 노릇을 할 수 있으리라는 생각은 착각에 지나지 않았고, 인간은 결국 비참한 노예로 전락하고 말았습니다. 하나님이 다스리는 왕국을 떠나면, 이미 폐위되었지만 여전히 불순종의 사람들 위에 군림하고 있는 사탄의 영역으로 들어갈 수밖에 없습니다.

거기서는 스스로 자유를 누리는 것 같지만 철저히 속박된 자유, 은밀하게 통제당하는 자유밖에 누릴 수 없습니다. 내 마음대로 사는 것 같지만 내 마음을 다스리지 못합니다. 마음에서 일어나는 부정적인 생각, 미움을 다스리지 못합니다. 자기 성질, 분노와 혈기를 통제하지 못합니다. 나쁜 생각과 정욕, 두려움과 불안 등 온갖 불법의 세력이 마음에 마구 무단출입하는 것을 통제하지 못합니다. 내 욕망대로 사는 것 같지만 그 욕망의 노예가 됩니다. 욕망에는 종말이라는 것이 없습니다. 회개도 없습니다. 그저 갈 때까지 갈 뿐입니다. 자동차도 브레이크가 고장 날 때 가장 위험합니다. 욕망을 제어할 브레이

크가 파손된 인생은 파멸의 내리막길로 질주합니다. 하나님 나라에서는 우리가 왕이 되지만, 자기 왕국에서는 노예가 됩니다.

회개란 자아의 왕국에서 왕 노릇 하려다가 비참한 노예가 된 자기 신세를 돌아보며 하나님의 왕국으로 돌아가는 것입니다. 회개도 전적인 하나님의 은혜입니다. 하나님이 자신을 떠나 마른 뼈같이 된 인생을 하나님 나라의 복음으로 부르십니다. '예수님이 왕이시다. 그에게 입 맞추라. 그를 왕으로 영접하라'고 부르시는 복음을 들으면 마른 뼈들이 살아납니다. 나를 부르는 주의 음성이 들리는 순간 영적으로 살아나기 시작합니다. 이 복음을 듣고 예수님을 '나의 주, 나의 왕'으로 영접하면 하나님의 권능이 우리를 사탄의 손아귀에서 빼앗아 그분의 아들이 다스리는 빛의 왕국으로 옮겨 갑니다.

그 나라에서 왕이신 하나님은 잔악한 왕, 사탄과는 정반대로 우리를 무한한 사랑과 은혜로 다스리십니다. 우리를 자신의 자녀로 대우하시며 자녀의 권세를 누리게 하십니다. 우리가 하나님 아버지의 다스림을 받으면 모든 것을 다스리는 왕과 같은 존재가 됩니다. 그러면 우선 우리는 자신을 잘 다스리게 됩니다. 인격의 핵심은 자신을 잘 다스리는 것입니다. 인생이 망가지는 이유가 무엇입니까? 바로 자기 정욕을 다스리지 못하고 욕망을 통제하지 못하기 때문입니다. 분노와 혈기, 거친 감정, 미움, 서운함을 다스리지 못하기 때문입니다. 자기 마음을 잘 다스리는 자는 성을 빼앗는 자보다 낫다고 했습니다.

통치받는 이가 통치한다

이렇게 자신을 잘 다스릴 수 있는 능력이 하나님 안에서 주어집니다.

자기 생각과 마음과 말을 잘 다스리는 사람은 하나님의 은혜의 지배를 받고 있는 사람입니다. 성령과 말씀의 지배를 받고 있는 것입니다. 반면, 자기 마음과 생각을 통제하지 못하는 사람은 성령과 말씀이 통제할 수 있는 영역 밖에 있는 사람입니다. 어둠의 세력의 은밀한 영향을 받고 있는 것입니다. 기도는 우리 안에서 죄와 사탄의 세력을 몰아내고 하나님 나라가 임하게 하는 유일한 방편입니다. 따라서 자기를 잘 다스리는 사람이 되려면 기도하는 사람이 되십시오. 뻣뻣한 배추가 소금물에 숨이 죽듯이 기도 속에서 뻣뻣한 육신의 숨이 죽습니다. 부드러워지고 겸손해집니다. 죄와 사탄의 세력이 꺾입니다. 정욕과 교만과 혈기가 죽습니다. 두려움과 불안과 염려가 떠나갑니다. 기도 가운데 평강이 임합니다.

자기를 다스리는 비결은 하나님께 다스림을 받는 데 있습니다. 결국, 다스림을 받는 자가 다스릴 수 있습니다. 하나님의 다스림을 받는 사람이 자기를 잘 다스릴 수 있고, 나아가 가정을 잘 다스릴 수 있습니다. 자녀를 잘 다스리는 부모가 되려면 자신이 먼저 하나님의 다스림을 잘 받는 사람이 되어야 합니다. 또한 하나님께 다스림을 받는 사람만이 교회를 다스릴 수 있습니다. 교회 직분자의 제일 중요한 자격은 하나님의 다스림을 잘 받는 데 있습니다. 기도하는 사람만이 하나님의 다스림을 받을 수 있으며 오직 그런 사람만이 직분자가 될 수 있습니다.

사람의 마음에 가득한 것은 반드시 말과 행동으로, 인격과 삶으로 드러나게 되어 있습니다. 마음이야말로 모든 선한 것과 악한 것이 흘러나오는 근원입니다. 우리 마음에 있는 것들은 입으로 하는 말에 묻어나기 마련입니다. 우리 몸에서 가장 악한 지체가 혀라는 말이 있듯이, 혀에 하나님 나라가 임하면 우리 안에 온전히 하나님 나라가 임한 것이나 마찬가지입니다. 혀에 하나님의 통치가 임했다는 것은 다른 모든 지체가 하나님의 다스림을 받고 있다는 증거입니다. 혀에 하나님의 통치가 임한 사람들은 혀로 하나님 나라의 복음을 전해 이 땅에 하나님 나라를 증거하고 확장합니다. 혀로 샬롬을 증거하는 것입니다. 혀로 서로를 위로하고 교회를 화평케 합니다. 교회를 하나님 나라의 공동체로 세워 가는 것입니다. 우리의 부패한 마음과 악한 혀에 하나님의 통치가 임해 우리 모두가 하나님 나라의 온전한 증인이 될 수 있기를 간절히 바랍니다.

‖ 함께 드리는 기도 ‖

1. 예수님이 이 땅에 오셔서 고난받고 부활하심으로 이 땅에 하나님 나라가 임하게 하신 것을 감사합니다. 예수님이 이 땅을 다스리신다는 복음의 시각으로 세상을 바라보게 하소서.
2. 모든 교회가 성령으로 거듭나 이 땅에 임한 하나님 나라를 발견하고, 그곳에 들어가 그 나라의 의와 평강과 희락을 누리게 하소서.
3. 우리의 마음과 혀에 하나님의 통치가 임해, 우리를 통해 하나님 나라가 증거되고 확장되게 하소서. 하나님의 다스림을 받음으로써 자신과 가정과 교회를 잘 다스리는 사람이 되게 하소서.
4. 예수님이 교회와 세상에서 왕으로 대접받고 높임 받기를 원하는 열망으로 하나님 나라가 임하기를 간구하게 하소서.

7. 그 나라에서 살아가기

천국 가기 원한다고 착각하는 사람들

유시민이라는 작가가 있습니다. 글을 쉽게 잘 써서 많은 독자의 사랑을 받는 유명한 작가인데, 저도 얼마 전에 그의 『어떻게 살 것인가』라는 책을 읽어 보았습니다. 그는 그 책에서 자신은 결코 영생을 원하지 않는다고 하면서 이렇게 말합니다. "삶이 영원히 계속된다면 죽고 싶어질지 모른다.⋯죽을 수 없다면 삶은 형벌이 될 것이다. 너무도 간절하게 영생을 원한 나머지 그것을 구하는 일에 몰두하느라 유한한 인생에서 맛볼 수 있는 모든 환희와 행복을 포기하는 사람들을 보면 안타까운 마음이 든다. 나는 영생을 원치 않는다. 단 한 번만 즐겁고 행복하게 그리고 의미 있게 살고 싶을 뿐이다."※

작가의 이 말이 세상의 의식 있는 사람들의 생각을 잘 대변해 주는 것 같습니다. 영생을 믿지 않는 분들은 한 번뿐인 인생을 의미 있고 즐겁게 살기를 원합니다. 매우 솔직한 고백입니다. 그런데 그들의 눈에 신앙인들은 죽은 후에 누릴 영생을 구하는 일에 몰두한 나머지

• 유시민, 『어떻게 살 것인가』(생각의길), pp. 46-47.

이 땅에서의 삶을 제대로 살지 못하는 것으로 보이는 모양입니다. 신자들 중에 이렇게 신앙생활을 하는 이들이 많다는 사실을 부인할 수는 없습니다. 사실상 영생과 천국을 죽은 후에 누리는 것으로 생각하는 이들이 많기 때문입니다.

그런데 주님이 전하신 하나님 나라 복음은 천국에 대한 세간의 생각을 완전히 뒤집어엎는 혁명적 메시지입니다. 하나님 나라는 죽어서만 누리는 세계가 아닙니다. 그것은 오히려 이 땅에서 그 나라를 살아내는 것이 익숙해진 사람만이 누리는 세계입니다. 잠시 이 땅에 살면서도 그 나라를 싫어하는 사람이 그곳에서 영원히 살기를 원할 리가 있겠습니까? 지금도 그 나라에서 살기가 몹시 불편하고 지겨운 사람에게, 영원히 그 나라에서 산다는 것은 얼마나 끔찍한 일이겠습니까? 그런 사람에게 천국은 천국이 아니라 지옥일 것입니다. 미래의 천국에 들어갈 사람이 누구인지는 현재의 모습과 삶에서 어느 정도 판명됩니다.

천국에 대한 가장 큰 오해는, 지금은 하나님 나라와 아무 상관없는 삶을 살다가, 죽으면 천국에 갈 것이라고 하는 막연한 생각입니다. 그것은 참된 소망이 아니라 헛된 기대입니다. 사람들은 천국을 고통과 불행이 없고 행복과 기쁨만 있는 곳으로 생각합니다. 그러니 모두가 그런 천국에 가기를 원하는 것입니다. 그러나 천국은 거룩하신 하나님이 임재하시는 곳입니다. 이 땅에서 잠시 동안이라도 하나님의 임재 가운데 살기가 싫은데, 영원히 하나님의 거룩한 임재 가운데 살기를 과연 원할까요? 이 땅에서 잠시라도 하나님의 통치를 받는 것이 싫어 제멋대로 살아가는 사람이, 과연 영원히 하나님의 통치 아래 사는 것을 견딜 수 있을지 잘 모르겠습니다.

그 맛에 익숙해진 사람만 들어갈 수 있는 곳

천국이 어떤 사람에게는 무한한 기쁨이지만 어떤 사람에게는 영원한 고문이 될 수 있습니다. C. S. 루이스(Lewis)가 말한 대로, 모기의 천국이 인간에게는 지옥이 될 수 있는 것입니다.• 모든 사람이 자신은 천국에 가기를 원한다고 생각하지만, 그것은 큰 착각입니다. 천국이 무엇인지를 바로 알고 나서도 천국에 가기를 원하는 사람은 그리 많지 않을 것입니다. 주님은 좁은 문으로 들어가는 이가 적다고 말씀하셨습니다. 존 헨리 뉴먼(John Henry Newman)은 "천국은 모든 사람을 위한 곳이 아니라, 그 맛에 익숙해진 사람들만을 위한 곳"이라고 말했습니다.▲ 우리 가운데 임한 하나님 나라, 하나님의 임재와 통치를 맛본 사람, 그래서 그 나라를 더 풍성하게 누리기를 사모하고 추구하는 사람만이 영원한 하나님 나라에 들어갑니다.

그렇다면 믿음이란 무엇입니까? 믿음을 죽어서 천국 가는 입장권 정도로 생각하면 곤란합니다. 믿음은 이 땅에서 하나님의 통치를 거부한 채 제멋대로 살아도 죽은 후에는 반드시 천국행을 보장해 주는 마법이 아닙니다. 믿음은 이 땅에 임한 하나님 나라에 들어가 그 나라를 살아가는 방편이자 원리입니다. 믿음으로 산다는 것은 지금부터 하나님 나라에서 살아간다는 뜻입니다. 하나님 나라에서 영원

• C. S. Lewis, *The problem of Pain* (New York: Harper, 2001), p. 141. 『고통의 문제』(홍성사).

▲ John Henry Newman, *Newman's Sermons and Discourses 1825-1839*, Cornelius Plantinga, Jr., *Not the Way It's Supposed to Be: A Breviary of Sin* (Grand Rapids: Eerdmans, 1995), p. 37에서 재인용.

히 살기에 적합한 사람이 되기를 학습해 나가는 것, 천국에 어울리는 인격자로 성숙해 가는 것입니다. 유시민은 죽은 후에 주어질 영생에만 몰두한 신앙인을 보아 왔기에 자신은 그런 영생을 원치 않는다고 했을 것입니다. 하지만 만약 이 땅에서부터 영생과 천국을 누리는 그리스도인들의 모습을 본다면 그의 생각도 좀 달라질 수 있지 않을까요? 아마 영생과 천국에 좀더 매력을 느끼게 될지도 모릅니다.

신앙생활은 이 땅에서 천국을 살아가는 것이고, 교회는 하나님 나라의 삶을 학습하는 장입니다. 예수님이 오심으로 이 세상에 하나님 나라가 임했지만, 아직도 사람들은 주님의 통치를 거부하고 있습니다. 이 세상에서는 하나님 나라가 온전히 실현된 모습을 발견하기가 어렵습니다. 따라서 교회는 유일하게 하나님의 통치를 받는 인간과 공동체의 모습이 어떤 것인지를 보여 주는 하나님 나라의 모델 하우스와 같습니다. 교회는 하나님 나라를 지향하고 추구해야 하며, 하나님 나라를 위해 존재해야 합니다. 교회의 목표는 자체적 교회 확장이 아니라 하나님 나라이며, 교회에서 하는 모든 일도 하나님 나라에 초점이 맞추어져야 합니다. 교회가 전파하는 핵심 메시지도, 교회를 움직이는 핵심 가치관과 원리도 하나님 나라입니다. 주기도에는 바로 이와 같이 교회가 우선적으로 추구하는 내용이 담겨 있습니다.

교회에서 그리스도인들이 서로 사랑하고 섬기고 베푸는 삶을 사는 것은 이 하나님 나라가 이곳에 임했다는 증거입니다. 이들은 하나님 나라의 복을 받아 누리는 수혜자인 동시에 그 복을 흘려보내는 통로 역할을 하고 있는 것입니다. 성령에 의해 그 인격과 영혼의 집이 많은 사람들을 품고 섬길 수 있도록 넓게 획정된 것입니다. 하나님 나라에 영원히 거하기에 적합한 아름답고 존귀한 인격으로 빚어져 가고 있는 것입니다. 성령이 임재하고 다스리시는 교회에서 하나님 나라를 사는 데 익숙해지면 가정과 사회와 세상 속에서도 하나님 나라를 살아내는 이가 됩니다. 세상 속에서도 성령의 임재와 주관 아래 살며 하나님 나라의 삶을 증거하게 됩니다.

천국 백성은 모두 가난하다

오직 성령으로 충만해져야만 하나님 나라에서의 삶이 가능한데, 그 성령은 우리에게 선물로 주어졌습니다. 성령은 우리를 하나님의 선물을 받는 자가 될 뿐 아니라 그 선물을 다른 이에게 흘려보내는 도관이 되게 하십니다. 복을 받는 자가 될 뿐 아니라 복의 통로가 되게 하십니다. 하나님이 주시는 선물과 복은 이중적 성격을 띱니다. 하나님이 아브라함에게 복을 약속하실 때, 그분은 "내가 네게 복을 주어 너로 인해 모든 민족이 복을 받게 하겠다"고 말씀하셨습니다. 우리도 아브라함처럼 이중의 복을 약속받은 언약 백성이며, 하나님은 우리 자신만이 아니라 우리를 통해 더 많은 사람에게 복을 주기 원하십니다. 하나님이 주시는 복은 항상 흘러넘치는 은혜입니다.

만약 우리가 복을 받기만 하고 그것을 흘려보내지 않는다면 그것은 진정한 복이 되지 못할 것입니다. 그 복은 오히려 우리를 더 이기적이고 부패하게 만들 것입니다. 하나님이 우리에게 복을 주시는 목적은 우리로 하여금 많은 사람을 복되게 하는 데 있습니다. 그것이 세상의 삶과 구별되는 하나님 나라의 삶입니다. 바로 이와 같은 삶을 열망하고 간구하는 것이 하나님 나라가 임하기를 간구하는 것입니다.

우리는 얼마나 절박하게 이런 기도를 드려야 할까요? 저는 목사로서 교우들에게 복을 흘려보내는 은혜의 통로가 되기를 원합니다. 그들에게 가장 좋은 것을 주고 싶습니다. 그러나 저에게 그런 것이 없다는 것을 너무 잘 압니다. 모든 좋은 것은 하나님으로부터 옵니다. 그러니 절박하게 저와 교우들에게 하나님 나라가 임하기를 기도하는 것입니다. 얼마 전 스승의 날에 제가 가르치는 신학교 학생들이 수업 전에 모두 일어나 "스승의 은혜"라는 노래를 제게 불러 주었습니다. 매년 그랬지만 학생들에게 너무 미안해서 얼굴을 들 수가 없었습니다. 모든 선생은 가난한 사람들입니다. 더 좋은 선생이 되고 싶은데 그러지 못해 가난하고, 학생들을 더 잘 가르치고 싶은데 그러지 못해 가난합니다. 모든 부모의 마음도 마찬가지일 것입니다. 자식에게 더 좋은 부모가 되어 주지 못해 늘 가난합니다. 모든 사랑하는 이는 가난합니다. 사랑하는 이들에게 더 잘해 주지 못해서, 줄 것이 턱없이 부족해서 가난합니다.

하나님 나라의 백성들도 그렇습니다. 그 나라의 백성답게 제대로 사랑하고 섬기지 못해 늘 가난합니다. 그래서 절박하게 하나님 나라가 임하기를 기도하는 것입니다. 그들은 사랑하는 이들, 사랑하는 자녀와 가족에게 가장 좋은 것, 바로 하나님 나라의 복이 주어지기를 기도합니다. 또한 이 나라와 민족을 사랑하는 이들은 마음이 가난합니다. 이 민족을 위해 할 수 있는 일이 별로 없기 때문입니다. 그러니 교회를 통해 하나님 나라의 복이 이 민족에게 흘러가기를 간절히 기도할 수밖에 없습니다. 이 땅의 교회에 하나님 나라가 온전히 임해서 그 복이 흘러 나가게 하는 것이 이 민족을 살리는 길입니다.

자아의 왕국이 망하게 하소서

하나님 나라를 위한 기도는 위험한 기도입니다. 하나님 나라가 임하기를 간절히 구하는 것은 그만큼 자기 왕국이 멸망하기를 간절히 구하는 행위입니다. 교회 생활을 하면서도 하나님의 다스림을 거부하며 자기 왕국에서 사는 사람은 결코 이런 기도를 드리지 않습니다. 그것은 아예 불가능한 기도입니다. 입술로는 하나님 나라가 임하게 해 달라고 기도해도 마음으로는 자기 왕국이 더 왕성해지길 원합니다. 하나님 나라가 자신에게 온전히 임하기를 구하는 이들은 아우구스티누스가 그랬듯, "하나님이여, 내가 죽지 않게 나를 죽여 주십시오. 악한 자인 나에게서 나를 구원해 주십시오"라고 간절히 기도합니다. 하나님의 사랑의 통치를 거부하는 우리의 완고하고 교만한 마음을 꺾어 달라고 간절히 기도합니다.

장로교의 창시자라고 할 수 있는 칼뱅은 경건의 기초가 자기 부인이라고 말했습니다. 그는 신앙생활의 전 과정이 자기를 부인하고 옛 자아를 죽이는 삶이라고 정의 내립니다. 그런데 오늘날 교회의 모습을 보면, 자기를 철저히 부인하고 하나님을 섬기려 노력하는 경건의 모습이 사라져 가고 있습니다. 교회 생활을 오래 해도 자아의 왕국이 철옹성처럼 견고합니다. 교회에서 하나님 나라의 복음을 듣고 그 나라의 초청과 도전을 받으면서도 계속 완강하게 거부하는 것입니다. 비극이 아닐 수 없습니다. 하나님은 결코 자아의 왕국을 강압적으로 깨부수지 않으십니다. 물론 그분은 한순간에 우리를 꺼꾸러뜨리고 자아의 왕국을 박살 낼 수 있지만, 결코 우리를 폭력적으로 다루지 않으십니다. 주님이 이처럼 오래 참는 사랑으로 우리를 대하시기에 완고한 자아가 오랫동안 꺾이지 않고 건재할 수 있는 것입니다.

오직 자아가 죽기를 간절히 원하는 사람에게 있어서만 하나님 나라의 권능이 자아의 왕국을 무너뜨립니다. 그런 이에게만 성령이 임합니다. 성령은 우리 안에서 집을 짓는 분입니다. 우리 안에서 자기가 주인인 헌 집을 부수고 하나님이 새 주인으로 거하는 새집을 짓는 분입니다. 우리 안에 자아의 왕국을 파괴하고 하나님의 왕국을 건설하는 분입니다.

자기 왕국에서는 자기가 왕이 되어 모든 것이 자기를 중심으로 돌아갑니다. 하나님도 자기중심적으로 섬깁니다. 자기를 중심으로 두는 사람 안에는 다른 이들을 품을 공간이 없습니다. 자기 안에 갇힌 자폐적 인격, 심각하게 병든 인격이 되는 것입니다. 자신이 중심이 될 때 모든 타자는 배제됩니다. 아니면 자신 안에 모두를 흡수하여 자기와의 통합을 시도합니다. 자기중심적인 사람 안에는 거대한 공허가 자리 잡고 있습니다. C. S. 루이스가 말했듯이 그 안에는 타자를 다 삼켜 버리고도 만족하지 못하는 지옥의 심연이 있습니다. 자기중심적인 사람의 내면에는 자신뿐 아니라 다른 모든 이를 불행하게 만들기에 충분한 지옥이 도사리고 있는 것입니다.

인간관계의 어려움은 어디서 옵니까? 가정의 문제, 교회 내 갈등은 어디서 비롯합니까? 바로, 저마다 가지고 있는 자기중심성에서 비롯합니다. 어려서부터 개인주의 문화에서 자라서인지는 몰라도 요즘 사람들이 얼마나 자기중심적인지 모릅니다. 자기밖에 모르는 괴물로 변해 가고 있습니다. 이렇게 자기만 아는 인간들이 만나 결혼하면 거기에 지옥이 임하는 것입니다. 이런 자아를 가진 이들이 교회로 모여서 좀처럼 변화되지 않으니 천국이 아니라 지옥이 임하는 공동체가 됩니다.

자기중심적인 사람에게서는 복이 아니라 독이 흘러나옵니다. 그러니 십자가가 필수입니다. 십자가를 통해서만 하나님 나라가 임합니다. 옛 자아가 십자가에 못 박혀야만 하나님 나라가 임합니다. 예일 대학교의 신학자 미로슬라브 볼프(Miroslav Volf)는, 인간의 문제는 우리 자아가 잘못된 중심에 붙어 있는 것이라고 말했습니다. 그래서 그 자아를 십자가에 못 박아 그 중심에서 떼어 내야 한다고 했습니다.• 우리 자아는 반드시 하나님이라는 새로운 중심에 붙어 있어야 하며, 성령이 우리 존재의 중심을 자기에게서 하나님께로 이전해 주십니다.

일단 중심을 하나님께 두고 나면 우리 인격은 무한히 확장됩니다. 성령이 우리 안에 타자가 들어올 수 있는 커다란 공간을 만드시기 때문입니다. 성령은 생각과 이념이 아주 다른 타자를 포용할 수 있는 인격자로 우리를 변화시켜 주십니다. 성령 안에서, 우리는 볼프가 말한 '보편적인 인격'이 됩니다.▲ 중심이 자기에게서 하나님으로 이전된 심령에 하나님 나라가 임하며 거기서부터 하나님 나라의 샬롬이 세상으로 흘러갑니다. 그와 같은 심령이 바로 하나님 나라의 복이 유입되는 통로인 동시에 세상으로 방출되는 출구인 것입니다.

이렇게 하나님 나라에 살게 된 사람은, 마르틴 루터가 말했듯이 이제부터는 자기 안에서 사는 것이 아니라 하나님과 이웃 안에 살게 됩니다.■ 자기 안에서 자기만을 위해 사는 이는 하나님도 잃고 이웃

• 미로슬라브 볼프, 『배제와 포용』(*Exclusion and Embrace*, IVP), pp. 106-107.
▲ 같은 책, p. 77.
■ 미로슬라브 볼프, 『베풂과 용서』(*Free of Charge*, 복있는사람), p. 79에서 재인용.

도 잃고 끝내 자기마저 잃게 될 것입니다. 자기 행복과 유익만을 추구할수록 채워지지 않는 공허가 더 커집니다. 이것이 자기애의 딜레마입니다. 우리 자아는 복의 근원이신 하나님으로 채워지고 그 복을 이웃에게 흘려보낼 때만 진정한 만족과 행복을 누릴 수 있습니다. 제가 일하는 교회에도 도움이 필요한 교우들을 돌보고 섬기기 위해 자기 시간과 정성을 쏟는 귀한 분들이 있습니다. 하나님 나라를 살아가는 참 아름다운 사람들입니다.

관계 속에 임하는 천국

결국, 하나님 나라의 구체적인 모습은 관계에서 나타납니다. 누군가가 교회는 '관계 혁명의 결과로 탄생한 공동체'라고 했습니다. 성령은 '사이로 가시는 하나님'이라는 말도 있습니다. 성령은 하나님과 우리 사이, 그리고 '나와 너' 사이에서 일하시고 뒤틀린 관계를 치유하십니다. 하나님 및 형제자매와 화평한 관계를 맺게 하십니다. 사랑과 화평과 희락은 모두 회복된 관계에서 생산되는 열매입니다. 말 한 마디를 해도, 자기를 부인하고 다른 이를 우선적으로 배려하는 따스하고 온화한 말, 품위 있는 말을 해야 합니다. 화평을 깨는 말, 다른 이에게 상처가 되는 말은 입 밖에 나오지 않게 해야겠습니다.

하나님 나라를 대적하는 가장 심각한 죄는 관계를 깨뜨리는 것, 교제를 파괴하는 것, 하나님 나라 공동체를 허무는 것입니다. 죄는 교제의 결핍에서 오며, 자기 안에 갇혀 있는 사람에게 가장 힘든 것이 바로 교제입니다. 교제의 폭을 넓혀야 합니다. 관계의 스트레칭이 필요합니다. 끼리끼리만 만나면 자기도 모르게 폐쇄적이고 배타적인 그룹을 형성하게 됩니다. 교회에서 잘 모르는 교인과 마주치거나 새로 온 사람들이 보이면 먼저 다가가 교제하십시오. 장년들은 청년들과도 교제하고, 한 번이라도 집으로 초대해 식사라도 같이하면 좋을 것입니다. 물론 청년들에게 부담스러운 질문은 일체 하지 않는 것이 좋겠습니다. 결혼은 언제 할 것이며, 취직은 어떻게 되었느냐는 등의 곤란한 질문을 하면 교제가 아니라 고문이 될 수도 있습니다.

그리스도인들은 주일뿐 아니라 주중에도 성령 안에서 기도로 교제하고 서로를 섬깁니다. 하나님 나라의 복과 권능이 형제자매들에게 임해서 험한 세상에서 하나님 나라 백성으로 살아갈 수 있도록 기도해야 합니다. 서로를 위한 이러한 기도가 하나님 나라 백성으로 살아가는 원동력이 됩니다. 제가 속한 교회에서는, 매주 모든 교인들의 이름을 기억하며 잠깐이라도 기도하는 시간을 갖기로 서로 약속했습니다. 온라인 채팅방에서 기도제목을 나누고 서로 기도해 주는 것이 얼마나 힘이 되고, 얼마나 아름다운 일인지 모릅니다. 이렇게 저희 교회에서는 온라인 채팅방이 하나님 나라를 위한 섬김의 매체 역할을 하고 있습니다. 하나님과 교회와 형제자매들을 사랑하는 이는 기도합니다.

교회가 세상과 다를 바 없는 이기적인 집단이 되어서는 안 됩니다. 다른 이에게 무관심하고 자기 구원과 신앙만을 챙기기에 급급한 신앙인이 되어서는 곤란합니다. 우리는 모두 이기적인 존재들입니다. 그러므로 교회 안에 운행하는 사랑의 영이신 성령의 인도를 따라 서로를 섬기고 사랑하는 하나님 나라의 삶을 배워 갑시다. 그래서 이 땅의 교회가 하나님의 나라, 사랑의 왕국이 온전히 임하는 공동체가 되게 합시다.

‖ 함께 드리는 기도 ‖

1. 하나님 나라 공동체인 교회를 선물로 주시고 교회에서 하나님 나라를 누리며 그 나라에 적합한 사람으로 빚어져 가게 하셔서 감사합니다. 교회에서 하나님 나라를 체험하며 그 나라의 삶에 익숙해지게 하소서.

2. 우리가 속한 교회가 하나님 나라를 구체적으로 실현시키는 공동체가 되게 하소서. 성령 안에서 서로 사랑하고 섬기는 하나님 나라의 백성이 되게 하소서. 우리가 하나님 나라의 복과 선물을 받을 뿐 아니라 다른 사람에게 흘려보내는 통로가 되게 하소서.

3. 우리의 믿음이 말에 있지 않고 하나님의 능력에 있게 하소서. 하나님의 통치를 대적하는 자아의 왕국이 붕괴되게 하시고 내가 죽지 않도록 거짓된 자아를 죽여 주소서.

8. 두 나라의 시민으로 살기

어느 청년의 반박

오래전 미국에서 한 이민교회의 부목사로 일할 때였습니다. 저는 당시 사회생활을 하는 기혼 청년들을 지도하고 있었고, 흔히 목사들의 상투적인 설교가 그렇듯 교회에서뿐 아니라 사회에서도 그리스도인답게 살아야 한다고 가르치곤 했습니다. 그런데 어느 날 한 청년이 저의 말에 정면으로 이의를 제기했습니다. 도대체 어떻게 그렇게 살 수가 있느냐는 것입니다. 세상에서는 교회에서와는 다르게 살 수밖에 없다고 말하는 그 친구가 그때는 참 한심해 보였고, 그의 신앙에 심각한 문제가 있다고까지 생각했습니다. 그런데 30년이라는 세월이 지난 지금도 그가 했던 말의 여운이 제게 남아 있고, 돌아보면 그 청년이 참 솔직한 사람이었다는 생각도 듭니다. 사실 많은 그리스도인들이 교회에서는 신자처럼 행동하고 직장과 사회에서는 세상 사람들과 별다르지 않게 살아갑니다. 세상에서 어떻게 사는 것이 과연 그리스도인답게 사는 것인지 종잡을 수 없고, 알아도 그렇게 살 영적 저력이 없다는 것이 현실입니다.

하나님이 임재하고 다스리시는 교회에서 하나님 나라 백성으로 사는 삶에 대해서는 어느 정도 윤곽이 잡힙니다. 그러나 하나님 나라와 한참 거리가 멀고 아직도 하나님의 통치를 거부하는 세력이 판치는 세상에서 하나님 나라 백성으로 살아가는 것이 무엇인지에 대해서는 많이 혼란스러운 것이 사실입니다. 교회 역사 속 위대한 신앙 인물과 선생들도 이런 문제와 씨름했습니다. 아우구스티누스의 『신국론』(De Civitate Dei) 같은 유명한 고전이 바로 그런 고민에서 나왔으며, 마르틴 루터의 '두 왕국론'도 마찬가지입니다. 최근에는 세계적인 신학자로 명성을 떨치고 있는 톰 라이트(N. T. Wright)의 『마침내 드러난 하나님 나라』(Surprised by Hope)라는 책이 많은 젊은이들을 매료시켰습니다.•

하나님 나라 백성이 세상에서 어떻게 살아야 하느냐에 대한 견해는 다양합니다. 그중 가장 극단적 입장은, 교회에서 하는 일은 하나님 나라를 위한 일이고 세상에서 하는 일은 하나님 나라와 아무 상관없는 일이라고 보는 입장입니다. 이런 입장에 선 사람들은 교회에서 하는 일은 거룩하고 세상에서 하는 일은 속되다고 생각합니다. 이런 가르침은 교회 일에는 익숙하지만 그 나라의 백성으로서 세상에서 사는 문제에 대해서는 전혀 학습이 되지 않은 그리스도인들을 양산합니다. 그들은 교회 안에서 종교적 일에만 몰두할 뿐 세상의 변화에는 관심과 노력을 기울이지 않습니다. 사회와 직장 내에서 사람들에게 지탄받고 손가락질을 당해도 교회에서 봉사를 열심히 하고 헌금만 잘하면 신앙이 좋은 사람으로 인정받습니다.

교인들이 헌금을 많이 하도록 독려하기 위해 목사들이 자주 드는

• 톰 라이트, 『마침내 드러난 하나님 나라』(IVP).

예화가 미국의 '석유 왕'으로 불리는 록펠러에 관한 이야기입니다. 목사들은 주로 그가 낸 어마어마한 십일조와 하나님께 구별해서 드릴 십일조만 계산하는 담당 직원들의 수에 초점을 두고, 그랬기 때문에 그가 그와 같은 물질적 축복을 받았다는 식으로 설교합니다. 그러나 록펠러가 얼마나 야비하게 경쟁사들을 무너뜨리고 석유 산업을 독점하며 노동자들을 교묘히 착취했는지에 대해서는, 그의 비리와 악이 어느 정도였는지에 대해서는 결코 말하지 않습니다.

이런 극단은 또 다른 극단을 불러옵니다. 그리스도인이 세상에서 하는 일은 하나님 나라와 상관없다고 보는 종전 입장과는 대조적으로, 세상에서 하는 일도 하나님 나라를 위한 일임을 강조하는 가르침이 오늘날 대세를 이룹니다. 이런 입장에 선 사람들은, 죄로 오염되고 부패한 세상 문화를 복음으로 변혁하고 세상 모든 영역에 하나님 나라가 임하게 해야 한다는 멋진 비전을 제시합니다. 세상에서 우리가 하는 일과 문화 사역이 곧 하나님 나라를 위한 봉사이며 새로운 땅에서 사용할 건축 자재를 생산하는 일이라고 말합니다.* 즉 주님의 이름으로 사회 정의를 구현하고 문화를 증진시키기 위해 기울이는 모든 노력과 활동이 결국 영원한 하나님 나라에서까지 가치 있는 것으로 보존된다는 것입니다.

요즘 기독교 문화를 건설하려는 운동이 확산되고 있습니다. 이런 운동은 어떤 면에서는 무척 참신하고 고무적입니다. 그리스도인이 세상에서 하는 일이 아무 의미 없는 것이 아니라 엄연한 하나님 나라

---

* Cornelius Plantinga, Jr., *Engaging God's World* (Grand Rapids: Eerdmans, 2002), p. 137이하.

사역이며 영원한 천국에서까지 가치 있는 일로 보존된다는 가르침은 그리스도인이 사회 변혁에 적극적으로 참여하도록 동기를 부여합니다. 그러나 여기에도 위험이 도사리고 있습니다.

기독교 국가는 가능한가?

사회, 문화, 정치, 교육 등 세상의 모든 영역에 하나님 나라를 건설한다는 비전은, 이상적이기는 하지만 현실적이지 않을 뿐 아니라 성경적이지도 않습니다. 과연 이 땅에서 기독교 문화, 기독교 국가라는 것이 가능할까요? 이 세상 문화는 그리스도인들만 만들어 가는 것이 아닙니다. 신자와 비신자가 공존하며 사회와 국가를 이루고 함께 어우러져 문화가 형성됩니다. 그런데 거기서 어떻게 신자들만을 위한 기독교 문화가 나올 수 있습니까?

마태복음 13장에서 예수님이 말씀하신 천국의 비유를 생각해 봅시다. 어떤 사람이 자기 밭에 좋은 씨를 뿌렸는데 그가 잠든 사이에 원수가 가라지를 덧뿌리고 갔습니다. 종들이 가라지를 뽑아 버릴까 물으니 주인이 가라지를 뽑으려다가 알곡까지 뽑힐까 염려되니 추수 때까지 함께 자라게 놔두라고 합니다. 그리고 추수 때가 되자 가라지는 먼저 거두어 불에 사르고 알곡은 곳간에 넣도록 합니다. 이 비유를 교회에 적용해서 교회에 참 신자와 거짓 신자가 있다는 식으로 해석하면 곤란합니다. 그러면 신자들을 어떤 부류에 속한 사람인지 판단하기가 쉽습니다. 물론 주님의 제자 중에 가룟 유다가 있었듯이 교회 안에도 진정으로 거듭나지 않은 교인이 있을 것입니다. 그러나 교회를 참 신자와 거짓 신자가 반반씩 섞여 있는 곳으로 볼 수는 없습니다. 백 퍼센트는 아닐지라도, 교회는 하나님 나라의 참된 백성들이 모인 공동체로 보아야 합니다.

주님은 밭이 세상이라고 해석해 주셨습니다. "밭은 세상이요, 좋은 씨는 천국의 아들들이요, 가라지는 악한 자의 아들들이요"(마 13:38). 그러니까 이 비유는 교회가 아니라 세상에 적용해야 합니다. 이 세상에는 하나님의 자녀들과 불순종의 사람들이 공존합니다. 가라지가 더 빨리 자라듯이 이 세상에서도 불신 세력이 더 급속히 번성합니다. 그리고 그들의 문화가 더 화려하고 찬란해 보입니다. 그에 비해 하나님 나라 공동체인 교회는 초라하기 그지없습니다. 그래서 그리스도인들도 세상의 영광과 화려함과 번영에 쉽게 마음을 빼앗깁니다. 하나님 나라보다 세상을 더 사랑하려는 유혹에 빠집니다.

하지만 가라지를 뽑으려다가 알곡까지 뽑기 쉽듯이, 이 세상에서 불신 세력의 뿌리를 급히 뽑아 버리려 하다가는 교회가 해를 입을 수도 있습니다. 불신 문화를 일거에 없애고 기독교 일색의 문화를 만들 수는 없습니다. 과거에 기독교가 부흥하여 세상을 압도하는 힘을 지니게 되었을 때 이런 과오를 범한 적이 있습니다. 미국에 건너간 청교도들이 미국을 기독교 국가로 건설하려는 비전에 사로잡혀, 미국의 사회문화적 기독교화를 시도한 것입니다. 물론 이런 열심이 미국 문화의 발전에 기여한 바도 크지만, 세속화를 불러오는 하나의 원인이 되기도 했다는 점을 놓쳐서는 안 됩니다. 기독교의 힘에 눌려 기를 펴지 못하고 기회를 노리던 불신 세력이, 때가 오자 기독교의 억압에서 세상 문화와 학문을 해방시키려는 반동을 일으킨 것입니다.

하버드 대학교는 본래 목사 교육을 위한 기독교 대학으로 세워졌습니다. 그러나 이제는 하버드가 지녔던 기독교적 영향력은 거의 사라지고, 철저히 세속주의적 학문과 문화의 전당이 되었습니다. 어떤 이는 미국의 공립학교에서 수업 전에 기도하는 것이 금지되면서부터 미국이 세속화되었다고 말하기도 합니다. 그러나 신자와 비신자가 섞여 있는 공립학교에서 기독교를 강요한 것 자체가 이런 불신 세력의 반동을 불러온 화근이 되지 않았는지도 잘 생각해 보아야 합니다. 신자와 비신자가 섞여 있는 세상에서 기독교 문화를 건설하려는 과도한 열심은 오히려 극단적 세속화를 불러온다는 점을 기억해야 합니다. 이전에 어떤 정치인이 서울시장으로 취임하면서 서울시를 하나님께 바친다고 말한 적이 있습니다. 굉장한 신앙고백처럼 들리지만, 그보다 더 비성경적인 구호는 없습니다.

천국에서 듣게 될 음악

그리스도인들도 세상에서 비그리스도인들과 함께 사회 발전과 문화의 증진을 위해 힘써야 합니다. 그러나 하나님의 통치를 거부하는 비그리스도인들이 함께 살고 있는 이 사회에서 기독교 일색의 문화나 하나님 나라를 건설할 수는 없습니다. 물론 그리스도인들이 사회와 문화 개혁에 가능한 한 적극적으로 참여하여 사회에 기독교적 영향력이 스며들게 하는 일은 매우 중요합니다. 그렇지 않으면 이 세상이 사탄의 손아귀에 들어가 우상숭배적 문화가 창궐할 것이며, 그런 세상에서 그리스도인으로 살아가기란 무척 힘들 것입니다.

그렇다고 해서 이 모든 것이 하나님 나라를 건설하는 일이라고 볼 수 있을지는 의문입니다. 이 땅에서 우리가 이룬 문화가 영원한 천국에서도 보존된다고 주장하는 이들이 있는데, 그리스도인이 이 땅에서 하는 일이 그만큼 의미 있다는 점을 고무시켜 주는 면이 있지만 성경이 그렇게 가르친다고 보기는 힘듭니다. 어떤 목사는 자기 책이 천국 도서관에 있는 환상을 보았다고 말합니다. 자기 책이 천국 도서관에 영원히 보관될 정도로 가치 있는 책이라는 것입니다. 제가 보기에는 쓰레기통에 던져 버려야 할 책인데 말입니다. 아무리 좋은 책이라도 천국에 영원히 보관될 만한 가치가 있을까요?

칼 바르트는 서재에 칼뱅의 초상화와 함께 모차르트의 초상화를 걸어 둘 정도로 그의 음악을 좋아했다고 합니다. 바르트는 천국에서도 모차르트의 음악이 존재할 것이라고 말했습니다. 물론 원한다면 그의 음악을 들을 수 있을 것입니다. 저는 젊은 시절 신앙을 갖기 전부터 헤비메탈 같은 록 음악을 좋아했습니다. 딥 퍼플(Deep Purple)의 "하이웨이 스타"(High Way Star), 레드 제플린(Led Zepplin)의 "스테어웨이 투 헤븐"(Stairway to Heaven) 같은 곡을 즐겨 들었고 지금도 간혹 기타로 연주합니다. 그러나 새 하늘과 새 땅에 가서까지 그런 음악을 듣고 싶지는 않습니다. 거기에는 모차르트의 음악과는 비교할 수 없이 황홀한 천상의 음악이 있을 것입니다. 이 땅에서 우리가 이룬 문화와는 차원이 다른 천국의 문화를 누릴 것입니다. 이 땅에서 우리가 사회 변혁과 문화 발전을 위해 하는 모든 일은 의미 있고 중요합니다. 그러나 그 일은 직접적으로 하나님 나라를 건설하는 것이기보다는 세상 나라의 잠정적 안녕과 발전을 위한 것이라고 보는 것이 적합합니다.

그리스도인과 교회는 하나님 나라에 속한 동시에 이 지상 나라에 속해 있습니다. 우리는 두 나라에 속한 시민으로 살아갑니다. 하나님은 두 가지 방식으로 세상을 다스리십니다. 마르틴 루터가 말했듯이,

한 팔로는 교회를 다스리시고 다른 팔로는 세상을 다스리십니다.* 하나님은 그분의 나라에 속한 교회를 성령과 말씀으로 다스리십니다. 그러나 말씀과 성령의 통치를 거부하는 비신자들이 신자와 함께 있는 세상 나라는 다른 방식, 즉 도덕과 양심, 국가의 정치 제도와 법을 통해 다스리십니다. 그래서 이 세상에 악이 창궐하는 것을 막고 사회 질서가 유지되게 하며 인류 역사가 이어지게 하십니다. 하나님이 인간의 악을 억제하고 정부를 통해 악한 자들을 징계하고 통제하시기에 세상이 이 정도라도 유지되는 것입니다. 그렇지 않으면 이 세상은 하루아침에 지옥과 같은 아수라장으로 변할 것입니다.

신자도 비신자와 똑같이

신자는 천국 시민인 동시에 세상 나라의 시민으로 살아갑니다. 따라서 신자들도 세상 사람들과 똑같이 이 나라의 법을 지켜야 합니다. 세금을 내고, 시민의 의무를 다해야 합니다. 신자는 세상에서 비신자와 똑같이 삽니다. 비신자들은 이 나라가 평안하기를 원합니다. 그런 면에서 신자도 세상 사람들과 똑같은 것을 원하고 추구합니다. 우리 역시 이 나라가 평안하며 안정되기를 바라기 때문입니다. 공공선을 추구하는 데 있어서도 신자와 비신자는 뜻을 같이합니다. 그 목적을 위해 서로 협력하고 함께 사회 개혁과 문화 발전을 위해 힘씁니다.

그런데 이런 일을 함께 해 나갈 때, 신자가 같은 분야에 있는 비신

---

* Martin Luther, *Luther's Works*, ed. Harold J. Grimm, v. 22 (Philadelphia: Fortress Press, 1957), p. 372.

자보다 실력이 더 탁월하다는 보장은 결코 없습니다. 같은 일을 비신자가 더 잘할 수 있습니다. 같은 교사인데 비신자가 더 잘 가르칠 수 있고, 같은 연구원인데 비신자가 더 뛰어난 연구 업적을 낼 수 있습니다. 성실과 정직의 측면에서도 별 차이가 없습니다.

그렇다면 세상에서 신자가 하나님 나라의 백성으로서 비신자와 다르게 산다는 것은 무엇을 뜻합니까? 어떤 면에서 다르게 살아야 할까요? 이 땅의 평화와 공공선을 추구한다는 점에서는 둘의 목표가 같습니다. 그러나 신자에게는 그것이 궁극적 목표가 아닙니다. 신자의 최종 목표는 이 세상의 평화와 공공선이 아니라 하나님 나라입니다. 그리스도인에게 이 세상은 거쳐 가는 곳이며, 우리는 모두 순례자입니다. 우리는 잠시 머무르는 곳의 평화를 추구하고 도모하지만, 그 평화는 일시적이고 불완전합니다.

우리는 이 세상에 하나님 나라가 온전히 실현될 것을 기대하지 않습니다. 이 땅의 사회, 정치, 경제, 문화 등 그 어떤 제도에서 그리스도의 통치를 발견하려는 시도는 어리석은 것입니다. 정치에 너무 많은 기대와 소망을 두면 실망할 수밖에 없습니다. 우리 국민들은 그동안 너무 형편없는 지도자만 보아 온 탓에 선한 지도자, 정치적 메시아에 대한 환상을 가지고 있는 것 같습니다. 어떤 교인들을 보면 정치관이 신앙관보다 더 절대적인 것으로 느껴집니다. 교인끼리 정치관이 다르면 적이 되는 경우도 있습니다. 하나님 나라보다 이 세상 나라가 더 우선하기 때문에 벌어지는 일이라 생각합니다.

신자도 세상에서 비신자와 똑같이 살지만 근본적으로 추구하는 목표는 엄연히 다릅니다. 비신자는 세상 나라에서의 번영과 평안, 성공에 최고의 가치를 두고 그것을 추구하지만, 신자는 하나님 나라의 영광을 가장 가치 있는 것으로 추구합니다. 신자들은 직장에서 비신자와 똑같이 일해도 하나님의 영광을 위해 일하는 사람들입니다.

월급봉투에서 유일한 의미를 찾다

사람을 치료하거나 직접적으로 도움을 주는 일처럼, 하나님 나라를 위해 일한다는 소명의식을 보다 쉽게 느낄 수 있는 직업이 있습니다. 그러나 대부분의 직장에서 수행하는 일은 하나님 나라와 별 상관이 없어 보입니다. 대기업들은 대부분 자본의 신에 사로잡혀 있고, 성과주의에 기반한 무한 경쟁으로 직원들을 내몰아 숨통을 조입니다. 이렇게 물신 숭배 문화에 찌든 직장에서 돈을 벌어 먹고살기에 급급한 이들에게, 하나님 나라를 추구하는 삶이란 현실과 너무도 동떨어진 뜬구름 잡는 소리로 들립니다. 우리가 매일 직장에서 하는 자질구레한 일은 하나님 나라와 별 상관이 없고 하나님의 영광을 드러내는 것 같아 보이지도 않습니다.

대부분의 직장인들이 직장 생활에서 발견하는 유일한 의미는 사실 월급봉투에 있습니다. 마음 같아서는 당장 때려치우고 싶은데 그 월급봉투 때문에 어쩔 수 없이 회사에 붙어 있는 것입니다. 그런 직장 생활이 하나님 나라와 무슨 연관이 있는지 도무지 알 수 없습니다. 물론 일에는 생계유지를 보장한다는 중요한 의미가 담겨 있습니다. 하나님은 우리가 수고하고 일해서 먹고살도록 하셨고, 일하기 싫으면 먹지도 말라고 하셨습니다. 일하는 것은 인생의 본분을 다하는 것이라 할 수 있습니다.

그러나 그리스도인에게 일의 목적은 밥벌이뿐만이 아닙니다. 일을 통해 생계를 유지하고 살아가면서 하나님을 섬기고, 그 나라를 위해 봉사하고, 하나님께 영광을 돌리는 것이 더 중요한 목적일 것입니다. 많은 그리스도인들이 힘들게 번 돈의 일부를 떼어서 교회를 하나님 나라의 공동체로 세우는 일에 의미 있고 값지게 사용합니다. 그것은 하나님 나라의 복음이 전파되어 이 땅에 하나님 나라가 임하도록 하는 데 기여하는 일인 동시에, 이 사회를 지배하는 맘몬 신에 휘둘리지 않고 하나님을 섬긴다는 구체적인 표현이기도 합니다.

하나님 나라를 추구했던 목수

주님도 마리아의 남편 요셉이 일찍 죽은 후 가족을 부양하기 위해 서른 살까지 목수 일을 하셨던 것으로 보입니다. 하나님의 아들이 참 무의미한 일을 오래 하신 것 같습니다. 주님이 그 일을 하시는 데 있어서 다른 목수와 무엇이 달랐을까요? 주님이 다른 목수보다 실력이 반드시 더 뛰어나지는 않았을 것입니다. 다른 점이 있다면, 하나님 나라를 지향하며 목수 일을 하셨다는 데 있을 것입니다. 주님은 그 나라를 바라보고 사모하며, 그 나라를 몸소 누리며 사셨습니다. 하나님의 임재 가운데서 하나님과 동행하며 그 일을 하셨습니다. 주님은 하나님의 영광을 반영하는 하나님의 형상을 입고 일하는 목수였던 것입니다.

우리도 마찬가지입니다. 우리의 일 자체는 하나님 나라와 별 상관이 없는 무의미한 일처럼 보일 수 있습니다. 그러나 그 일을 하는 우리의 존재 자체가 하나님의 영광을 반영할 수 있습니다. 그 존재 자체가 하나님 나라를 증거하고, 하나님이 함께하는 사람의 모습이 어떤 것인지를 드러냅니다. 성령을 따라 사는, 하나님을 사랑하고 이웃을 사랑하는 참된 인간상이 나타날 수 있는 것입니다.

다니엘이 우상으로 가득한 이방 땅 바빌론에 살면서도 하루에 세 번씩 하나님께 기도하며 하나님의 지혜와 신이 함께하는 사람이라고 인정받았듯이, 우리도 바빌론처럼 우상숭배적 문화가 지배하는 사회에서 하나님의 영이 함께하는 사람의 모습을 드러내며 살아야 합니다. 우리 존재 자체가 하나님의 영광과 나라를 드러내는 빛입니다. 어떻게 보면 이 험한 세상 속에서 하나님 나라 백성으로 살아가는 그리스도인이, 교회 안에서 복음 사역을 하는 목사들보다 더 뛰어난 영성을 소유한 사람들일 것입니다. 성령으로 충만한 사람들일 것입니다.

우리가 이 땅에서 해야 할 가장 중요한 하나님 나라의 일은 하나님 나라가 구체적으로 실현된 공동체를 세우는 것입니다. 과거에는 교회에서 이런 말을 자주 하곤 했습니다. 그리스도인에게는 교회 일이 주업이고 세상 직업은 부업이라는 것입니다. 그래서 교회 일에만 몰두한 채 가정과 직장 일을 등한시하는 경우가 종종 있었습니다.

그러나 오늘날은 그와 반대가 되어, 교회 일이 가정과 직장 일에 밀려 홀대를 받고 있습니다. 교회 일은 차선의 차선이 되어, 시간이 남으면 하는 허드렛일로 취급받습니다. 많은 사람들이 교회 중심적인 신앙생활에 거부감을 느낍니다. 여기에는 교회에 우선적 책임이 있습니다. 그동안 교회가 교회 자체의 확장과 부흥을 위해 교인들의 자원과 에너지를 쥐어짜며 교인들을 도구화했기 때문입니다. 그 결과로 큰 예배당을 짓고 대형교회를 이루었습니다. 교회에 하나님 나라가 아닌 세상이 들어와 확장된 형국입니다. 이렇게 하나님 나라의 공동체로서 역할을 제대로 하지 못하는 교회에 사람들이 등을 돌리는 것은 어쩌면 당연한 일입니다. 최근 한국 교회의 문제를 분석하는 세미나에서 한 교수가 이런 지적을 했습니다. "한국 교회가 민족으로부터 외면당하고 염려의 대상이 되며, 청년들이 기독교를 비판하고 청소년들이 교회를 떠나는 등 오늘날 교회가 어려움에 처한 것은, '하나님 나라'를 잃어버렸기 때문입니다."

주님이 세우신 유일한 공동체

성경이 증거하는 하나님의 구원 역사에서 교회의 위치는 엄청 중요합니다. 주님은 결코 국가나 정치 제도를 설립하지 않으셨습니다. 주님이 세우신 것은 단 하나, 바로 교회입니다.* 주님이 이 땅에 오시고 고난받으신 이유는 바로 자신의 몸 된 교회를 세우시기 위해서였습니다. 지상에서 하나님 나라가 구체적으로 임하는 공동체는 교회밖에 없습니다.

그런데 교회가 주님이 세우신 목적에 역행하는 탓에 매력을 잃어버리고 사람들로부터 혐오의 대상이 되었습니다. 제 소원은 교회를 하나님 나라 공동체로 회복하는 것입니다. 또한 이것이 모든 그리스도인들의 소원이 되기를 바랍니다. 그래서 우리가 드려야 할 간절한 기도가 바로 "여기에 하나님 나라가 임하시고"입니다. 우리가 매주 모여서 예배드리는 것은 단순히 종교 예식을 행하는 것이 아니라 하

---

* 데이비드 반드루넨, 『하나님의 두 나라 국민으로 살아가기』(*Living in God's Two Kingdom*, 부흥과개혁사), p. 135.

나님 나라 공동체를 세우는 행위여야 합니다.

이 땅에서 하나님 나라를 가장 확실하고 풍요롭게 맛보는 천상의 축제가 바로 예배와 교제입니다. 이 땅에서 우리가 행하는 것은 대부분 잠정적입니다. 사회 활동은 영원히 계속되지 않습니다. 생물학적 가족도 해체될 것입니다. 그러나 새로운 하나님의 가족인 교회는 영원히 지속될 것입니다. 따라서 교회에서 교우들을 만난다는 것은 영원히 함께할 사람들을 만난다는 뜻입니다.

또한 이곳에서 하나님을 예배하고 찬양하며 하나님과 화평을 누리는 삶은 천국에서도 영원히 지속될 것입니다. 예배와 교제는 하나님 나라의 핵심입니다. 하나님 나라 백성에게 가장 존귀하고 복된 행위입니다. 요즘 '모든 삶이 예배'라는 식으로 주일예배의 특별한 의미와 중요성을 무시해 버리는 경향이 있는데, 이는 바람직하지 않습니다. 삶이 예배라고 하면서 주일예배를 제대로 드리지 않는 사람치고 제대로 사는 것을 보지 못했습니다.

성도들이 예배의 중요성을 인식하고 주일을 거룩한 날로 구별하여 하나님께 예배드리며 교우들과 교제하는 데 시간을 보내는 것은 정말 귀한 일입니다. 그 자체가 세상 사람들이 따르는 세속적 가치관에 역행하고 하나님 나라의 가치관을 따르는 행위라고 할 수 있습니다. 얼마 전 연휴에 며느리와 손주를 데리러 시흥에서 대전까지 가는 데 여섯 시간이 걸렸습니다. 수많은 차들이 연휴를 보내기 위해 움직이느라 도로가 꽉 막혔기 때문입니다. 세상 사람들도 사명감을 가지고 놀러 다닙니다. 사람들이 가장 원하고 즐거워하는 것은 사실상 그들이 지키는 세속 예전이며, 야외와 쇼핑몰에서 일종의 예배를 드리는 것입니다. 그런데 그렇게 놀러 다니면 휴식이 되는 것이 아니라 더 피곤합니다. 하지만 우리는 하나님께 예배드림으로써 진정한 안식을 누립니다. 예배에서 하나님의 임재를 체험하고 하나님의 말씀으로 새로워지며 성령의 능력으로 재충전되어야 험한 세상에서 하나님 나라의 백성으로 살 수 있습니다. 그렇게 예배의 자리에서 우리에게 흘러 들어온 하나님 나라의 복이 삶의 현장에서 흘러 나갑니다.

그러나 예배를 수단으로만 생각해서는 안 됩니다. 은혜 받기 위해서, 세상에서 그리스도인으로 살아갈 원동력을 공급받기 위해서 예배드린다는 동기도 물론 좋은 것입니다. 그러나 예배 자체가 궁극적인 목적이어야 합니다. 우리는 가장 사랑하는 것을 예배하고, 가장 욕망하는 것을 예배합니다.* 하나님을 예배하는 것은 하나님을 가장 사랑하고 욕망한다는 구체적인 표현입니다. 하나님을 사랑하고 예배하는 것 자체가 삶의 궁극적인 목적인 것입니다. 세상 사람들이 주말마다 놀러 다니는 것을 한 주간의 목표로 여기고 산다면, 우리는 매주의 예배를 목표로 살아갑니다. 하나님께 더 온전하고 합당한 예배를 드리기 위해 준비하며 살아갑니다.

이렇게 우리는 매주의 예배를 목표로 삼고 살다가 마지막에는 영원한 예배 처소로 들어갈 것입니다. 그때까지 우리는 함께 모여 예배드리며, 주님이 부탁하신 대로 서로 뜨겁게 사랑하고 섬기며 함께 하나님 나라의 공동체를 이루어 가야 합니다. 하나님 나라가 온전히 임한 공동체가 이 땅에 존재한다는 것은 이 땅에 무한한 축복이 됩니다. 새로운 성전에서 세상을 향해 샬롬과 복락이 흘러가고, 천국 복음이 전파됩니다. 하나님은 그런 교회를 통해 아브라함과 맺은 언약

---

* 제임스 스미스, 『하나님 나라를 상상하라』(*Imagining the Kingdom*, IVP), pp. 68-70.

이 실현되게 하실 것입니다. 교회가 천국의 모든 복을 받을 뿐 아니라 그 복을 흘려보내는 통로가 되게 하실 것입니다.

‖ 함께 드리는 기도 ‖

1. 이 땅에서 세상 나라의 시민이면서도 천국 시민으로 살게 하셔서 감사합니다. 우리가 세상 나라의 시민으로서 이 세상의 평화와 공공선을 이루며 살고, 더 나아가 하나님 나라에 궁극적인 목표를 두고 살게 하소서.

2. 물신 숭배 문화에 찌든 사회와 직장에 속한 우리 존재 자체가 하나님의 영광을 반영하며 그 나라를 증거하게 하소서. 하나님이 함께하는 사람, 성령의 인도를 받는 사람의 모습을 드러내도록 우리를 성령으로 충만하게 하소서.

3. 이 땅의 교회들이 하나님 나라가 온전히 임하는 공동체가 되도록 회복시켜 주소서. 교회에서 하나님께 예배드리며 서로 교제하고 섬기는 일을 가장 복되고 존귀한 하나님 나라의 일로 여기며, 하나님 나라의 공동체를 세우는 일에 힘쓰게 하소서.

9. '이미'와 '아직' 사이에서 살기

시작은 미미했지만

이 장의 제목이 무슨 뜻인지 아시겠습니까? 좀 아리송하지만 감을 잡은 분도 있을 것입니다. 바로 '이미 임한 하나님 나라와 아직 완성되지 않은 하나님 나라 사이에서 살기'를 줄인 말입니다. 우리는 아직 주기도의 두 번째 간구인 "나라가 임하시고"에서 다음 간구 내용으로 넘어가지 못하고 있습니다. 이 간구는 사실상 주기도의 핵심이기 때문에, 네 장에 걸쳐 비중 있게 다루었습니다.

그리스도인은 이미 임했지만 아직은 완성되지 않은 하나님 나라에 살고 있습니다. 즉 하나님 나라는 '이미 그러나 아직'(already but not yet)의 형태로 우리 가운데 임한 나라인 것입니다. 교회에 하나님 나라가 임했습니다. 그러나 아직도 온전히 임하지는 않았습니다. 그래서 '이미'와 '아직' 사이에 존재하는 교회가 필연적으로 부르짖게 되는 기도가 바로 "하나님 나라가 임하시고"입니다. 주기도는 이미 임한 하나님 나라에 기초하고, 아직 완성되어 가는 중인 하나님 나라를 지향합니다. 바로 이 기도를 통해 이미 임한 하나님 나라가 교회와 세상 속에 확장됩니다.

'이미'와 '아직' 사이에 있는 하나님 나라의 특성은 계속 자라난다는 것입니다. 주님께서 이 사실을 겨자씨와 누룩의 비유를 통해 잘 설명해 주셨습니다. "또 비유를 들어 이르시되, '천국은 마치 사람이 자기 밭에 갖다 심은 겨자씨 한 알 같으니, 이는 모든 씨보다 작은 것이로되 자란 후에는 풀보다 커서 나무가 되매 공중의 새들이 와서 그 가지에 깃들이느니라.' 또 비유로 말씀하시되, '천국은 마치 여자가 가루 서 말 속에 갖다 넣어 전부 부풀게 한 누룩과 같으니라'"(마 13:31-33). 겨자씨는 눈에 잘 보이지 않을 정도로 작습니다. 그런데 그 겨자씨가 자라서, 나중에는 새들이 와서 가지에 깃들일 정도로 큰 나무가 된다고 했습니다. 이와 같이 천국은 처음에는 겨자씨나 누룩같이 눈에 띄지 않을 정도로 작고 미미하지만, 장차 큰 나무와 크게 부푼 반죽같이 거대한 형태로 자라납니다. 이것이 겨자씨 안에 잠재되어 있는 놀라운 생명력입니다.

나사렛의 한 청년이었던 예수와 몇몇 어부들이 함께 시작한 하나님 나라가 온 세상으로 크게 확산되었습니다. 유대인들은 그 운동의 주동 인물인 예수를 십자가에 못 박음으로써 그 싹을 잘랐다고 생각했는데, 오히려 그 죽음이 기폭제와 같은 역할을 했습니다. 세상 사람들의 눈에는 예수님의 죽음이 겨자씨처럼 하찮아 보였지만, 그것은 역사 속에 광대한 하나님 나라가 임해 수많은 열매를 맺게 한 죽음이었습니다. 그것은 바로 하나님 아들의 죽음이었기 때문에 수많은 이들에게 죄사함과 구원과 영생의 복을 안겨 주는 하나님 나라가 임하게 된 것입니다. 오순절에 임한 성령을 받은 제자들로 인해 복음이 땅끝까지 전파되고 동서남북으로부터 많은 사람들이 하나님 나라에 들어가게 되었습니다. 백여 년 전만 해도 영적 황무지였던 이 땅에도 선교사들에 의해 복음의 씨가 뿌려져 지금의 한국 교회로 크게 성장하고 부흥하게 되었습니다.

겨자씨에 담긴 폭발적인 생명력

복음은 하나님 나라의 씨와 같습니다. 이 복음의 씨가 좋은 마음 밭에 떨어지면 놀라운 생명의 역사가 일어납니다. 그 사람에게 새 창조의 역사가 일어나며 하나님 나라가 임하여 삼십 배, 육십 배, 백 배의 열매를 맺습니다. 믿음은 반드시 하나님 나라의 열매를 맺게 되어 있습니다. 십자가의 복음을 믿는 자에게 구원하고 새롭게 하는 십자가의 능력이 역사합니다. 주님은 "너희 믿음이 겨자씨만 해도 산이 들려 바다에 던져질 것"이라고 하셨습니다. 우리 믿음이 겨자씨처럼 작아도 그것으로 인해 태산보다 높이 쌓인 죄의 산이 번쩍 들려 바다에 던져지는 것입니다. 그 믿음이 우리 모두로 하여금 죄사함을 받게 합니다. 그 믿음이 우리를 결박하고 있는 무수히 많은 죄에서 우리를 자유롭게 합니다. "아들이 너희를 자유롭게 하면 너희가 참으로 자유로우리라"(요 8:36)고 하신 말씀을 기억합시다.

우리 믿음이 겨자씨처럼 미미해 보여도 그 믿음 안에 무한한 생명력이 잠재되어 있습니다. 그 믿음은 우리를 온전히 구원하고 자유롭게 하는 예수님과 연결되어 있기 때문입니다. 그 믿음이 바로 십자가의 능력이 역사하는 통로이기 때문입니다. 그 믿음을 통해 성령과 부활하신 주님이 임재하시고 역사하십니다. 그래서 주님은 "나를 믿는 자는 내가 하는 일을 저도 할 것이며, 나보다 더 큰 일도 하리라"고 말씀하셨습니다.

그러므로 교회에서 오랫동안 하나님 나라의 복음을 들어 왔으면서도 열매를 맺지 못하는 사람이 있다면 반드시 자신의 믿음을 점검해 보아야 합니다. 주님은 열매 맺지 못하는 백성은 하나님 나라를 빼앗긴다고 말씀하셨습니다. 참으로 우리 안에 하나님 나라가 임했다면 그 나라는 점점 자라나 풍성한 열매를 맺기 마련입니다. 반면, 내면에 하나님 나라가 임하지 않고 종교적 신앙만 가진 이는 점점 경직됩니다. 종교에는 생명이 없기 때문입니다. 그런 사람은 자신의 열매 맺지 못하는 믿음을 보며 안타깝게 부르짖어야 합니다. 하나님 나라가 임하기를 간절히 기도해야 합니다.

충돌하는 두 세력

'이미'와 '아직' 사이에 존재하는 하나님 나라는 이 세상과 교회와 개인 안에서 점점 자랍니다. 그런데 그와 함께 하나님 나라의 적대 세력도 함께 자란다는 사실을 기억해야 합니다. 주님은 알곡과 가라지 비유를 들려주시며 추수 때까지 둘이 함께 자라도록 하라고 말씀하십니다. 그리고 놀랍게도 둘 중 가라지가 훨씬 빨리 자랍니다. 우리는 사도행전에서 하나님 나라가 역동적으로 진행되자 거센 반발이 일어나는 모습을 봅니다. 성령으로 충만한 제자들에 대항해, 시기로 충만한 대제사장과 유대 관원들이 그들을 핍박합니다. "대제사장과 그와 함께 있는 사람 즉 사두개인의 당파가 다 마음에 시기가 가득하여 일어나서 사도들을 잡아다가 옥에 가두었[다]"(행 5:17-18).

성령으로 충만하여 죄를 지적하고 복음을 전하는 스데반을 향하여 유대인들은 이를 갈았고 결국 그를 돌로 쳐서 죽였습니다. 무서운 핍박이 시작되었습니다. 악한 세력이 교회에까지 침투해 들어와, 초대 교회의 중요한 인물이었던 아나니아와 삽비라를 미혹하여 교회를 뒤흔들었습니다. 사도행전에서는 하나님 나라가 능력으로 임하는 동시에, 그 나라를 필사적으로 대적하는 세력이 일어나 둘 사이에 치열한 영적 전쟁이 벌어집니다.

이처럼 하나님 나라의 복음을 전하는 사도들은 많은 핍박과 고난을 당했습니다. 천사가 감옥에 갇힌 베드로를 구해 낸 것같이 하나님이 기적적으로 제자들을 도와주기도 하셨습니다. 그러나 많은 경우 그들은 고난과 핍박을 고스란히 감수해야 했습니다. 사도행전 14:19을 보면, "유대인들이 안디옥과 이고니온에서 와서 무리를 충동하니 그들이 돌로 바울을 쳐서 죽은 줄로 알고 시외로 끌어 내[쳤다]"고 했습니다. 사람이 죽을 정도로 돌로 친다니 얼마나 잔인한 일인지 모르겠습니다. 바울은 자신이 당한 고난을 이렇게 말합니다.

> 그들이 그리스도의 일꾼이냐 정신 없는 말을 하거니와, 나는 더욱 그러하도다. 내가 수고를 넘치도록 하고 옥에 갇히기도 더 많이 하고 매도 수없이 맞고 여러 번 죽을 뻔하였으니, 유대인들에게 사십에서 하나 감한 매를 다섯 번 맞았으며 세 번 태장으로 맞고 한 번 돌로 맞고 세 번 파선하고 일 주야를 깊은 바다에서 지냈으며, 여러 번 여행하면서 강의 위험과 강도의 위험과 동족의 위험과 이방인의 위험과 시내의 위험과 광야의 위험과 바다의 위험과 거짓 형제 중의 위험을 당하고, 또 수고하며 애쓰고 여러 번 자지 못하고 주리며 목마르고 여러 번 굶고 춥고 헐벗었노라. (고후 11:23-27)

성령 충만은 고난 충만

바울의 삶과 선교는 고난의 여정이었습니다. 바울에게 성령 충만은 '고난 충만'과 같은 것이었습니다. 성령 충만은 고난을 뚫고 하나님 나라를 증진시키는 능력이었습니다.

'이미'와 '아직' 사이에 존재하는 하나님 나라의 특징은 고난입니다. 그래서 바울은 제자들에게 "우리가 하나님의 나라에 들어가려면 많은 환난을 겪어야 할 것이라"고 했습니다(행 14:22). 그에게는 고난을 받는 것이 하나님 나라에 합당한 자로 여김 받는 것이었습니다. "이는 하나님의 공의로운 심판의 표요 너희로 하여금 하나님의 나라에 합당한 자로 여김을 받게 하려 함이니, 그 나라를 위하여 너희가 또한 고난을 받느니라"(살후 1:5). 그래서 제자들은 핍박을 당하면서도 그 나라에 합당한 자로 여겨지고 있다는 것을 기뻐했습니다. 이 땅에 임한 하나님 나라는 고난의 부재가 아닙니다. 그 나라의 가장 두드러진 특징은 고난입니다. 하나님 나라의 권능은 고난과 약함 속에서 더 풍성하게 나타납니다.

이 땅에서 주님의 교회에 주어진 분깃은 사실상 영광이 아니라, 고난입니다. 주님의 고난에 동참하는 것입니다. 선생을 핍박한 세상이 그 제자들은 과연 환영하겠습니까? 악한 세상에서 예수의 제자로 살면 세상에서 어려움과 고난을 결코 피할 수 없습니다. 그래서 바울은 "무릇 그리스도 예수 안에서 경건하게 살고자 하는 자는 박해를 받으리라"(딤후 3:12)고 했습니다. 여전히 하나님 나라를 대적하는 불순종의 세력이 지배하고 있는 세상에서 하나님 나라 백성으로 산다는 것 자체가 고난입니다.

예수님의 고난으로 하나님 나라가 이 땅에 임하여 풍성한 열매가 맺히듯이, 교회의 고난으로 그 나라가 더 왕성하게 임합니다. 초기 교부 테르툴리아누스는 순교자의 피가 교회의 씨앗이라고 말했습니다. 한국 교회 역시 고난과 함께 시작된 교회입니다. 모진 고난과 핍박 속에서도 교회를 세우고 성장시킨 이들이 남긴 희생의 열매를 우리가 거두고 있는 것입니다. 제가 속한 교단은 신사 참배를 강요하며 무섭게 핍박하는 일본 제국주의에 죽을 각오로 항거한 순교자의 정신 위에 세워진 교단입니다. 그들의 고난과 희생이 없었다면 한국 교회는 우상에게 모두 무릎 꿇은 배교자 집단이 되었을 것입니다. 교회와 하나님 나라는 누군가의 희생과 고난을 통해 세워집니다. 신앙의 선진들의 희생과 수고의 혜택을 누리는 우리도, 다음 세대에 아름다운 신앙의 유산을 물려주기 위해서는 수고하고 희생해야 합니다.

오늘날 교회는 고난과 희생은 회피하고 영광만을 얻고 싶어 합니다. 이 땅에서 잘되고 성공하고 번영하기를 원합니다. 세상 사람들이 좇는 것을 교회도 똑같이 좇습니다. 심지어 그것을 신앙의 이름으로 얻어 내고 성령의 능력까지 동원해서 움켜쥐려고 합니다. 기독교 신앙이 세상 것을 얻기 위한 도구로 변질되었습니다. 교회가 세상 못지않게 탐욕스러워졌습니다. 돈 때문에 교회가 부패하고 목사와 교인들이 타락합니다.

많은 그리스도인들이 기복 신앙 혹은 번영 신앙에 빠져 있습니다. 예수 믿으면 세상에서 복 받는다는 말로 사람들을 교회로 끌어당기려고 하는데 그것은 복음의 진리가 아니라 거짓말입니다. 그런 감언이설로 사람들을 끌어당기려 해서는 안 됩니다. 그런 말을 듣고 복 받으려고 교회에 나가는 이들은 결코 바른 신앙을 갖기 어렵습니다.

간혹 그것을 계기로 바른 신앙을 갖게 되기도 하지만, 평생 기복 신앙에서 벗어나지 못하는 이들이 많습니다.

예수를 믿으면 오히려 고난받는다는 복음을 듣고도 믿는 이가 바로 성령의 감동으로 신앙을 가지게 된 사람입니다. 하나님 나라의 복음은 이 땅에서 복 받고 형통하며 번영하고 성공하는 삶을 약속하지 않습니다. 오히려 하나님 나라를 위해 세상 것을 잃어버리고 세상에서는 고난을 받게 된다고 강조합니다. 바른 신앙은 하나님이 이 땅에서 복 주시기보다 고난과 어려움을 주셔도 하나님을 신뢰하며 찬양하는 신앙입니다. 우리 신앙이 참된 것인지를 점검할 수 있는 곳은 바로 고난 속에서입니다.

이처럼 이미 임한 하나님 나라에는 결코 달갑지 않은 고난이 있지만, 영원한 천국에서도 누리지 못하는 특권이 있습니다. 고난과 상실과 슬픔 속에서도 하나님을 찬양하는 특권은 영원한 천국에서도 누리지 못하는 것이기 때문입니다. 오직 고난 속에서만 하나님을 가장 영화롭게 하는 신앙이 찬란히 빛나게 됩니다. 이것은, 무속적이고 기복적인 신앙에 젖어 상황이 조금만 어려워지고 하나님이 원하는 것을 들어주지 않으시면 하나님을 원망하고 믿음을 저버리는 사람들로서는 결코 이해할 수 없는 신앙입니다.

속사람이 건강해야 천국을 누린다

이 땅에서 우리의 겉 사람은 날로 후패해져 갑니다. 육신은 약해지고 세상 것도 우리에게서 떨어져 나갑니다. 연로하신 분들의 질병 치유를 위해 아무리 기도해도 응답되지 않을 수 있고, 우리는 그것에 그리 실망하지 않습니다. 이 땅에서 늙고 병들고 죽는 것을 어찌 막을 수 있겠습니까? 타락한 인생들에게 그것은 매우 자연스럽고 정상적인 것입니다. 육체의 질병은 아무리 기도해도 낫지 않을 수 있습니다.

교회는 육신의 질병이 아니라 마음의 병을 치유하는 곳입니다. 썩어 가는 겉 사람이 건강하기를 기도하기보다는 속사람이 날로 새로워지도록 기도해야 합니다. 하나님 나라의 능력은 속사람을 강건하게 하는 은혜입니다. 따라서 심각한 문제로 여겨야 할 것은 속사람이 병들어 있는 상태, 마음에 샬롬이 없는 상태입니다. 상황이 힘든 것보다, 마음이 아프고 병들어 있으니 삶이 말할 수 없이 힘들고 곤고한 것입니다. 마음에 상처가 많으니 험한 세상에서 상처를 쉽게 받는 것입니다. 별것 아닌 말 한마디에 상처를 받고 괴로워합니다. 속사람이 건강하지 못하니 세상의 고난을 뚫고 나갈 내면의 힘이 없습니다.

죄의 바이러스가 가득한 세상에서 살아남기 위해서는 우리 내면의 면역력을 강화해야 합니다. 전에 동료 교수가 혈액암에 걸려 골수이식을 한 후 한동안 좁디좁은 무균실에 갇혀 지내는 모습을 보아야 했습니다. 면역력이 바닥으로 떨어지면 무균실에 격리되어야 합니다. 하지만 교회는 우리가 죄에 오염되지 않도록 세상과 격리시키는 무균실이 아니라, 죄악의 병균이 가득 찬 세상 한복판에서도 죄에 감염되지 않도록 마음의 면역력을 길러 주는 곳입니다.

요즘 우리 사회를 지칭하는 말들 중에 '피로사회'라는 말이 있습니다. 끊임없이 성과를 만들어 내기를 요구하는 성과주의 문화가 사람들을 지치고 피곤하게 만듭니다. 이런 피로사회를 점점 더 살지게 하는 먹잇감이 무엇인지 아십니까? 바로 사람들 안에 있는 막연한 불안과 두려움, 그리고 그 이면에 놓인 성공에 대한 욕망입니다. 피로사회라는 괴물이 사람들의 불안과 욕망을 먹고 점점 비대해지고, 그렇게 팽창한 세력이 사람들을 사로잡아 피곤하게 만드는 것입니다. 피 튀기는 경쟁의 대열에서 조금이라도 뒤처지면 실패자의 낙인이 찍힐까 두려워 노심초사합니다. 그래서 잠을 줄이고 더 노력해서 남보다 유리한 고지를 점령하고자 합니다. 열심히 공부하고 노력하는 행위의 저변에는 불안이 깔려 있고, 불안에 쫓기며 공부하니 쉽게 지치고 피곤합니다. 더 열심히 할수록 더 불안해집니다.

이런 성과주의가 지배하는 피로사회에서 하나님의 사람들은 어떻게 살아야 할까요? 내면에 하나님 나라가 임해 있는 사람과 세상 나라에 속한 사람의 차이점이 무엇일까요? 바로 하나님의 샬롬입니다. 진정으로 하나님 나라에 속한 사람의 내면에는 평강의 왕이신 예수님이 거합니다. 평강의 영인 성령이 내주하십니다. 세상에 속한 자들의 삶의 특성은 불안입니다. 하나님 나라에 속한 자의 특성은 평강입니다. 숨 막히는 상황에서도 하나님의 평강이 마음과 생각을 주관하는 것이 바로 하나님 나라 백성에게 주어진 특권입니다. 그것이 세상을 이기는 원동력인 것입니다.

어느 날 베드로가 복음을 전하다가 붙잡혀 감옥에 갇혔습니다. 다음 날이면 잔인하게 고문받고 참혹하게 죽을지도 모르는 판인데 태평하게 자고 있었습니다. 간수들 틈에서 쇠사슬에 매여 잠을 자는데, 어찌나 곤히 잠들었는지 광채가 비치고 옥문이 열리고 천사가 나타났는데 잠에서 깨지 않습니다. 도리어 천사가 그를 쳐서 깨울 지경이었습니다. 그런 상황에서 어떻게 그렇게 곤히 잠을 잘 수 있을까요? 저 같으면 두려움 때문만이 아니라 교회에 대한 염려와 책임감 때문에도 잠을 이루지 못했을 것입니다. 출범한 지 얼마 되지도 않은 어린 교회가 지도자인 자신 없이 어떻게 될까 염려되지 않았겠습니까? 지도자들은 자신이 맡은 일의 책임감 때문에 밤잠을 이루지 못할 때가 있습니다. 많은 목사들이 불면증에 시달립니다. 하지만 베드로는 달랐습니다. 그에게서는 모든 것을 주님께 맡긴 사람의 평안한 모습을 볼 수 있습니다. 마치 시편 기자의 다음과 같은 고백처럼 말입니다. "여호와여, 내 마음이 교만하지 아니하고 내 눈이 오만하지 아니하오며 내가 큰일과 감당하지 못할 놀라운 일을 하려고 힘쓰지 아니하나이다. 실로 내가 내 영혼으로 고요하고 평온하게 하기를 젖 뗀 아이가 그의 어머니 품에 있음 같게 하였나니, 내 영혼이 젖 뗀 아이와 같도다"(시 131:1-2).

결코 미룰 수 없는 일

우리는 책임감과 큰 비전과 야심 때문에 마음의 쉼을 누리기가 어렵습니다. 그 모든 것을 내려놓고 주님을 의지하는 믿음만이 우리를 쉬게 합니다. 저는 미국에서 공부할 때 미국인들과 경쟁해서 좋은 평가를 받아야 했습니다. 신학과 철학은 주로 언어로 하는 학문인데 모국어가 아닌 영어로 수준급의 글을 써야 했으니, 그야말로 피를 말리는 시간들을 보냈습니다. 논문 제출일자가 촉박하면 마음이 불안하고 조급해 옵니다. 촌각을 다투는 상황이라 기도도 적당히 하고 논문 쓰는 일에만 매달립니다. 그런데 하루 종일 애써도 글이 잘 안 풀려 허탕을 치는 경우가 많았습니다. 많이 쓰긴 썼는데 내용이 마음에 들지 않아 결국 폐기처분을 하곤 했습니다. 그런데 오히려 다급해도 시간을 들여 깊이 기도하고 나면 이상하게 글이 잘 풀리는 것을 자주 경험했습니다. 이렇게 저는 하나님의 은혜로 미국에서 학위 공부를 잘 마칠 수 있었습니다.

무슨 일을 하든지 하나님의 임재 속에 들어가 하나님의 평강이 마음과 생각을 주관할 때까지 깊이 기도하는 것이 최대의 능률을 올리는 비결입니다. 우리 시대 청년들이 냉혹하고 살벌한 경쟁 사회에서 생존을 위해 몸부림치고 있다는 사실을 잘 압니다. 그러나 학업과 취업과 진로 문제가 아무리 절박할지라도 젊어서 하나님 나라의 백성으로 사는 훈련을 뒤로 미루어서는 안 됩니다. 이것이 가장 우선적이고 중요한 일입니다. 이생과 영생의 기초를 닦는 일입니다. 젊은 시절에 하나님 나라의 믿음으로 사는 삶을 학습하지 않은 채 기성세대가 되면 결국 자신도 세상 사람과 별로 다르지 않은 신자의 모습으로 변해 있는 모습을 발견할 수밖에 없을 것입니다.

그동안 수많은 그리스도인들이 자녀를 양육하고 가족을 부양하는 책임을 다하기 위해 성실하게 살아왔습니다. 그런 과정에서 삶의 터전을 닦고 많은 것을 이루고 소유하기도 했습니다. 그런데 소유는 부요해졌는지 몰라도 존재는 여전히 빈곤해 보입니다. 인격은 몹시 초라합니다. 많은 사람들이 삶에 쫓겨서 존재를 부요하게 하고 인격을 아름답게 가꾸는 일에는 힘쓰지 못한 것입니다. 하나님 나라의 사람들은 사는 것이 힘들고 먹고살기 바쁘다는 핑계 때문에 하나님 나라의 삶을 게을리해서는 안 되겠습니다. 생각해 보면, 세상에서 그리스도인으로 살기가 어렵지 않았던 때는 별로 없습니다. 오히려 지금은 무서운 핍박이 없으니 한결 나은 것 같다는 생각도 듭니다. 너무 힘들다는 생각에 침체되기보다 하나님의 은혜로 강해져야 합니다.

사탄의 새로운 전략

하나님 나라를 방해하는 어두움의 세력은 시대에 따라 우리를 공격하는 전략을 변경합니다. 오늘날 우리에게는 물리적 핍박이 없습니다. 그렇다고 초대 교회 시절에 극렬하게 교회를 대적한 사탄이 지금 낮잠을 자고 있을까요? 지금은 사탄이 더 교묘하고 은밀한 방법으로 교회를 쓰러뜨리고 있습니다. 세상 나라의 화려함과 번영으로 우리를 매혹시키려고 합니다. 역사 속에 세상의 핍박을 이긴 교회는 많아도 세속적 번영의 유혹을 극복한 교회는 없습니다. 세상에서 고난당할 때는 부흥하던 교회가, 이 땅에서 누리는 평안과 번영에 푹 빠져 몰락의 길을 걸었습니다. 서구 교회가 그랬고 한국 교회가 그 전철을 밟고 있습니다.

지금 이 세상에서는 사회, 경제, 교육 등 모든 제도가 자본주의 제국의 화려한 영광을 섬기는 시녀 역할을 하고 있습니다. 오늘날 사탄이 사람들을 지배하는 가장 효과적이고 강력한 무기가 바로 이런 제도와 문화, 세속적 가치관과 풍조입니다. 사람들이 정신없이 세상의 물결에 휩쓸려 갑니다. 누가 감히 그 거대한 물결을 거스를 엄두를 내겠습니까? 모든 사람이 세상의 길로 가는데 나만 이 길로 가는 것이 맞는지 갈등하게 되고 두려워집니다. 그렇게 세상 속에 살면서 매일 접하는 타락한 문화, 세상 나라의 번영과 영광을 쫓는 우상숭배적 문화에 의해 우리 안에 육신의 소욕이 자극됩니다. 세상에서 사람들의 욕망을 모방하면서 우리 욕망도 점점 더 커집니다. 탐욕스러운 세상이 우리 안에 탐욕을 불러일으킵니다. 불안한 세상이 우리 안에 불안을 고조시킵니다. 그렇게 해서 결국 세상의 길, 성령을 대적하는 육신의 소욕을 따르는 길을 가게 만듭니다.

　세상뿐 아니라 우리 안에도 하나님 나라와 그에 대한 적대 세력이 공존합니다. 우리 안에서 성령은 육체를 거스르고 육체의 소욕은 성령을 거스릅니다. 두 세력이 서로 대적하여 우리가 원하는 것을 하지 못하게 만듭니다. 우리 안에도 치열한 영적 싸움이 있습니다. 우리가 세상의 부패한 문화에 영향을 받아 육체의 소욕을 따라 살면 우리 안에 불신의 세력, 자아의 왕국이 가라지처럼 번성하여 하나님 나라가 자라지 못하도록 그 기운을 꽉 막아 버립니다. 그러면 하나님 나라의 열매를 도무지 맺지 못하고 육신의 열매만 무성해집니다.

우리를 흔드시는 하나님

바로 이렇게 흔들리는 우리를 돌이키시기 위해, 하나님은 고난을 동원하십니다. 성령은 우리의 견고한 자아의 왕국을 부수기 위해 고난과 어려움이라는 효과적인 도구를 사용하십니다. 자아의 왕국이 완고하면 하나님 나라가 임할 수 없습니다. 하나님 나라는 오직 자아의 왕국을 무너뜨리는 하나님의 은혜를 통해서만 임합니다. 어떤 신학자는, 하나님이 우리를 거룩하게 하시려고 우리를 뒤흔들고 앞길을 막고 깨닫게 하신다고 말합니다. 주님은 우리 옛 자아를 쇠하게 하는 성령의 바람과 그 후폭풍으로 자아중심적 삶을 뒤흔드십니다. 진동하지 않는 하나님 나라를 상속받도록, 진동하는 세상에 속한 것들에 애착하는 우리의 삶을 흔들고 거세게 요동치게 하십니다.

　환난을 통해, 내 것으로 여겼던 것이 마침내 다 떨어져 나갑니다. 그렇게 소중한 것들을 잃은 후에야 그것이 내 것이 아니었다는 것을 깨닫습니다. 하나님이 옛 자아의 욕망을 따라가는 길을 가시채로 막고 장벽을 쌓아 저지하십니다. 야망의 길을 좌절시키십니다. 고꾸라지게 하여 깨닫게 하시고, 돌이키게 하십니다. 고난을 통해 우리를 하나님 나라에 적합한 사람으로 빚어 가십니다. 고통스러운 징계는 하나님 나라의 귀한 축복인 것입니다. 그것은 오직 하나님의 자녀만이 누리는 특권입니다. 정신 차리지 못하고 사는데도 고난과 징계가 없다면, 자신이 버림받고 하나님 나라에서 제외된 자가 아닌지 심각하게 고민해 보아야 할 것입니다.

이미 임했지만 아직 완성되지 않은 하나님 나라에 사는 그리스도인의 삶은 미래지향적입니다. 우리 안에, 그리고 교회와 세상에 하나님 나라가 더 온전히 임하기를 기도하며 그것을 위해 수고하는 삶입니다. 우리 신앙이 과거에 묶여 성장과 발전이 없는 정체된 신앙이 되어서는 곤란합니다. 우리는 교회와 자신과 서로를 미래지향적으로 보아야 합니다. 교회에 임한 하나님 나라의 모습이 겨자씨처럼 미미해 보일지라도 그 안에 놀라운 생명력이 담겨 있기에, 그 나라가 거대하게 자라 많은 열매를 맺을 미래를 내다보는 것입니다. 비록 형제자매들의 믿음이 아직은 작고 미미해 보여도 우리 가운데 역사하시는 하나님 나라의 능력으로 많은 과실을 맺는 큰 나무로 성장할 미래를 내다보아야 합니다.

‖ 함께 드리는 기도 ‖

1. 이미 임했으나 아직은 완성되지 않은 하나님 나라에 사는 우리가, 그 나라가 더 온전히 임하기를 기도하게 하소서. 기도로 그 나라를 확장하는 사명을 수행하게 하시고, 우리 안에 임한 하나님 나라가 자라서 더 풍성

한 열매를 맺게 하소서.

2. 이 땅에서 하나님 나라의 백성으로서 받는 고난으로 인해 낙심하지 말게 하시고, 고난을 극복함으로 하나님 나라에 합당한 자로 인정받게 하소서. 고난 속에서도 하나님을 신뢰하고 찬양함으로써, 하나님을 가장 영화롭게 하는 특권을 헛되게 하지 않게 하소서.

3. 불안에 쫓기는 피로사회에서 우리가 하나님의 평강으로 마음에 쉼을 얻게 하소서. 우리 속사람을 강건하게 하셔서 세상에서 받는 고난을 능히 이기게 하소서.

4. 자아의 왕국을 흔들고 성령을 거스르는 육신의 길을 막으시는 하나님의 손길에 겸손하게 순응하여, 삶 속에 징계의 열매가 맺히게 하소서.

세 번째
간구

뜻이 하늘에서 이루어진 것같이
땅에서도 이루어지이다

10. 하늘과 땅의 입맞춤

일본의 식민 통치가 하나님의 뜻?

하나님의 뜻에 대한 오해와 혼란이 많습니다. 몇 년 전, 총리 후보로 지명된 문창극 씨의 '하나님의 뜻' 발언으로 큰 논란이 있었습니다. 장로인 그가 한 교회에서 강연하면서 일제의 식민 지배와 남북 분단과 한국 전쟁이, 게으른 우리 민족을 일깨우고 미군이 우리나라에 주둔하게 함으로써 공산주의를 막는 하나님의 뜻이라고 말한 것입니다. 그의 발언을 두고 세상 사람들은 격분하는 데 반해 많은 목사와 신자들은 그를 두둔했습니다. 한국 교회의 대표적인 목사들과 신학자들까지 나서서 문 장로의 발언이 신앙적이고 성경적이라고 옹호하여, 신문에 기사까지 나왔습니다. 그래서 기독교가 세상에서 더 몰매를 맞아야 했습니다.

'이게 아니다' 싶은 교인들이 저에게 문의를 해 왔습니다. 과연 그런 입장이 옳으냐는 것이었습니다. 그래서 부득불 저도 그 논쟁에 끼어들게 되었습니다. 저는 그의 말이 적절하지 않았다는 점을 지적했습니다. 문 장로가 아픈 우리 민족사에도 하나님의 선한 섭리가 함께 했다는 정도로 말했다면 별 문제가 되지 않았을 것입니다. 그러나 일본 제국주의의 악랄한 침략과 착취, 남북 분단과 한국 전쟁의 참사가 우리 민족을 연단하는 하나님의 뜻이라고 말하는 것은 지혜롭지 못했습니다. 그런 표현은 이 세상의 악과 불의에 대한 책임이 하나님께 있는 것으로 오해하게 만듭니다.

일제 식민 통치를 그런 식으로 이해한다면, 일본의 압제에 항거한 3·1운동과 독립운동에 참여한 애국 투사들과 신사 참배를 거부한 그리스도인들은 모두 하나님의 뜻을 거스른 반역자가 되고 맙니다. 일본의 군국주의 통치는 하나님의 뜻을 이루기 위해 동원된 도구이므로 어느 정도 합법성이 주어질 것입니다. 그러면 하나님이 게으르고 미개한 우리 민족을 일깨워 근대화하기 위해 필요악으로 일본의 지배를 허용하셨다는 논리가 성립하게 됩니다. 그리고 그런 역사의식은 일본이 자국의 침략과 착취를 정당화하려는 논리와 기가 막히게 들어맞습니다. 그래서 그때 일본이, 문 장로의 발언이 용기 있게 진실을 말한 것이라고 추켜세웠던 것입니다.

악과 불의는 결코 하나님의 선한 뜻이 될 수 없습니다. 불의는 하나님의 공의와 선하심을 거스르는 반역입니다. 하나님은 인간이 범한 악과 불의에도 불구하고 선한 결과가 나타나게 하실 수 있습니다. 바로 이것을 하나님의 주권적 섭리라고 합니다. 그런데 이 섭리는 숨겨져 있어서 우리가 결코 다 알 수 없습니다. 그런 신비를 자기 입맛대로 해석하고 끌어와서 자신의 어떤 신념과 관점을 강화하는 데 이용한다면, 그것은 하나님의 뜻을 심각하게 왜곡하는 행위입니다.

그런 식으로 하나님의 뜻 운운하는 경우가 참 많습니다. 세월호 참사에 대해서도 한 대형교회 목사가 이런 망발을 했습니다. "하나님이 공연히 이렇게 침몰시킨 게 아닙니다. 나라가 침몰하려고 하니,

하나님께서 대한민국 이대로 안 되니 이 어린 학생들, 이 꽃다운 애들을 침몰시키면서 국민들에게 기회를 주는 것입니다." 목사의 입에서 이런 말이 나왔다는 것에 사람들은 경악했습니다. 이렇듯 하나님의 뜻에 대한 잘못된 견해가 얼마나 하나님의 이름을 욕되게 하는지 모릅니다.

땅이 하늘이 되다

모든 것이 하나님의 뜻이라고 무책임하게 말하는 것은 운명론적 태도와 유사합니다. 거기에는 하나님의 뜻이 땅에서도 이루어지기를 바라는 간구가 들어갈 자리가 없습니다. 주기도는 오히려 하나님의 뜻을 거스르는 악과 불의가 가득한 이 땅이라는 어두운 배경 가운데 놓여 있습니다. 그런 불의한 세상에 대응하여 하나님의 뜻이 이루어지기를 기도하라는 것입니다.

주기도로 기도하는 사람은 아버지의 뜻이 하늘에서 이루어진 것처럼 이 땅에서도 이루어지기를 바랍니다. 여기서 하늘과 땅이 대비되는데, 하늘과 땅은 공간보다는 영적인 영역을 뜻합니다. 하늘은 하나님의 뜻이 온전히 이루어지는 영역인 반면에, 땅은 아직도 하나님의 뜻이 온전히 실현되지 않은 영역입니다. 이 세상은 하늘과 땅이 공존하는 곳인데, 신비하게도 하늘이 땅에 침투해 들어왔습니다. 하늘의 뜻이 이 땅에서도 이루어지고 있습니다. 하늘과 땅의 입맞춤이 시작되었습니다. 하늘의 뜻이 이 땅에 온전히 이루어질 때, 하늘과 땅이 하나가 되는 것입니다. 땅이 곧 하늘이 되는 것입니다. 이 세상에서 하늘이 땅에 침투하는 곳, 하늘과 땅의 입맞춤이 일어나는 곳이 어디겠습니까? 바로 주님의 몸 된 교회입니다. 하나님의 뜻이 밝히 드러나고, 그 뜻을 따라 살려고 힘쓰는 무리들이 이루는 공동체가 교회입니다.

교회는 영원 전부터 감추어져 있었으나 마침내 그리스도 안에서 계시된 하나님의 뜻을 온 세상에 선포하는 하나님의 전령입니다. 예수님이 이 땅에 하나님의 뜻을 이루기 위해 오셨습니다. 하나님을 알리고 그분의 영광을 드러내기 위해 오셨습니다. 겟세마네 동산에서, "할 수만 있다면 이 잔을 내게서 옮기소서. 그러나 내 뜻대로 마시고 아버지의 뜻대로 하소서"라는 처절한 고뇌와 절규를 통해 그 뜻을 성취하셨습니다. 하나님의 진노 아래 있는 세상에 하나님 나라가 임하고 많은 사람들이 그 안으로 들어와 영원한 생명과 복락을 누리며 하나님의 영광을 찬미케 하려는 하나님의 뜻을 마침내 이루셨습니다.

그러므로 하나님의 뜻이 이루어지기를 기도하는 것은 무엇을 행하기에 앞서 예수님이 행하신 것을 바라보게 하는 청원입니다. 예수님이 십자가와 부활로 성취하신 하나님의 구원의 뜻이 무엇인지 바로 인식하고 그 뜻이 이 땅에 이루어지기를 기도하는 것입니다. 그리고 2천 년 전에 예수님이 성취하신 하나님의 구원의 뜻을 오늘날 우리에게 알리고 구체적으로 실현하고 계시는 분은 바로 성령이십니다. 그러므로 이 기도는 그리스도 안에서 성취된 하나님의 뜻이 성령의 역사로 이 땅에 이루어지기를 바라는 간구입니다.

우리의 뜻에 따라 이루어지는 하나님의 뜻

하나님은 자신의 뜻을 우리의 뜻과 상관없이 일방적이고 강압적으로 이루시지 않습니다. 우리 뜻과 대립하고 충돌되는 방식으로 자신의 뜻을 관철하고 밀어붙이지 않으십니다. 그분은 오직 우리의 뜻과 아름다운 조화를 이루는 방식으로만 자기 뜻을 이루십니다. 하나님의 뜻이 이 땅에 실현되기 위해서는 우리 뜻과의 입맞춤이 필요합니다. 하나님은 자신의 아들을 통해 이 땅에 그 뜻을 이루십니다. 자신과 뜻이 하나가 된 아들 예수님을 통해 이 세상을 구원하고자 하는 뜻을 이루신 것처럼, 지금도 자녀 된 우리와 뜻을 같이해 이 땅에 하나님 나라가 임하게 하십니다.

예수님을 향한 하나님의 뜻은 아주 가혹했습니다. 그 뜻이란 바로 하나님 아버지로부터 진노의 잔을 받아 그분과의 관계가 끊어지는 것이었습니다. 주님은 말할 수 없는 고뇌 속에서 절규하면서도 끝내 그 뜻을 받들어 순종하셨습니다. 거기에 비하면 우리를 향한 하나님 아버지의 뜻은 얼마나 복되고 은혜롭습니까? 예수님이 십자가에서 죽기까지 아버지의 뜻에 순종하신 결과로 임하는 하나님 나라의 모든 은총과 선물을 받아 누리며 세상 사람들에게 나누어 주라는 아버지의 뜻을 따르는 것은 너무나 기쁜 일입니다.

하나님 아버지께서 자신의 뜻을 이 땅에 행하실 때는 먼저 그것을 자녀들에게 알려 주십니다. 그분은 자신의 뜻이 자녀들의 뜻이 되기를 원하시기 때문입니다. 기도 안에서 아버지의 뜻이 우리의 뜻이 되고 아버지의 소원이 우리의 소원이 되면 우리는 그 소원을 이루기 위한 인생을 살아가게 됩니다. 하나님을 모르는 사람들도 간절한 소원이 있으면 천지신명에게라도 빌듯이, 사람은 간절한 소원이 있어야 기도합니다. 모든 기도의 목적은 소원 성취입니다. 하지만 세상의 기도와 그리스도인의 기도가 근본적으로 다른 점이 있다면, 우리의 기도에 담기는 소원은 바로 하나님의 소원이라는 점입니다. 하나님의 소원인 동시에 우리의 소원이기도 하겠습니다. 하나님의 소원이 우리의 간절한 소원이 되면 기도가 자연스러워집니다.

아버지의 뜻이 성령을 통하여 우리에게 내려와 우리의 뜻이 됩니다. 우리의 간절한 소원이 된 아버지의 뜻이 성령을 통하여 다시 아버지께 올라갑니다. 그것이 바로 기도입니다. 그러면 아버지께서 그 기도에 응답하시고, 그리스도 안에서 성령을 통하여 이 땅에 그분의 뜻이 이루어지게 하십니다. 기도를 통해 아버지와 아들과 성령과 우리 사이에 신비한 순환이 이루어지는 것입니다.•

우리 하나님은 삼위일체 하나님이십니다. 교회 역사를 통해, 삼위 하나님이 서로 연합하여 교제하시는 모습을 표현해 온 유명한 단어가 있는데, 바로 '페리코레시스'라는 말입니다. 환원 혹은 상호 침투를 뜻하며 '통교'라고 번역되기도 합니다. 이 말은 세 사람이 원을 그리며 춤추는 모습을 연상시킵니다. 기도는 그 춤에 끼어들어 성부와 성자와 성령과 손잡고 신명나게 한판 춤을 추며 노는 것입니다. 너무도 놀라운 기도의 신비입니다.

이렇게 기도는 삼위 하나님과의 연합 및 교제인 동시에, 하나님과 함께 그 뜻을 이 땅에 이루어 가는 동역이기도 합니다. 사귐과 동역은 사실상 긴밀하게 연결되어 있습니다. 기도를 하나님과의 사귐으로만 생각하면 그분의 임재를 홀로 누리는 영적 이기주의에 빠질 수 있습니다. 반면에 기도를 하나님과의 동역으로만 여기면 기도가 고역스러운 의무가 되고 맙니다. 교회와 세상을 위한 봉사와 사역으로

• P. T. 포사이스, 『영혼의 기도』(*Soul of Prayer*, 복있는사람), pp. 42-43.

서의 기도는 매우 힘든 것이지만, 하나님과의 깊은 사귐에서 오는 영적 즐거움과 평강이 이 수고에 활력을 불어넣어 줍니다. 그래서 기도가 힘들지만 즐거운 행위가 될 수 있는 것입니다.

 기도에서 하나님을 누리는 것과 하나님과 함께 일하는 것은 항상 같이 이루어져야 합니다. 하나님은 우리 기도를 단순히 자신의 일을 위한 도구로 택하신 것이 아닙니다. 하나님은 무엇보다 우리와의 관계를 중요시하십니다. 먼저 우리와 하나 되기를 원하시고, 우리를 축복하기 원하십니다. 우리에게 부어 주시는 넘쳐흐르는 복으로 더 많은 이들을 축복해 주기를 원하십니다.

하나님과 함께 통치하는 법을 배우다

주기도의 첫 단어가 '아버지'임을 책의 앞부분에서 살펴보았습니다. 주기도의 모든 간구는 이 첫 단어와 연결되어 있습니다. 즉 모든 간구를 아버지께 드리는 것입니다. 아버지께 드리는 기도라는 것은 곧 자녀가 드리는 기도임을 뜻합니다.

 기도에서 중요한 것이 무엇입니까? 우리가 기도하는 대상이 누구인가, 그분이 나와 어떤 사이인가, 그분이 얼마나 우리 기도를 듣기 원하시는가, 우리 기도를 얼마나 중요하고 가치 있게 여기는가, 우리 기도에 어떤 권한을 부여하고 어떤 약속을 주셨는가 하는 것들입니다. 우리는 이런 것들을 생각하며 기도해야 합니다. 그리고 기도하는 우리 자신이 누구인지, 어떤 특권이 주어졌는지, 우리가 어떤 위치에서 어떤 자격을 가지고 기도하는지도 알아야 합니다. 사실 우리가 드리는 기도 자체는 정말 보잘것없습니다. 기도하다가도 잡생각에 빠져 졸다가 제대로 기도하지 못할 때가 얼마나 많습니까? 그렇게 하찮은 기도마저 귀하게 여겨야 하는 이유는, 우리가 하는 기도의 대상이 하나님 아버지이시기 때문입니다. 기도하는 우리가 그분의 존귀한 자녀이기 때문입니다.

우리는 이미 하나님의 자녀가 되었지만, 이 땅에서는 자녀 된 영광과 특권을 온전히 누리지 못합니다. 세상이 우리를 알아주지 않기 때문에 위축될 때가 많습니다. 그런 우리의 기를 살려 주는 것이 기도입니다. 우리는 기도 안에서 하나님 자녀의 권세를 누립니다.

기도는 하나님의 자녀 된 우리들이 하나님 아버지와 함께 세상을 통치하는 법을 배우는 것입니다.* 하나님이 우리를 그분과 함께 만유를 다스릴 상속자로 미리 훈련하시는 도구인 것입니다. 하나님은 자신의 뜻을 이 땅에 이루시기 위해 자녀인 우리들의 기도에 의존하십니다. 우리의 기도에 따라 하늘의 뜻이 이 땅에 이루어지기도 하고 그렇지 못하기도 합니다. 주님은 제자들에게 이렇게 말씀하셨습니다. "진실로 너희에게 이르노니, 무엇이든지 너희가 땅에서 매면 하늘에서도 매일 것이요 무엇이든지 땅에서 풀면 하늘에서도 풀리리라"(마 18:18). 하늘에서 매면 땅에서도 매이고 하늘에서 풀면 땅에서도 풀린다고 해야 할 것 같은데, 주님은 그 반대로 말씀하셨습니다. 그것은 곧 하늘의 뜻이 이 땅에서 매이고 풀리는 것이 우리 기도에 달렸다는 놀라운 말씀입니다.

• 달라스 윌라드, 『하나님의 모략』(Divine Conspiracy, 복있는사람), pp. 338-339.

열려 있는 하나님의 뜻

어떤 사람은 우리가 기도하든 안 하든 결국 하나님의 뜻대로 될 것 아니냐고 반문합니다. 하지만 그것은 성경적 사고가 아닙니다. 하나님의 뜻은 그런 식으로 결정되지 않습니다. 마치 미래에 이루어질 하나님의 뜻이 우리의 기도에 따라 결정되는 것처럼 그 뜻은 열려 있습니다. 우리 기도가 하늘과 땅의 모든 영역에 영향을 미칩니다.

우리 기도는 현재뿐 아니라 미래에까지 영향을 미칩니다. 미래는 우리가 주관할 수 없는 영역이고, 그래서 우리는 불확실한 미래에 대해 늘 불안해합니다. 혹 미래가 염려되고 불안하다면 기도하시기 바랍니다. 우리의 기도는 미래까지 바꾸는 기도입니다. 미래를 주관하시는 하나님이 우리 기도에 응답하여 미래를 바꾸십니다. 기도를 하지 않으면 도저히 이루어질 수 없는 미래가 우리에게 다가오게 하십니다. 기도하느냐 안 하느냐에 따라 여러분의 미래는 완전히 달라질 것입니다. 기도한다고 뭐 달라지겠나 생각하는 사람은 정말 달라지지 않습니다. 기도를 해야 미래의 모습이 바뀝니다. 오랫동안 변하지 않는 우리의 모습은 기도하지 않은 결과입니다.

우리의 기도가 우리 자녀의 미래를 바꿉니다. 부모의 기도가 아니면 결코 이루어질 수 없는 모습으로 우리의 자녀가 변해 갈 것입니다. 지금의 제 모습도 제 어머니의 기도의 결과입니다. 저는 스물세 살까지 신앙 없이 살았고, 먼저 신앙생활을 시작하신 어머니가 교회에 가자고 하면 마구 화를 냈습니다. 어려서부터 술 마시고 싸움질이나 하고 입에는 항상 욕설을 달고 살았습니다. 그런 저를 위해 어머니가 항상 새벽에 일어나 기도하신 것을 저는 기억하고 있습니다. 그렇게 욕을 섞지 않으면 제대로 말을 할 수 없었던 인간이 복음을 전하는 목사와 신학교 교수가 되었습니다. 어머니의 기도가 없었다면 지금의 제 모습도 없었을 것입니다. 자녀들을 위한 기도가 금방 응답되지 않을 수 있지만, 기도하는 부모를 둔 자녀는 망하지 않으니 낙심하지 마십시오.

교회의 기도가 교회의 미래를 결정합니다. 한 교회가 미래에 얼마나 건강하고 아름다운 교회가 될지는 교인들의 기도에 달려 있습니다. 그래서 저도 우리 교인들에게 함께 기도하자고 늘 독려하고 있습니다. 저는 제가 속한 교회가 쓰러져 가는 한국 교회에 부흥의 불씨를 지피는 교회가 되기를 간절히 소망합니다. 우리의 기도가 이 세상을 바꾸고 역사의 경로를 바꾸는 중요한 역할을 합니다.

하나님은 결코 혼자서가 아니라 우리와 합력하여 우리의 장래와 세상의 미래를 결정하십니다. 하나님은 세상에서 이루어지는 일들 중 특별히 어떤 것들은 우리가 기도하지 않으면 변화되지 않도록 열린 상태로 남겨 두셨습니다. 그러므로 우리가 기도하지 않는다면 그 일들은 영원히 그대로 남아 있을 것입니다. 그런데 그 일이란 이 세상에서 가장 중요한 일, 바로 하나님 나라가 임하고 많은 사람들이 구원받고 세상이 새롭게 되는 일입니다. 우리가 기도하지 않으면 이렇듯 가장 중요한 일이 세상 속에서 일어나지 않을 것입니다. 한국 교회가 쇠락하고 있는 것은 무엇보다 교회가 기도하지 않기 때문입니다. 우리가 기도의 사람이 되어 기도의 유산을 젊은 세대에 전수하지 않으면, 한국 교회는 결국 망하고 말 것입니다. 교회는 최우선적으로 기도하는 집이 되어야 하며, 우리는 기도하는 사람이 되어야 합니다.

우리를 향한 아버지의 뜻은 무엇인가

아버지의 뜻이 이 땅에 이루어지기를 바라는 간구와 하나님 나라를 구하는 간구는 같은 것입니다. 아버지의 뜻이 실현되는 곳이 바로 하나님 나라이기 때문입니다. 아버지의 뜻은 복음에 분명히 계시되었습니다. 세상을 향한 아버지의 뜻은, 죄로 오염되고 파괴된 세상 만물을 회복하고 새롭게 하여 하나님의 임재와 영광과 권능으로 충만하게 하는 것입니다. 교회를 향한 아버지의 뜻은, 교회가 하나님 나라의 공동체가 되어 세상에 샬롬을 강처럼 흘려보내며 하나님의 영광을 드러내는 새로운 성전의 역할을 하는 것입니다. 그렇다면 우리 각자를 향한 아버지의 뜻은 무엇일까요? 바로 아버지와의 사귐이 깊어지고 풍성해지며, 그리스도의 아름다운 형상을 닮아 가고 성령으로 충만하여 생명수를 흘려보내는 복의 통로가 되는 것입니다.

어떤 사람은 성경에 분명히 알려진 아버지의 뜻에는 별 관심도 없이 살면서 쓸데없는 일에 대해 하나님의 뜻이 무엇인지를 캐내려고 합니다. '하나님이 왜 모기를 만드셨나요?' 알 수 없습니다. '어떤 사람과 결혼하는 것이 하나님의 뜻일까요?' 모릅니다. 믿지 않는 자와 멍에를 같이 메지 말라고 하셨으니, 그 말씀의 테두리를 벗어나지 않는 한도 내에서는 누구와 결혼해도 자신의 선택이 하나님의 뜻이 될 수 있습니다.* 그러므로 '내가 저 인간과 결혼하는 것이 하나님의 뜻이 아닌데 잘못 선택해서 이렇게 행복하지 않은가 보다' 하는 식으

---

* 하나님의 뜻에 대한 탁월한 논의는, 제럴드 싯처의 『하나님의 뜻』(*The Will of God as a Way of Life*, 성서유니온선교회), pp. 40-41를 참고하라.

로 생각해서는 곤란합니다. 하나님의 분명한 뜻은 오히려 마음에 안 드는 배우자를 사랑함으로 행복한 결혼 생활을 일구어 가고자 힘쓰는 것입니다.

왜 나에게 이러저러한 어려움과 고난이 닥치는지, 그에 대한 하나님의 숨은 뜻을 현재로서는 알 수 없습니다. 그러나 "하나님의 숨은 뜻을 모른다는 것을 빙자하여 하나님의 계시된 뜻을 저버리지 말아야" 합니다.• 우리에게 닥친 고난과 상실과 슬픔에 담긴 하나님의 뜻을 알 수 없어 답답하지만, 그 가운데서도 분명히 말씀해 주시는 주님의 뜻을 겸손히 따라야 합니다.

고난 속에서도 하나님의 선하심을 신뢰하는 것이 하나님의 뜻입니다. 성경은 고난이 인내와 연단과 소망을 이룬다고 말하고 있으며, 고난 중에도 즐거워하는 것이 바로 하나님의 뜻입니다. 그리고 이런 말씀을 신뢰하고 묵묵히 따르면 행복한 결말을 보게 될 것입니다. 언젠가 주님 앞에 설 때 '주님, 그때 왜 그런 어려움을 주셨어요? 그런 고난이 없었다면 더 좋았을 텐데요'라고 말할 사람은 아무도 없을 것입니다. 오히려 '저에게 그 고통과 시련을 겪게 하셔서 감사합니다. 그렇게 하신 주님을 찬양합니다'라고 모두 고백하게 될 것입니다. 오스왈드 챔버스(Oswald Chambers)가 말했듯이, 우리를 향한 하나님의 분명한 뜻은 어떤 상황에 있든지 "지금 하나님과 그분의 능력을 의지하는 것"입니다.▲

• 같은 책, p. 179.
▲ 같은 책, p. 340.

‖ 함께 드리는 기도 ‖

1. 예수님의 죽음과 부활로 성취된 하나님의 뜻이 성령의 역사하심으로 이 땅에 온전히 이루지게 하소서. 아버지의 뜻이 우리의 뜻이 되게 하시고 그 뜻을 이루는 것이 우리의 간절한 소원이 되게 하소서.

2. 기도로 세상을 통치하는 하나님 자녀의 특권을 누리게 하셔서 감사합니다. 죄와 사탄의 세력을 제압하는 하늘의 권능을 기도를 통해 이 땅에 풀어놓게 하시고, 그리하여 많은 사람을 어두움의 속박에서 해방하여 하나님 나라로 들어가게 하는 교회가 되게 하소서.

3. 우리의 기도로 우리 자신과 자녀들의 미래가 복되고 아름답게 변하도록 하소서. 교회의 미래가 영광스럽게 바뀌고 세상과 역사의 흐름이 변하게 하소서.

4. 지금은 그 뜻을 알 수 없는 고난과 시련 속에서도 분명한 주님의 뜻을 따라 살 수 있는 믿음을 허락하소서. 고난 속에서도 주님의 선하심을 신뢰하며, 마지막 날 주님 앞에 서서 찬양하게 될 미래의 축복을 믿음으로 앞서 감사하게 하소서.

네 번째
간구

･････

오늘 우리에게 일용할 양식을 주시고

11. 하나님 나라, 밥심으로 산다 (1)

우리가 하지 않는 기도들

지금까지 주기도의 전반부를 이루는 세 개의 '당신 청원'을 살펴보았고, 이 장부터는 주기도의 후반부인 세 개의 '우리 청원'을 다루도록 하겠습니다. 우리에 대한 첫 번째 간구는 일용할 양식을 달라는 요청입니다. 앞의 세 간구와는 무한한 질적 차이를 느끼게 하는 기도인 것 같습니다. 아버지의 이름이 거룩히 여김을 받으시고 그 나라가 임하며 그 뜻이 이루어지기를 바란다는 기도는 얼마나 숭고하고 장엄합니까? 그러면 이어지는 기도도 그에 걸맞게 좀 거창해야 하지 않을까요? 우리를 성령으로 충만하게 하셔서 하나님을 영화롭게 하는 이들이 되게 해 달라는 기도 정도는 되어야 하지 않겠습니까? 그런데 돌연 기도의 격이 확 떨어지는 것 같습니다. 천상의 영광을 향해 올라가던 기도가 땅바닥으로 곤두박질쳐 진흙탕에 처박힌 것 같습니다.

우리 기도가 아무리 수준이 낮아도 이보다는 낫겠다는 생각이 들지도 모르겠습니다. 우리 가운데 매일 끼니를 위해 기도하는 사람이 있습니까? 오늘날 많은 사람들이 그런 필요조차 느끼지 못할 정도로 풍족한 양식을 누리며 삽니다. 오히려 어떻게 하면 덜 먹을까 고민합니다. 아주 맛있으면서도 건강에 좋고 아무리 먹어도 살찌지 않는 음식이 있으면 좋겠습니다. 이런 특별한 음식을 구하라는 말씀이라면 그래도 이해가 갑니다. 그러나 주님은 현대인들이 그다지 필요성을 느끼지 못하는 이 기도를 제일 먼저 제시하셨습니다.

앞의 세 간구는 너무 수준이 높아 우리의 관심이 미치지 못하고, 그래서 잘 기도하지 않습니다. 반대로 일용할 양식을 구하는 것은 너무 하찮아 보여서 기도하지 않습니다. 주기도는 우리가 평소에 기도하지 않는 것만 골라서 기도하라고 하는 것 같습니다. 그런 면에서 주기도는 우리가 하는 기도에 뭔가 심각한 문제가 있다는 사실을 역설적으로 일깨워 줍니다. 주기도는 기도의 회심을 요구하는 강력한 도전장입니다.

밥을 구하는 것이 주기도의 중심

그렇다면 대체 어떤 의미와 중요성이 담겨 있기에 이 기도가 '우리 청원'의 맨 앞에 제시되었을까요? 어떤 신학자는 이 간구를 "주기도의 중심"이라고 표현할 정도로 이 기도가 지니는 중요한 의미를 지적합니다.* 전반의 세 간구와 후반의 세 간구 사이에 위치하여, 미래에 완성될 하나님 나라를 추구하는 일로부터 현재에 임한 하나님 나라를 살기 위해 필요한 것들로 인도하는 통로라는 것입니다. 앞에서는

---

* Ernst Lohmeyer, *Our Father: An Introduction to the Lord's Prayer* (New York: Harper & Row, 1965), p. 159.

하늘의 것을 구했다면 여기서부터는 이 땅의 것, 일용할 양식을 구합니다. 가장 천상적인 것과 가장 지상적인 것이 여기서 만납니다. 하늘과 땅이 입을 맞춥니다. 바로 앞의 간구인 "아버지의 뜻이 하늘에서 이루어진 것같이 땅에서도 이루어지이다"와 잘 연결됩니다.

하나님 나라와 아버지의 뜻은, 이 땅의 현실과 거리가 먼 뜬구름 잡는 이야기가 아니라 이 땅의 가장 절박한 현실적 문제와 긴밀히 연결됩니다. 하나님 나라는 먼저 우리의 밥 문제와 깊은 연관이 있습니다. 이 땅에서 하나님 나라를 구현하는 우리의 삶은 밥을 중심으로 얽혀 있습니다. 밥심으로 산다는 말이 있듯이, 그리스도인들도 밥심으로 이 땅에서 하나님 나라와 아버지의 뜻을 이루며 삽니다. 그런 의미에서 하나님 나라는 하나님의 능력으로 이 땅에 임하는 동시에 밥심으로 임합니다.

우리에게 일용할 양식은 단순히 생존만이 아니라 하나님 나라를 위한 삶과 사역에 가장 요긴한 것이라 할 수 있습니다. 주기도의 두 기둥은 하나님 나라와 밥 문제입니다. 이 둘은 항상 충돌하는 맞수이면서도 단짝입니다. 우리는 항상 밥 문제에 발목이 잡혀 하나님 나라를 추구하지 못하게 됩니다. 그런데 하늘 아버지가 이 생계의 염려를 덜어 주심으로 하나님 나라와 그 의를 먼저 구하게 하신다는 것이 바로 주기도의 핵심인 것입니다.

주님은 주기도의 전반부에서 하나님의 이름과 나라와 뜻을 위한 삶으로 우리를 부르셨습니다. 그리고 이어서, 우리가 그렇게 하나님의 나라에 관심을 기울이고 살면 하나님도 이 땅에 사는 우리의 필요와 염려에 관심을 가지고 돌봐 주겠다고 약속하시는 것입니다. 우리가 하나님 나라에 우선적 관심을 두면 하나님도 이 땅에서의 최우선적 관심과 염려를 해결해 주시겠다는 뜻입니다. 이 기도는 바로 그러한 약속에 근거한 명령형 간구라 할 수 있습니다. 주님은 "우리에게 달라"(Give us)는 명령형의 기도를 제자들에게 알려 주셨습니다.

우리가 하나님이 요구하신 대로 하나님 나라를 먼저 구한다면, 우리도 담대하게 하나님이 약속하신 것을 행하시도록 요구할 수 있습니다. 이것이 하나님의 자녀 된 이들이 아버지께 갖는 담대함입니다. 자식이 아버지에게 용돈을 달라고 하는 장면을 상상해 봅시다. 아버지가 '이놈아, 나에게 돈 맡겨 놨냐'고 묻자 아이가 '아버지는 내 아버지 아닌가요?'라고 반문합니다. 그때 아버지의 마음은 어떨까요? 아버지는 당돌한 아이를 보고 속으로는 흐뭇해할 것입니다. 자식이 그렇게 자신을 신뢰하는 것이 좋은 것입니다. 하나님 아버지의 마음도 그렇습니다.

꼼수가 통하지 않는 하나님

우리에게 일용할 양식을 달라는 간구는 이어지는 말씀의 맥락에서 이해해야 합니다.

> 또 너희가 어찌 의복을 위하여 염려하느냐? 들의 백합화가 어떻게 자라는가 생각하여 보라. 수고도 아니하고 길쌈도 아니하느니라. 그러나 내가 너희에게 말하노니 솔로몬의 모든 영광으로도 입은 것이 이 꽃 하나만 같지 못하였느니라. 오늘 있다가 내일 아궁이에 던져지는 들풀도 하나님이 이렇게 입히시거든 하물며 너희일까 보냐? 믿음이 작은 자들아, 그러므로 염려하여 이르기를 무엇을 먹을까 무엇을 마실까 무엇을

입을까 하지 말라. 이는 다 이방인들이 구하는 것이라. 너희 하늘 아버지께서 이 모든 것이 너희에게 있어야 할 줄을 아시느니라. 그런즉 너희는 먼저 그의 나라와 그의 의를 구하라. 그리하면 이 모든 것을 너희에게 더하시리라. (마 6:28-33)

하나님이 금방 있다 사라지는 들의 백합화도 아름답게 입히시는데, 하물며 자신의 자녀들은 얼마나 더 섬세하게 돌봐 주시겠느냐는 말씀입니다.

결국 "먼저 하나님 나라와 그 의를 구하면 그 모든 것을 더하신다"(33절)는 말씀이 주기도의 요약입니다. '그 모든 것'이란 우리가 염려하는 먹을 것과 마실 것, 곧 일용할 양식을 말합니다. 주기도를 가능하게 하는 것이 무엇입니까? 하나님 나라와 그 의를 먼저 구하는 사람은 어떤 사람입니까? 바로 하나님 아버지가 우리에게 있어야 할 모든 것을 아시고 더하신다는 것을 신뢰하는 사람입니다. 아버지를 신뢰하는 사람만이 주기도를 진정으로 드릴 수 있습니다.

어떤 그리스도인은 하나님이 이 모든 것을 더하신다는 말씀은 참 좋아합니다. 그런데 하나님 나라와 의를 구하는 것은 그렇게 좋아하지 않습니다. 주기도를 드릴 때 하나님의 이름과 나라와 뜻에 대한 기도를 "후다닥 해치우고픈 유혹"에서 헤어나지 못합니다. "탐욕이 은혜의 길을 막고" 있는 것입니다.* 그런 사람들은 하나님 나라보다 '그 모든 것'에 마음이 있습니다. 그들이 하나님 나라와 의를 먼저 구하는 것은, 그래야 그 모든 것을 얻을 수 있기 때문입니다. 입술로는 하나

• 톰 라이트, 『주기도와 하나님 나라』(*The Lord and His Prayer*, IVP), p. 53.

님 나라를 먼저 구해도 마음은 '그 모든 것'을 더 원하는 것입니다.

하지만 하나님은 우리 입술의 말보다 마음에서 나오는 갈망의 소리를 듣는 분이십니다. 어떤 사람이 1년에 1억씩 십일조를 내기 원하는 마음으로 경제적 성공을 위해 기도한다고 합시다. 그의 진정한 마음은 무엇을 향해 있는 것일까요? 헌금을 많이 해서 교회와 하나님 나라에 기여하고 싶은 마음도 있을 것입니다. 그러나 그보다는 1억을 십일조로 내고 자신에게 돌아올 9억에 더 마음이 가 있기가 쉽습니다. 하나님께 이런 꼼수는 통하지 않습니다. 10억을 벌면 생활비만 빼고 나머지를 모두 주의 일을 위해 드리겠다고 하면 혹시 그 소원을 들어주실지도 모르겠지만 말입니다.

우리를 주관하는 생계의 염려

주기도를 바로 이해하려면 인간에 대한 이해가 선행되어야 합니다. 주님은 어떤 탁월한 심리학자보다 인간의 심리와 욕망을 잘 아셨습니다. 주님은 인간의 가장 우선적 염려와 관심사가 생계유지에 있다고 보셨습니다. 그래서 하나님을 모르는 이방인들은 주로 무엇을 먹고 마시고 입어야 할까를 염려하며 산다고 하셨습니다. 인간을 주관하는 것은 바로 이와 같은 생존에 대한 염려입니다. 우리가 하는 모든 일의 저변에 이 염려가 깔려 있습니다. 우리가 열심히 일해서 돈을 모으려는 것도 욕심 못지않게 강력한 염려 때문입니다. 그렇게 하지 않으면 미래가 불안하기 때문입니다. 염려는 타락한 인생의 특성입니다. 인간은 범죄를 저지른 후 하나님 나라에서 쫓겨났고, 저주받은 땅, 가시덤불과 엉겅퀴를 내는 땅에서 죽을 때까지 수고하고 땀을 흘려야 겨우 먹고살 수 있는 신세가 되었습니다. 이 땅의 한정된 자원을 놓고 서로 피가 터지게 싸우며 서로 조금이라도 더 움켜쥐려는 생존 경쟁에서 항상 불안과 염려에 쫓기는 신세가 된 것입니다.

『불안』(*Status Anxiety*)이라는 유명한 책을 쓴 알랭 드 보통(Alain de Botton)은, 불안이 욕망의 시녀라고 말합니다.* 사람들은 자신이 이 사회가 정해 놓은 성공의 기준에 이르지 못함으로써 인정받지 못할까 봐 늘 불안에 쫓기고, 그 불안이 더 많은 성과를 올려 사람들에게 인정과 사랑을 받고 싶은 욕망을 부추긴다는 것입니다. 알랭 드 보통은 결국 사랑 결핍을 불안의 원인으로 보았습니다. 뛰어난 분석입니다. 그러나 사랑받고 인정받지 못하게 되는 것에 대한 불안보다 더 근원적인 인간의 불안은 생계에 대한 염려입니다.

이 점에서 공산주의 유물론을 주창한 칼 마르크스의 분석이 현실적이라고 볼 수 있습니다. 그는 인간 안에 있는 원초적 욕망이 배고픔을 면해 보려는 욕구라고 보았습니다. 가진 자와 힘 있는 자의 착취와 횡포가 난무하는 세상에서 생존이 보장되는 경제적 환경을 원하는 것이 인간의 기본 욕구라는 것입니다. 그래서 인간을 주관하는 것은 고상한 정신적·영적 대의가 아니라 물질과 경제라고 보았습니다. 자본주의 가치관도 마르크스의 유물론과 맥을 같이합니다. 자본주의 사회에서는 사실상 경제가 모든 것을 주관합니다. 모든 것이 경제로 통하고, 정치, 사회, 문화, 교육 등 전반적 체제가 경제와 유착되어 있습니다. 이런 사회는 물질에 대한 욕망을 끊임없이 부추깁니다.

결국 이런 세상을 살아가는 그리스도인들이 하나님 나라를 구하

- 알랭 드 보통, 『불안』(은행나무).

는 데 가장 큰 방해가 되는 것이 물질에 대한 욕망이고, 그 욕망의 저변에는 생계에 대한 불안과 염려가 깔려 있습니다. 이런 불안과 염려에서 자유로워지지 않는 한 하나님 나라를 먼저 구하는 것은 불가능합니다. 그래서 하늘 아버지께서 우리에게 있어야 할 것을 다 아시고 그 모든 것을 더하실 것이라고 약속하신 것입니다.

이 간구는 하나님이 우리 아버지 되신다는 사실과 긴밀하게 연결됩니다. 우리가 하나님 나라와 그 의를 먼저 구하지 못하는 이유는 생계에 대한 불안에서 자유롭지 못하기 때문입니다. 그리고 그렇게 되는 원인은 하나님 아버지가 공급해 주신다는 것을 신뢰하지 못하는 불신앙입니다. 이 땅에서도 하나님이 매일 우리를 먹이시는 아버지 역할을 해 주신다는 것을 신뢰하는 사람만이 생계의 염려에서 자유로워지고 하나님 나라와 의를 먼저 구하게 됩니다. 아버지의 약속을 굳게 믿고 이 간구를 드릴 때만 비로소 앞의 세 간구도 진실하게 드릴 수 있는 것입니다. 그런 면에서 주기도를 올바르게 드리는 것은 이 간구를 믿음으로 드리는 것에 달려 있습니다. 그래서 이 간구를 주기도의 중심이라고 여기는 것입니다. 일용할 양식을 간구하는 것이 매일의 삶에서 구체적으로 하나님을 아버지로 신뢰하는지를 점검하는 시금석입니다.

밥 속에 침투한 하나님 나라

사람들은 신앙이 밥 먹여 주냐고 말하곤 합니다. 신앙이 생계 문제에는 별 도움이 안 된다고 생각합니다. 하나님이 우리에게 천국과 영생과 신령한 은혜를 주시는 분인지는 몰라도, 생계까지 보장해 주지는 못할 것이라 생각합니다. 그런 현실적인 문제는 전적으로 인간에게 맡겨진 일이며, 가족의 생계는 내가 얼마나 열심히 일하느냐에 달려 있다고 생각하는 것입니다. 심지어 그리스도인들도 밥 벌어먹고 사는 데 전전긍긍하느라 하나님 나라를 먼저 구하는 삶을 살지 못합니다. 그래서 우리는 늘 영적인 면에서는 하나님 나라를 구하는 것 같지만 밥 문제에 있어서는 하나님 나라와 거리가 먼 삶을 삽니다. 하나님 나라의 백성이 그 나라에서 쫓겨난 아담처럼 살아갑니다. 굳게 닫힌 하늘 아래 저주받은 땅, 가시와 엉겅퀴를 내는 땅에서 죽도록 땀 흘리고 일하면서 먹고삽니다.

한국의 중년 사망률이 세계에서 가장 높다고 합니다. 죽도록 일만 하다가 죽습니다. 하나님을 의지하기보다는 자신이 열심히 일해서 수고한 열매로 자신과 가족의 미래를 스스로 보장하려고 합니다. 미래의 안전을 하나님보다 일에 더 의존하는 것입니다. 자기 일과 그 열매를 우상화합니다. 하지만 하나님 나라의 백성이 된 그리스도인들은 어떤 존재들입니까? 전에는 고아처럼 자신을 돌봐 줄 아버지가 없는 세상에서 스스로 수고한 열매로 생계를 보장하는 삶에 매달렸다면, 이제는 매일 자신을 먹여 주시는 아버지의 집에서 살아가게 된 자녀들인 것입니다.

하나님 나라는 우리의 물질적 현실과 동떨어진 영적 세계가 아닙니다. 그 나라는 우리의 밥 속까지 깊숙이 침투해 들어옵니다. 우리가 먹는 밥이야말로 하나님 나라에서 주어지는 가장 우선적인 선물입니다. 그것은 우리의 기본 욕구를 채우고 생계의 불안과 염려에서 자유롭게 해 줍니다.

생각해 봅시다. 우리가 다니는 직장은 우리에게 일을 시키는 대가로 밥을 먹여 줍니다. 그런데 하물며 우리를 불러 하나님 나라를 위해 일하게 하신 하나님이 우리를 먹여 주시지 않겠습니까? 하나님 나라가 얼마나 큰 기업인지 알고 계십니까? 그것은 이 땅과 하늘의 모든 자원을 소유한 기업입니다. 그 나라에 채용된 사람은 이 땅에서 매일 일용할 양식을 공급받습니다. 일용할 양식은 하나님 나라의 선물입니다. 하나님이 광야에서 하늘 문을 열고 이스라엘 백성에게 만나와 메추라기를 내려 주신 것처럼, 지금도 하늘 문을 열고 우리에게 매일 일용할 양식을 주십니다. 이처럼 하나님이 광야에서 만나를 주신 사건이 바로 일용할 양식을 위한 간구의 배경이 되는 것입니다. 물론 우리가 하늘만 바라보고 입 벌리고 있다고 해서 하늘에서 만나가 떨어지지는 않겠지만 말입니다.

그런데 오늘날에도 하나님이 신비한 방법으로 자녀들에게 양식을 공급하시기도 합니다. 얼마 전 작은 교회를 섬기는 한 목사를 만났는데, 교회 재정이 부족해서 사례를 제대로 받지 못할 때가 있다고 합니다. 그런데 그럴 때마다 신기하게도 하나님이 부족한 부분을 채워 주시더라는 것입니다. 이는 열악한 상황에서 일하는 복음 사역자들이 흔히 체험하는 일입니다.

5만 번의 기도 응답을 받은 것으로 알려진 조지 뮬러(George Müller)는 하나님이 일용할 양식을 주신다는 믿음만 붙들고 고아원을 운영했습니다. 그는 하루하루의 양식을 구하는 기도로 2천 명이나 되는 고아를 먹였습니다. 재정이 바닥난 다음 날 고아들을 먹일 양식을 살 수 없을 때가 많았는데, 해질 녘이 되면 다음 날 필요한 만큼의 돈이 반드시 그의 손에 들어왔다고 합니다. 그는 하나님이 단 한 번도 일용할 양식을 주신다는 약속을 어긴 적이 없었고, 아이들의 끼니가 30분 이상 늦어진 적도 없었다고 증언합니다. 어떤 날은 양식이 다 떨어졌는데 식사 시간이 다가왔습니다. 어쩔 줄 몰라 하는 직원들에게 그는 평상시와 똑같이 아이들을 식탁에 앉히고 식사할 준비를 하라고 했습니다. 아이들 앞에 빈 그릇만 놓여 있는 난감한 상황에 직원들은 안절부절못하고 있었습니다. 그런데 식사할 시간이 임박하자 갑자기 음식을 잔뜩 실은 마차가 고아원에 밀어닥쳤습니다. 어떤 식사 모임이 취소되면서 거기에 갈 음식이 고아원으로 온 것이었습니다.

물론 하나님이 항상 이런 식으로 양식을 공급하시지는 않습니다. 보통은 우리가 일을 해서 먹고살게 하십니다. 우리는 일해서 번 돈으로 양식을 삽니다. 일하기가 지겨워서 쉬고 싶을 때가 있지만 아무 일도 하지 않으면 삶의 의미와 활력을 잃습니다. 아직 할 일이 있다는 것이 축복입니다. 하나님은 우리를 일하며 살게 하셨습니다. 인생의 본분을 다하면서 돈까지 받게 하셨으니 이중 축복입니다.

대형 마트에서 은혜 받다

과거 이스라엘 백성들처럼 우리도 약속의 땅, 새 하늘과 새 땅을 향해 광야 같은 세상을 지나는 순례자입니다. 하나님이 광야에서 이스라엘 백성들을 인도하시고 그들을 먹이셨던 것처럼, 이 삭막한 광야 같은 세상을 살아가는 우리도 친히 인도하고 먹이십니다. 과학이 아무리 발전해도 쌀 한 톨을 만들어 내지 못합니다. 결국 우리가 먹는 양식은 하나님의 선물입니다. 하나님이 우리를 위해 비를 내리고 햇빛을 비추지 않으시면 곡식이 영글 수 없을 것입니다. 만약 햇빛만 비추고 비가 내리지 않으면 땅이 광야처럼 메말라 곡식을 맺지 못하게 됩니다. 비가 너무 많이 내리는 경우도 논밭이 침수되어 농사를 망칩니다. 그래서 하나님은 햇빛과 비를 조화롭게 내리셔서 풍족한 수확물을 거두게 하십니다.

저는 대형 마트에 갈 때마다 과거에 하나님이 하늘 문을 열어 만나와 메추라기를 내리신 것보다 더 놀라운 기적을 보는 것 같습니다. 이스라엘 백성들은 매일 만나와 메추라기만 먹었으니 질리기도 했을 것입니다. 이집트에서 먹던 음식을 그리워한 것도 그리 이상한 일은 아니었을지 모릅니다. 그런데 요즘 마트에는 온갖 종류의 과일과 채소, 고기와 맛있는 먹거리가 넘쳐납니다. 하나님이 오늘날 우리에게는 훨씬 다양하고 풍성한 양식을 공급하신다는 생각이 듭니다. 이 좁은 땅에 인구가 얼마나 많습니까? 그런 우리들을 하나님이 배불리 먹이신다는 사실은 정말 놀라운 기적이 아닐 수 없습니다. 그래서 저는 마트에 가면 은혜와 감동을 받습니다.

또한 우리가 매일 먹는 밥에는 농부들의 수고와 밥 짓는 주부들의 정성이 깃들어 있습니다. 밥알 하나에 하늘과 땅의 사랑과 정성이 담겨 있습니다. 우리는 매일 대하는 밥 한 그릇의 소중한 가치와 의미를 생각하지 않고, 우리가 번 돈을 내고 샀으니 너무도 당연한 것이라 여깁니다. 하지만 양식은 우리가 수고한 대가로 얻는 것이 아니라 궁극적으로 하나님으로부터 오는 선물입니다. 양식을 구입할 돈을 벌 수 있는 일자리를 주시는 분도 하나님이십니다. 우리에게 생명을 주신 분도 하나님이시고, 생명을 유지할 뿐 아니라 풍성히 누리는 데 필요한 양식을 주시는 분도 하나님 아버지이십니다. 일용할 양식을 위해 기도하라는 말씀은 매일 하나님 아버지를 전적으로 의존하며 살라는 뜻입니다. 어린아이처럼 하나님 아버지를 의지하는 것이 하나님 나라에서 사는 삶의 특징입니다.

일용할 양식만으로는 너무 불안해

주기도에서 '일용할'이라고 번역된 헬라어 단어는 '에피우시온'입니다. 이 단어는 다른 헬라 문헌에서는 잘 사용되지 않고, 신약성경에서도 유일하게 이 본문에만 등장합니다. 이 단어의 뜻에 대한 의견이 분분한데, 대체로 세 가지 뜻을 가졌다고 봅니다. 우선 '오늘을 위한' 또는 '내일을 위한'이라는 뜻으로 이해할 수 있습니다. 그런가 하면, 시간보다 양을 의미하는 것으로 보기도 합니다. '하루에 필요한 만큼' 또는 '충분한 만큼'을 뜻한다고 해석할 수도 있습니다. 모두 일리가 있다고 봅니다.

무엇보다 이 단어의 뜻은 하나님이 이스라엘 백성들에게 만나를 내려 주신 사건을 배경으로 이해할 필요가 있습니다. "그때에 여호와께서 모세에게 이르시되, '보라 내가 너희를 위하여 하늘에서 양식을 비같이 내리리니 백성이 나가서 일용할 것을 날마다 거둘 것이라. 이같이 하여 그들이 내 율법을 준행하나 아니하나 내가 시험하리라'"(출 16:4). 하나님은 백성들이 일용할 것을 날마다 거둘 것이라고 말씀하셨고, 만나를 반드시 하루에 필요한 양만 거두게 하셨습니다. 그리고 이스라엘 백성들이 욕심을 내서 이틀치, 사흘치 분량을 수고스럽게 거둬 쟁여 두었을 때는 모두 썩어 버렸습니다. 그들이 그렇게 욕심을 낸 이유가 무엇일까요? 바로 미래에 대한 염려 때문이었습니다. 그 불안의 근원은 하나님을 신뢰하지 못하는 불신앙입니다. 내일도 모레도 하나님이 신실하게 공급해 주신다는 것을 신뢰하지 못한 것입니다.

그들의 모습은 또한 우리의 모습이기도 합니다. 미래를 위해 저축하는 것 자체가 나쁘다고 볼 수는 없습니다. 그러나 저축이 쌓이는 만큼 하나님을 덜 의지하게 된다면 그것이 큰 문제가 되는 것입니다. 우리는 하나님보다는 자신이 모아 놓은 것에서 미래에 대해 안심하고 평안을 느낍니다. 미래를 위해 최대한 많이 확보하고 쌓아 놓아야 불안하지 않은 것입니다. 그것은 결국 하나님이 오늘뿐 아니라 미래에도 필요를 공급해 주신다는 것을 온전히 신뢰하지 못하는 데서 오는 불안입니다. 그래서 필요 이상으로 많은 것을 비축해 놓으려고 합니다. 결국 다 썩어 없어지고 말 것들인데 말입니다.

많은 사람들이 백세 시대를 앞두고 노후 대비에 몰두한 나머지, 사후 대비는 전혀 못하고 있는 것 같습니다. 하지만 기억합시다. 우리 인생은 아침 안개와 같고, 우리가 언제 죽을지 아무도 모릅니다. 노후 대비보다 하나님 나라를 위한 대비가 더 시급합니다.

모든 것을 욱여넣으려는 유혹

마르틴 루터는 '일용할 양식'을, 음식뿐 아니라 옷과 구두, 부동산과 현금, 집과 밭, 아내와 가족, 건강과 명예, 정부와 좋은 이웃 등 인간답게 사는 데 필요한 모든 것을 의미한다고 보았습니다. 그리고 많은 그리스도인과 설교자들이 그의 해석을 좋아합니다. 물론 일리 있는 해석입니다만, 그런 식으로 이해하게 되면 일용할 양식에 포함되는 목록이 한없이 늘어날 위험이 있습니다. 그리고 이 목록은 사람에 따라 달라질 수 있습니다. 어떤 사람은 먹을 것과 머리 둘 곳이 있다는 데 만족하겠지만, 어떤 사람은 만족에 이르기 위해 필요한 것이 끝이 없습니다. 욕심이 많으면 만족할 줄 모르는 것이 인간의 본성입니다.

또한 이 목록은 시대와 문화에 따라 달라집니다. 자동차와 냉장고, 휴대전화와 인터넷은 오랜 인류 역사에 없었지만 지금은 필수품이 되었습니다. 과거에는 왕도 누리지 못했던 문명의 이기를 지금은 서민들도 누립니다. 소비를 부추기는 이 사회가 온갖 신상품으로 우리를 끊임없이 유혹합니다. 이런 과소비의 문화 속에서 살아가는 우리에게는 이런 기도가 절실히 필요합니다. "만족할 줄 아는 은총을 주소서" "세상이 우리를 너무도 많은 것으로 유혹할 때, '아니오'라고 말할 수 있도록 도와주소서."•

우리는 너무 많은 것을 원합니다. 이렇게 많은 것이 필요한 우리가 주기도를 통해 구하도록 허락받은 것이 일용할 양식 같은 기본적인 것뿐이라는 사실이 우리를 놀라게 하고 당황스럽게 합니다.▲ 주님은 이렇게 분명히 말씀하셨습니다. "그러므로 염려하여 이르기를, 무엇을 먹을까 무엇을 마실까 무엇을 입을까 하지 말라.…너희 하늘 아버지께서 이 모든 것이 너희에게 있어야 할 줄을 아시느니라"(마 6:31-32). 이 말씀의 맥락에서 보면 일용할 양식에 포함될 수 있는 것은 먹을 것과 마실 것, 입을 것뿐입니다. 하나님 나라와 그 의를 구하면 이 모든 것을 더하시리라고 말씀하셨는데, 그 모든 것은 '우리가 원하는 모든 것'이 아닙니다. 먹을 것과 마실 것과 입을 것일 뿐, 말

• 스탠리 하우어워스·윌리엄 윌리몬, 『주여, 기도를 가르쳐 주소서』, p. 124.
▲ 같은 책.

씀에는 심지어 살 집도 포함되어 있지 않습니다.

　이 땅에 잠시 머물다 가는 우리 나그네들에게 꼭 자기 소유의 집이 필요한지 모르겠습니다. 많은 사람들이 주택을 구매한 후 그 융자금을 갚느라 평생을 허덕이며 살아갑니다. 인생의 목표가 내 집 마련이 되어서는 곤란하지 않겠습니까? 한편 돈 있는 사람들은 아파트를 몇 채씩 가지고 부동산 투기를 해서 집값과 전세금을 천정부지로 뛰어오르게 합니다. 집을 무려 열여섯 채나 소유한 국회의원도 있다고 합니다. 이런 사람들 때문에, 가난한 사람들이 전세 얻기도 힘든 상황이 빚어지고 있습니다. 저도 교회 근처에 전세를 얻으려고 했는데 전세금이 너무 비싸서 서울로 들어오지 못하고 경기도 시흥에 전세를 얻었습니다. 돈 있는 자들은 부동산 투기로 부를 축적하고 서민들은 전세나 월세를 얻으려 해도 등골이 휘어지는 이런 상황이 바로 오늘날 대한민국의 현실입니다.

　하지만 하나님 나라의 백성들은 이런 사회 부조리에 편승하지 말고 저항해야 하겠습니다. 구약의 예언자들은 가난한 이웃의 곤궁함에는 아랑곳하지 않고 가옥에 가옥을 더하고 전토에 전토를 더하는 이에게 화가 있다고 말했습니다. 사도 야고보도 "말세에 재물을 쌓은" 부유한 자들을 향해 무섭게 경고하며, "너희에게 임할 고생으로 말미암아 울고 통곡하라"(약 5:1)고 말합니다. 우리는 탐욕에 물든 이 세대를 본받아서는 안 됩니다. 탐심은 우상숭배이며 그로 인해 하나님의 진노가 반드시 임할 것입니다.

진정한 번영이란?

말세를 사는 하나님 나라의 백성들은 이 땅의 것들은 가능한 한 가볍게 비우고 살아야 합니다. 하나님 나라와 의는 최대한으로 구하고 이 세상의 것은 최소한으로 구해야 합니다. 한국 교회의 문제가 무엇입니까? 하나님 나라는 별로 추구하지 않으면서 이 세상의 번영을 욕심 사납게 쫓다가 이렇게 부패하고 타락하고 만 것입니다. 돈 때문에 망하는 교회와 목사와 교인들이 많습니다. 한국 교회에 유행하고 있는 번영 신앙과 기복 신앙, 이 땅에서 번영을 추구하도록 부추기는 가르침들은 신자를 하나님 나라에서 멀어지도록 유인하고 타락시키는 마귀의 거짓말입니다.

그렇다면 진정한 번영이란 무엇이겠습니까? 바로 하나님 나라와 선한 일을 위해, 가난하고 소외된 자들을 위해 가진 것을 흘려보내는 것입니다. 이 땅에서 생존하기 위한 최소한의 것 외에 가진 것은 모두 흘려보내는 것이 진정한 번영입니다. 최근 우리 교회에서는 지방에서 서울로 올라와 취업을 준비하는 청년들을 위해 '샬롬의 집'을 마련했습니다. 힘든 시대를 살아가는 청년들에게 조금이라도 도움을 주기 위해 숙소를 마련한 것인데, 이런 봉사가 더 확장되면 좋겠습니다.

물질적으로 풍족하면서도 흘려보내지 않으면 영혼과 인격이 부패합니다. 물질과 돈에 대한 욕심이 하나님과 그 나라에 대한 갈망을 죽이고, 기도의 영을 죽입니다. 하나님 나라에서 빈곤한 사람이 되게 만듭니다. 하나님 나라 백성들은 이 세상 것을 팔아 하나님 나라 안에서 부유한 사람이 되어야 합니다. 그럴 때 비로소 우리는 하나님 나라의 복락으로 충만해질 것입니다. 영적으로 풍성해질 것입니다.

‖ 함께 드리는 기도 ‖

1. 이 땅에서 우리의 가장 절박하고 긴급한 문제, 생계의 염려를 덜어 주셔서 하나님 나라와 의를 먼저 추구할 수 있게 하시니 감사합니다. 하나님이 매일 우리를 먹여 주시는 아버지 역할을 신실하게 하신다는 사실을 굳게 신뢰함으로 미래의 불안에서 자유로워지게 하소서.

2. 이 땅에 임한 하나님 나라의 선물로 저희에게 일용할 양식을 주심을 감사합니다. 매일의 양식이 우리가 수고한 대가로 얻는 것이 아니라 하나님의 선물임을 기억하며 감사를 잊지 않게 하소서. 이 양식을 주신 목적대로 하나님 나라와 뜻을 구하는 삶을 살게 하소서.

3. 우리가 하나님 나라와 의는 최대한으로 구하고 이 세상의 것은 최소한으로 구하게 하소서. 생존을 위한 최소한의 것을 제외하고, 우리가 가진 것을 하나님 나라와 선한 일을 위해 가난하고 소외된 자들을 위해 흘려보내는 진정한 번영을 추구하게 하소서.

4. 돈에 욕심내는 이 썩어져 가는 세대를 본받지 말게 하시고, 하나님 나라에 대한 갈망을 죽이는 저희의 욕심을 십자가에 못 박게 하소서.

12. 하나님 나라, 밥심으로 산다 (2)

하나님 나라와 밥

앞서 주기도의 두 기둥이 하나님 나라와 밥 문제라고 이야기했습니다. 그런데 이 둘은 전혀 어울리지 않는 조합처럼 보입니다. 숭고한 것과 속된 것, 하늘의 것과 땅의 것, 이상과 현실이 신기하게 결합되었습니다. 그리고 더 깊이 들어가 보면, 우리는 이 땅의 절박한 현실인 밥 문제에 온통 마음을 빼앗기고 있어서 사실상 하나님 나라를 추구할 마음의 여유가 없다는 사실을 깨닫습니다. 그리고 매일의 밥 문제에 있어서 하나님을 신뢰하기가 참 어렵다는 것도 절감합니다. 많은 그리스도인들이 구원받고 천국에 가는 문제에 있어 하나님을 믿는 데는 큰 어려움이 없어 보입니다. 그러나 당장 눈앞에 닥친 생계 문제에 있어서는 하나님을 신뢰하지 못합니다. 하나님이 각박한 현실 한복판에서 우리와 함께하시며 우리를 먹이고 필요를 채우시는 아빠이심을 신뢰하거나 체험하고 살지 못합니다.

믿음으로 산다는 것은 무엇을 뜻합니까? 구원받을 때만 믿음이 필요한 것이 아닙니다. 믿음은 그리스도인이 이 땅의 현실을 살아가는 원리입니다. 이 땅에서 하나님 나라를 사는 원리인 것입니다. 믿음으로 구원받을 뿐 아니라, 믿음으로 각박한 현실을 헤쳐 나가고 믿음으로 먹고살 수 있습니다. 하나님은 우리의 최우선적 관심과 염려가 밥 문제, 생계 문제에 있음을 잘 아십니다. 그렇기에 하나님은 그 문제에 우선적 관심을 기울이시고, 그것을 공급해 주시기 위해 먼저 일용할 양식을 구하라고 말씀하셨습니다. 하나님 아버지를 온전히 신뢰하는 마음으로 말입니다.

밥 문제에 있어서 하나님 아버지를 신뢰하고 이 기도를 드릴 때, 우리는 생계의 염려에서 자유로워져서 하나님 나라와 의를 먼저 구하게 됩니다. 밥 문제에서 신앙과 불신앙이 확연히 갈라집니다. 밥 문제에서 하나님을 신뢰하느냐 아니냐가 곧바로 하나님 나라를 구하느냐 세상을 좇느냐로 연결됩니다. 이 땅에서 하나님 나라를 추구하고 구현하는 삶은 밥 문제와 긴밀하게 얽혀 있습니다. 그런 면에서, 일용할 양식을 구하는 것이 주기도의 중심이라고 할 수 있습니다.

우리를 시시각각 포섭하는 생계의 불안과 염려는 물질에 대한 욕망을 끊임없이 부추깁니다. 생계 염려 때문에 부지런히 돈을 모아 미래의 안전을 확보하려고 합니다. 그리고 재물이 쌓여 갈수록 하나님보다 재물에서 더 큰 안전감을 느낍니다. 아버지 되시는 하나님께 전적으로 의존하지 못하는 불신앙이 하나님 나라보다 물질을 더 추구하도록 자극하고, 그런 욕심으로 모은 물질이 우리를 하나님에게서 더욱 멀어지게 합니다. 이 땅의 절박한 현실적 문제와 필요에 쫓기는 우리 인간은 하나님보다 재물을 의존하기가 너무도 쉽습니다.

재물은 눈에 보이는 확실한 방법으로 생계 문제를 해결하고 미래의 안전을 보장해 줍니다. 그래서 눈에 보이지 않는 하나님보다 훨씬 더 믿음직합니다. 재물이 이 땅의 현실 문제에 있어서는 하나님보다 더 믿을 만한 신인 것 같습니다.

"돈으로도 못 가요, 하나님 나라"라는 가사의 복음성가가 있습니다. 돈으로는 죄의 문제를 해결하고 천국에 갈 수 없다는 것은 어린아이도 아는 사실입니다. 우리는 구원과 영생과 천국에 관해서는 하나님을 믿습니다. 그러나 이 땅의 밥 문제에 있어서는 하나님보다 돈이라는 맘몬 신을 더 의존합니다. 이 땅에서 사람들이 실제로 의존하는 신은 바로 돈입니다.

돈은 가치중립적 구매 수단 정도가 아니라 실제로 신적 존재로 군림하는 힘입니다. 하나님의 막강한 경쟁자이며, 주님도 그 사실을 인정하셨습니다. "한 사람이 두 주인을 섬기지 못할 것이니 혹 이를 미워하고 저를 사랑하거나 혹 이를 중히 여기고 저를 경히 여김이라. 너희가 하나님과 재물을 겸하여 섬기지 못하느니라"(마 6:24). 주님은 바로 주기도의 문맥에서 이렇게 말씀하셨습니다. 주님은 세상의 어떤 신도 하나님의 경쟁자로 여기지 않았습니다. 사탄도 하나님을 상대할 수 있는 적수라고 보지 않았습니다. 유일하게 하나님이 경쟁의식을 느낄 정도로 위협적인 맞수로 인정한 것이 돈, 재물입니다. 돈이 하나님보다 더 강력하게 인간의 마음을 사로잡을 수 있기 때문입니다. 하나님은 돈이라는 신에게 질투까지 하십니다. 그분은 돈과 세상을 사랑하는 이들에게 간음하는 여인이라고 말씀하셨고, 성령이 우리 안에서 시기하신다고도 말씀하셨습니다. 돈이 하나님께 바쳐져야 할 우리 마음을 훔쳐 갑니다. "네 보물 있는 그곳에는 네 마음도 있느니라"(마 6:21).

자본이 지배하는 현대 사회에서는, 돈이라는 맘몬 신의 위력이 무소불위에 가깝습니다. 이 사회에서 돈은 거의 하나님과 같은 전능성을 가진 것 같습니다. 돈이면 안 되는 것이 없습니다. 사람들은 돈의 능력과 그것이 가져다주는 혜택과 복락에 무한한 감동과 은혜를 받고, 돈을 좇는 데 온몸과 마음을 바칩니다. 반면 하나님 나라의 능력과 복락에는 전혀 감동받지 않고, 그것을 좇는 데 별 관심이 없습니다. 그러니 기도하지 않습니다. 스탠리 하우어워스는 돈보다 더 영적인 것은 없다고 했습니다.˚ 돈을 쓰는 데서 그 사람의 영적 수준과 상태가 확실히 드러납니다. 이 사회는 하나님보다 돈이라는 신을 좇는 우상숭배로 온통 물들어 있기 때문에 그리스도인이 정신없이 이런 세상의 문화와 가치관에 휘말려 살면 우상숭배의 죄에 빠지기 쉽습니다. 따라서 우리에게는 하나님 나라로 돌이키는 끊임없는 회개가 필요합니다.

일용할 양식을 구하는 기도는 우리를 생계 염려뿐 아니라 탐심이라는 우상숭배에서 자유롭게 합니다. 주님은 우리에게 이 땅에서의 생존에 필요한 기본적인 것, 일용할 양식만 구하라고 하셨습니다. 그리스도인이 이 땅에서 만족할 수 있는 삶의 조건은 단순해야 합니다. 먹을 것과 입을 것, 머리 둘 곳이 있는 것으로 만족하고 감사해야 합니다. 우리는 너무도 많은 것을 원합니다. 그것은 욕심입니다. 그 욕심이 채워지지 않으면 만족하고 감사할 줄을 모릅니다. 이 세상 것에 대한 욕심은 최소가 되고 하나님 나라에 대한 욕망은 최대가 되어야 하는데 그 반대입니다. 세상에서의 욕심은 너무도 많고 하나님 나라에 대한 갈망과 추구는 너무 미미합니다.

• 스탠리 하우어워스·윌리엄 윌리몬, 『주여, 기도를 가르쳐 주소서』, p. 126.

일용할 양식을 배반한 삶

하나님이 광야에서 이스라엘 백성들에게 만나를 내려 주신 것은 하나님 말씀을 따라 살게 하기 위해서였습니다.

> 네 하나님 여호와께서 이 사십 년 동안에 네게 광야 길을 걷게 하신 것을 기억하라. 이는 너를 낮추시며 너를 시험하사 네 마음이 어떠한지 그 명령을 지키는지 지키지 않는지 알려 하심이라. 너를 낮추시며 너를 주리게 하시며 또 너도 알지 못하며 네 조상들도 알지 못하던 만나를 네게 먹이신 것은, 사람이 떡으로만 사는 것이 아니요 여호와의 입에서 나오는 모든 말씀으로 사는 줄을 네가 알게 하려 하심이니라. (신 8:2-3)

하나님이 우리에게 일용할 양식을 공급해 주시는 것은 하나님 말씀대로 하나님 나라를 구하는 삶을 살게 하기 위해서입니다.

우리 민족의 역사를 기억해 봅시다. 36년간 일제의 압제와 착취를 당하고 한국 전쟁으로 폐허가 된 이 땅이 오늘날처럼 기적적으로 복구되고 건설된 것은 우리가 노력해서이기도 하지만 하나님이 축복하셨기 때문입니다. 저는 우리 민족이 생계의 염려에서 자유로워져서 하나님을 잘 섬기도록 하기 위해 이 땅에 경제적 축복을 내려 주신 것이라고 믿습니다. 실로 이 땅 도처에 주님의 몸 된 교회가 세워졌고 수많은 사람들이 복음을 믿고 있습니다.

과거의 교회를 보면, 진저리 나는 가난에서 벗어나기 위해 기도하는 이들이 많았습니다. 그래서 교회가 예수 믿으면 복 받고 부유해진다는 기복 신앙으로 치우치는 경향이 있었고, 그런 번영의 복음을 전하는 교회에 수많은 사람들이 몰려들어 세계에서 가장 큰 교회로 성장하기도 했습니다. 그런 교회에서 운영하는 기도원은 평일에도 들어설 틈이 없을 정도로 사람들로 미어터졌습니다. 저도 예수님을 믿은 지 얼마 안 되었을 때 한 시간 넘게 시외버스를 타고 유명하다는 기도원에 가 본 적이 있습니다. 그곳에 가서 보니 사람들이 빽빽하게 들어차 앉을 자리도 없이 모두 서서 기도를 하는 분위기였습니다. 모두 손을 들고 격렬하게 몸을 흔들며 큰 소리로 부르짖는데, 저는 그 광적인 분위기에 놀라 밖으로 뛰쳐나오고 말았습니다.

그런데 그렇게 입추의 여지가 없던 기도원이 지금은 거의 텅텅 비어 있습니다. 기도하러 오는 이들이 많지 않습니다. 이제는 경제적으로 넉넉해져 별 아쉬움이 없으니 그렇게 절실하게 구할 것도 없는 것 같습니다. 일용할 양식을 열심히 구해서 물질적 축복을 받았으면 더 열심히 하나님 나라를 구해야 할 텐데 그렇지 못한 것이 부패한 인간의 모습입니다. 하나님이 일용할 양식과 물질적 축복을 주신 목적을 완전히 저버린 것입니다. 이것이 기복 신앙의 문제입니다.

그래서 처음부터 하나님 나라와 의를 먼저 구하는 바른 신앙을 배우는 것이 중요합니다. 어떤 사람은, 현재는 생계 문제가 너무 절박하니 형편이 나아지고 경제적으로 안정되면 하나님 나라를 구하겠다고 합니다. 그런데 과연 그때가 오면 정말로 그렇게 될까요? 경제적으로 안정되면 또 다른 문제와 상황에 얽매여 하나님을 구하지 못하게 됩니다. 지금 학업과 취업 문제로 고민과 수고가 많은 청년들은, 지금의 절박한 문제만 해결되면 하나님을 잘 섬길 수 있을 것이라 생각합니다. 그런데 꼭 마음대로 되지는 않는다는 것을 기억하십시오. 우리 삶에는 항상 하나님 나라보다 더 관심과 마음을 끄는 일들이 생기게 마련이기 때문입니다. 지금 아무리 다급하고 절박한 상황에 처해 있을지라도 하나님 나라를 구하는 삶을 뒤로 미루어서는 곤란합니다.

생계 문제가 해결되지 않는 상태는 그리스도인들이 맞닥뜨리는 중요한 시험이라 할 수 있습니다. 그런데 그 문제가 해결되고 난 후에도 우리는 여전히 더 큰 시험에 노출될 수 있습니다. 가난과 실업 등이 일종의 시험거리라면, 가난에서 헤어나 부유해지고 좋은 직장을 얻어 안정되는 것은 더 큰 시험이 될 수 있는 것입니다. 과거 이스라엘 백성들이 광야에서 먹을 음식과 마실 물이 없다고 불평하고 원망한 것은, 공급해 주실 하나님을 신뢰하며 기다리지 못하고 시험에 빠졌기 때문입니다. 그때 하나님은 하늘을 열고 만나와 메추라기를 내려 배불리 먹게 하셨습니다. 그런 후에 그들은 하나님을 잘 섬겼습니까? 아닙니다. 오히려 하나님을 잊어버리고 우상을 숭배하는 다른 종류의 시험에 빠지고 말았습니다.

가난과 실업의 문제가 경우에 따라 빨리 해결되지 않을 수 있지만, 그런 시험을 잘 극복해야 합니다. 일용할 양식을 구하라고 말씀하신 주님 자신은 40일 동안이나 양식이 공급되지 않는 시험을 겪으셨습니다. 현실이 암울하다고 하나님을 의심하고 원망하는 시험에 빠지지 말아야 합니다. 또한 하나님의 도움으로 언젠가 그 문제가 해결되고 나면 이후에 닥쳐올 또 다른 시험도 경계해야 합니다.

이기주의를 배격하는 기도

이 간구를 드릴 때 관심을 기울여야 할 또 하나의 중요한 단어가 있습니다. 바로 '우리에게'라는 단어입니다. '나에게'가 아닌 '우리에게' 일용할 양식을 달라고 주님께 간구해야 합니다. 헬라어 본문을 보면 여기서 '우리'는 두 번 등장합니다. 원어를 직역하면 "우리에게 우리의 일용할 양식을 주시고"가 되는 것입니다.

주기도의 후반부를 이루는 세 간구는 사실상 모두 우리를 위한 기도입니다. 계속 '우리'라는 말이 나옵니다. 그런데 우리 각자의 내면에서는 계속 '나, 나, 나'가 터져 나옵니다. 제 두 살짜리 손자가 잘하는 말이 바로 '나'입니다. 맛있는 것을 보면 자기에게 달라고 무조건 '나, 나'를 외치는 이 아이는 아직 '우리'라는 말을 할 줄 모릅니다. '우리'라는 의식의 부족, 그것이 어린아이의 특징입니다. 마찬가지로, 신앙이 미성숙한 사람은 주로 '나 기도'를 합니다. 한 사람의 신앙이 성숙했다는 증거는 바로 이런 '나 기도'가 '우리 기도'로 전환되는 것입니다. 나만을 위한 관심과 사랑이 우리를 위한 관심과 사랑으로 확장되는 것입니다. 하나님 나라는 우리 왕국입니다. 자기만의 왕국은 하나님 나라와는 아무런 상관이 없습니다.

우리에게 우리의 일용할 양식을 달라는 기도는, 자신만이 아니라 공동체에 속한 모든 이를 위한 양식을 구하는 기도입니다. 우리 각자에게 주어진 여분의 양식과 물질은 자신만을 위한 것이 아니라 공동체 전체를 위한 것입니다. 나에게 상대적으로 더 많은 양식과 물질이 주어진 것은 공동체 내의 가난한 이들에게 양식을 공급하시는 하나님의 도구가 되라는 뜻입니다. 초대 교회 때부터 교회의 사명은 복음을 전파하는 것뿐 아니라 가난한 이들을 돌아보고 그들에게 양식을 공급하는 것이었음을 기억해야 합니다.

사도행전을 보면, 그리스도인들이 서로의 필요를 채우기 위해

집과 소유를 바쳤습니다. 이것은 자기 것을 희생해서 '우리'를 섬기는 정신, 즉 성령 충만의 증거이자 결과였던 것입니다. 다른 이의 것을 빼앗아서라도 자기 소유를 늘리는 세상의 정신과는 정확히 반대되는 태도입니다. 우리의 일용할 양식을 달라는 기도는, 곧 자기 것을 희생해서 우리를 섬기게 하시는 성령으로 충만하게 해 주시기를 간구하는 기도입니다. 성령 충만이 그런 것이라면 어떤 사람에게는 성령으로 충만해지고 싶은 마음이 싹 달아날 것입니다. 우리는 성령 충만조차 자기를 위해 이기적인 목적으로 간구하는 사람들이기 때문입니다. 일용할 양식을 달라는 기도나 성령 충만을 간구하는 기도는 모두 위험한 기도입니다. 그것은 이기주의의 죽음을 요구하는 기도입니다.

우리의 일용할 양식을 구하는 기도는, 자신을 위해서는 생존을 위한 최소한의 분량을 구하되 공동체를 위해서는 최대한으로 구하는 것입니다. 조지 뮬러는 자신을 위해 구한 것은 별로 없었고, 오로지 자신이 돌보는 2천 명의 고아를 위해 통 큰 기도를 드렸을 뿐입니다. '우리'를 위해 큰 것을 구한 그의 기도가 2천 명의 고아를 오랜 세월 동안 배불리 먹인 것입니다. 그가 기도 응답을 5만 번이나 받은 비결이 무엇인지는 매우 분명합니다. 바로 자기를 위해 기도하지 않고 '우리'를 위해 기도했다는 점입니다. 욕심으로 기도한 것이 아니라 사랑으로 기도한 것입니다. 응답받는 기도를 하고 싶으면 '나 기도'가 아니라 '우리 기도'를 하십시오. 욕심으로 가득 차 자기가 원하는 것만 달라고 졸라 대니 좀처럼 응답받기가 힘든 것입니다.

여기서 '우리'의 범위는 자기가 속한 교회에만 국한되지 않고 아니라 인류 공동체 전체로 확장됩니다. 하나님은 전 인류를 먹이시는 분입니다. 우리는 그분의 자녀로서 그 뜻이 이 땅에 이루어지게 해야 합니다. 어떤 나라에서는 양식이 남아도는데 지구의 반대편에서는 양식이 없어 굶어 죽어 가는 이들이 많습니다.

이 땅에서 나는 양식은 모든 사람을 위한 것인데 실제로는 특정 사람들만 독식하고 있습니다. 선진국이 사치와 방탕, 술과 마약에 허비하는 돈과 군사비로 쏟아붓는 천문학적 액수의 돈은, 이 세상의 모든 기아 문제를 해결하고 인간다운 경제 환경을 모든 사람에게 제공해 주고도 남습니다. 이런 비극이 해결되지 않는 이유는 양식과 물질이 부족해서가 아니라, 자기밖에 모르는 인간의 탐욕이 인류 공동체를 돌아보지 않기 때문입니다.

오늘날은 지구화가 급속히 진행되어 온 세계가 하나가 되고 서로가 이웃이 되고 있습니다. 그렇다면 광활하고 비옥한 땅을 소유한 선진국들은 곡물을 최대한 생산해서 곡식을 재배할 수 없는 척박한 땅에 사는 이들에게 양식을 저렴하게 제공해 주어야 마땅합니다. 그런데 탐욕에 눈먼 그들은 곡물 가격을 조작하고, 또 가격이 떨어지면 생산을 중지합니다. 곡물이 자라는 논과 밭을 아예 갈아엎어 버립니다. 그래서 가격이 올라가게 하고 매점매석을 합니다. 굶주린 이들에게 양식이 돌아갈 길을 원천적으로 막아 버리는 것입니다.

미국도 한때는 가난한 나라에 곡물을 무상으로 원조해 주는 나라였습니다. 물론, 동기가 순수하지만은 않았을 것입니다. 저도 자랄 때 미국에서 온 밀가루로 만든 수제비를 신물 나게 먹고 학교에서 옥수수 빵을 배급받아 먹던 때가 기억납니다. 그런데 미국도 이제는 점점 자국의 이익만을 위하는 국수주의에 빠져 세계의 패권이나 잡으려고 하지, 가난한 나라를 배려하는 일에는 전혀 관심이 없습니다. 트럼프

대통령이 돈벌이를 위해 미국에 들어오는 남아메리카 사람들을 얼마나 가혹하게 쫓아내는지 모릅니다. 미국은 원래 이민자들이 세운 나라입니다. 처음에는 모두 불법 이민자였습니다. 먹고살기 위해 찾아오는 외국인들을 미국이 조금이라도 배려하고 가난한 나라에 양식을 공급하는 나라가 되면 하나님이 미국을 축복하실 것입니다. 그러나 장사치의 수법으로 자국의 이익만을 위해 약소국을 쥐어짠다면 미국이라는 거대한 강대국도 결국에는 망하고 말 것입니다.

나그네, 즉 외국인들을 환대하는 사회와 나라가 하나님의 복을 받습니다. 우리나라에서 대권을 바라본다는 어떤 정치인이 외국인 노동자가 자국민과 똑같은 임금을 받는 것은 합당하지 않다고 말한 적이 있습니다. 전도사라는 자가 그런 사고를 가지고 있다는 것이 참으로 안타깝고 심히 염려됩니다. 어떻게든 살아 보겠다고 가족과 조국을 떠나 낯선 이국땅에 온 외국인 노동자들이 얼마나 열악한 작업 환경에서 부당한 대우를 받고 있는지 모릅니다. 나그네와 외국인을 선대하는 것이 하나님을 기쁘시게 하는 일입니다. 이 땅에서 나그네 된 외국인들을 자국인처럼 대해 주는 것이 이 땅에 하나님 나라의 정신을 구현하는 일입니다.

마약 같은 신앙

우리의 일용할 양식을 위한 기도는 약한 자, 가난한 자를 위한 사회적 공평과 정의를 실현시켜 달라고 간구하는 기도이기도 합니다. 칼 마르크스는 가진 자들의 착취와 물질의 불평등한 분배로 약자와 가난한 자들이 소외되는 자본주의 사회를 뒤엎는 혁명, 모든 이에게 인간다운 삶이 가능한 경제 환경을 보장해 주는 유토피아를 꿈꾸었습니다. 그런데 그가 꿈꾼 나라는 하나님이 아닌 인간이 혁명의 주체가 되는 나라였습니다. 마르크스는 더 나아가 종교란 사회 부조리와 모순에 그대로 순응한 채 자본주의의 시녀가 되게 만드는 마약이라고 말했습니다.

물론 마르크스의 이 같은 비난에 동의할 수 없습니다. 그러나 우리는 우리 신앙이 정말로 사회 불의에 무감각하게 만드는 마약이 되지는 않았는지 심각하게 돌아볼 필요가 있습니다. 그리스도인이 사회 불의와 부조리, 그 속에서 고통당하고 신음하는 이들에게는 아무 관심이 없고 그저 자기가 복 받고 구원받는 것, 자기 교회가 부흥하는 것에만 몰두하고 있다면 그것은 정말 큰 문제입니다.

하나님 나라는 이 땅의 밥 문제, 모든 사람에게 균등하게 양식이 돌아가는 것에 관심이 많습니다. 그것이 하늘 아버지의 뜻입니다. 그런 변화는 마르크스가 주장한 대로 기존의 체제를 뒤엎는 혁명이 아니라 인간 내면의 혁명으로부터 시작되는 것입니다. 물론 체제의 변화도 있어야 하지만, 그보다 먼저 우리의 관심과 욕망이 자기로부터 우리로 전환되는 혁명이 일어나야 합니다. 성령의 공동체인 교회에서 바로 이런 혁명이 일어나야 합니다. 이런 의미에서 교회는 자기밖에 모르는 탐욕스러운 세상에 항거하는 혁명 공동체입니다.

이 사회에서 빈부 격차는 시간이 갈수록 점점 벌어지고 있습니다. 부동산으로 얻는 불로소득이 연간 300조가 넘는다고 합니다. 정말 어마어마한 액수이고, 이것은 세계 어디서도 볼 수 없는 기이한 현상입니다. 이 나라에서는 대부분 부동산에 투자해서 부자가 됩니다. 부동산 투기를 해서 얻는 불로소득이 양극화를 심화시킵니다. 가난한 사람은 아무리 발버둥 쳐도 가난의 굴레를 벗어나지 못합니다. 흙수저는 아무리 노력해도 그 신세를 면하기 어렵습니다. 오늘날의 경제적 격차는 과거 양반과 천민의 차별보다 더 은밀하면서도 지독하게 사람들을 옥죄는 사회적 결박이 되고 있습니다. 과거의 신분제가 천민으로 태어난 사람은 '나는 원래 태생이 이러니 이렇게 밖에는 살 수 없다'고 단념하게 만들었다면, 현대 사회에서는 모든 사람에게 균등한 기회가 주어졌다고 말은 하면서, 실제는 너무도 많은 차별과 넘기 힘든 장벽들이 도사리고 있어 사람들을 좌절하게 만듭니다.

요즘 청년들이 좋은 직장에 들어갈 가능성은 바늘구멍처럼 작습니다. 출발점에서부터 아주 불평등한 것입니다. 기울어진 운동장에서 축구 경기를 하면 아래에서 위로 공을 차올리는 팀은 엄청나게 불리하기 마련입니다. 아무리 실력이 뛰어나고 노력을 많이 해도 승산이 없습니다. 처음부터 패배는 결정된 것입니다. 얼마 전 분당에서 목회하는 제자 목사를 만나 대화하면서 '우리 교회 청년들이 다 힘들다'고 했더니, 자기네 교회 청년들 중에는 힘든 이들이 없다고 합니다. 부모들이 모두 부자라 고액 과외를 받고 좋은 학교를 다녔으며 심지어 사회생활을 하고 있는데도 지속적으로 빵빵하게 지원을 해준다는 것입니다. 그 교회에서 열심히 봉사하는 집사는 '왜 천국이 좋은지 모르겠다. 왜 천국에 가야 하는지 모르겠다'고 하더랍니다. 돈이라는 맘몬 신이 공급해 주는 이 세상의 평안과 안락과 즐거움이 너무 좋은 것입니다.

뒤처진 이들을 위한 배려가 없고 기회가 주어지지 않는 사회에서는 젊은이들에게 희망이 없습니다. 그래서 '헬 조선'이라는 말이 나오는 것입니다. 희망이 없는 곳이 '헬'(hell), 지옥 아니겠습니까? 이 사회는 참 부유한 것 같은데 청년들에게는 미래의 희망이 잘 보이지 않습니다. 그러므로 이 땅의 교회가 우리 젊은이들이 처한 현실, 사회 문제에 관심을 기울여야 합니다. 교회가 약자와 가난한 자를 억압하고 착취하는 이 사회의 불의와 부조리, 사람들의 탐욕을 지적하는 예언자적 사명을 수행해야 합니다. 탐심을 버리고 성령이 주시는 사랑으로 충만하여 약자와 가난한 이들과 소외된 이들을 돌아보는 공동체가 되어야 합니다. 자신이 처한 영역에서 사회 변혁을 조금이라도 이루기 위해 최선을 다해야 합니다.

밥상 공동체

일용할 양식은 궁극적으로 영원한 양식과 긴밀하게 연결되어 있습니다. 주님은 하나님의 뜻을 행하는 것이 자신의 진정한 양식이라고 말씀하셨습니다. "예수께서 이르시되, '나의 양식은 나를 보내신 이의 뜻을 행하며 그의 일을 온전히 이루는 이것이니라'"(요 4:34). 주님께는 음식을 드시는 것보다 더 중요한 양식이 바로 하나님의 뜻을 행하는 것이었습니다. 우리 역시 마찬가지입니다. 하나님은 우리에게 이 땅에서 가장 절박한 필요인 양식을 공급하심으로써 하나님의 뜻을 행하는 더 절박하고 중요한 일로 나아가게 하셨습니다. 결국 일용할 양식은 진정한 밥인 예수님께로 우리를 인도합니다.

> 내가 곧 생명의 떡이니라. 너희 조상들은 광야에서 만나를 먹었어도 죽었거니와 이는 하늘에서 내려오는 떡이니 사람으로 하여금 먹고 죽지 아니하게 하는 것이니라. 나는 하늘에서 내려온 살아 있는 떡이니 사람

이 이 떡을 먹으면 영생하리라. 내가 줄 떡은 곧 세상의 생명을 위한 내 살이니라. (요 6:48-51)

주님은 광야에서 오병이어로 5천 명을 먹이시는 사건을 통해 결국 제자들을 생명의 떡인 자신에게로 이끄셨듯이, 오늘날 우리에게도 일용할 양식을 주심으로써 그분께로 인도하십니다. 생명의 떡인 그분을 먹음으로 그의 생명을 풍성하게 누리게 하십니다. 일용할 양식은 단순히 육신의 생명만을 위한 것이 아니라 영원한 생명을 위한 것입니다. 교회는 이 땅의 밥상을 통해 하늘의 식탁을 함께 누리는 밥상 공동체입니다. 하나님이 주시는 선물인 일용할 양식을 먹는 동시에 하늘의 떡을 먹는 곳입니다.

주기도의 중심이 밥이듯이, 교회의 중심도 밥입니다. 주님이 죄인이나 세리들과 식사를 나누셨을 때는 단순히 음식만 같이 드신 것이 아닙니다. 그 식사는 죄인들을 친구로 영접하는 구원의 식사였습니다. 마찬가지로 교회의 성찬도 구원의 식사를 상징합니다. 성찬의 자리에서 지상의 떡과 하늘의 떡이 결합합니다. 이미 임한 하나님 나라와 미래에 완성될 하나님 나라가 연결됩니다. "함께 먹는 사람 중의 하나가 이 말을 듣고 이르되, 무릇 하나님의 나라에서 떡을 먹는 자는 복되도다 하니"(눅 14:15). 일용할 양식은 이미 이 땅에 임한 하나님 나라의 선물인 동시에 앞으로 완성될 하나님 나라를 대망하게 하는 증표입니다.

하나님 나라의 백성들은 식탁 교제를 통해 그리스도 안에서 하나님 나라를 누리고, 또 장차 완성될 그 나라를 함께 바라보는 사람들입니다. 밥상에 둘러앉아 음식을 나누며 말씀을 나눕니다. 예수의 생명과 은혜를 나눕니다. 밥통이 열려야 소통이 시작된다는 말이 있습니다.* 구성원들이 가장 친밀해지고 무장해제 되는 곳이 바로 밥상입니다. 각 공동체에서 식사를 준비하느라 수고가 많은 분들은, 힘들더라도 이 의미 있는 일을 위해 계속 봉사해 주시면 감사하겠습니다. 매일 하나님이 공급하시는 양식과 더불어 하늘의 밥상, 하나님 나라의 복락을 풍성히 누리며 그 나라를 위해 헌신하는 이들이 되기를 진심으로 바랍니다.

‖ 함께 드리는 기도 ‖

1. 우리가 구원과 영생뿐 아니라 밥과 생계 문제에서도 하나님을 신뢰하는 믿음으로 각박한 현실을 헤쳐 나가며, 하나님 나라를 먼저 구하는 이들이 되게 하소서.
2. 우리를 생계의 염려뿐 아니라 탐심이라는 우상숭배에서도 자유하게 하소서. 일용할 양식이 주어지지 않을 때 받는 시험과, 양식과 물질이 풍족해질 때 받는 더 큰 시험을 잘 이기게 하소서.
3. '나'를 위해서는 최소한을 구하고 '우리'를 위해서는 최대한을 구해, 많은 이들에게 양식을 공급하는 하나님의 손길이 되게 하소서. 우리의 일용할 양식을 구하는 기도에, 약자와 가난한 자와 소외된 자들을 위한 사회적 공평과 정의에 대한 염원이 담기게 하소서.
4. 성령으로 말미암아 우리의 관심과 사랑과 추구의 초점이 '나'에게서 '우리'로 전환되는 내적 혁명이 일어나게 하셔서, 이 땅의 교회가 자기밖에 모르는 탐욕스러운 세상을 깨우고 새롭게 하는 공동체가 되게 하소서.

• 강준민, 『주기도문은 하나님의 마음입니다』(토기장이), p. 167.

5. 일용할 양식을 주신 것은 하나님의 뜻을 행하는 영원한 양식을 누리게 하시기 위함임을 가슴에 새기게 하소서. 교회에서 받는 성찬과 매일의 밥상을 통해 하늘의 밥상, 하나님 나라의 복락을 누리며 그 나라를 위해 사는 이들이 되게 하소서.

다섯 번째
간구

우리가 우리에게 죄 지은 자를 사하여 준 것같이
우리 죄를 사하여 주시고

13. 하나님 나라, 회심으로 산다 (1)

매일의 양식 같은 용서

하나님 나라는 우리에게 회개를 요구합니다. 주님이 이 땅에서 전파하신 첫 번째 메시지가 바로 "하나님 나라가 가까웠으니, 회개하라"는 것이었습니다. 일용할 양식을 구하는 간구도 사실은 회개의 기도라 볼 수 있습니다. 그것은 생계 문제에서 하나님을 신뢰하지 못하는 불신앙에서 돌이켜 어린아이처럼 하나님께 의존하는 기도입니다. 이를 통해 삶의 우선순위가 밥 문제에서 하나님 나라로 전환되어야 합니다. 하늘 아버지를 신뢰하지 못하고 먹고사는 문제에 연연하느라 하나님 나라와 의를 먼저 구하지 못한 삶에서 철저히 돌이키고, 미래의 안전을 위해 하나님보다 재물에 더 의존하고 탐하는 우상숭배에서 돌이켜야 합니다.

다섯 번째 간구인 "우리가 우리에게 죄 지은 자를 사하여 준 것같이 우리 죄를 사해" 달라는 기도도 마찬가지입니다. 이 기도는 이 세상을 주관하는 보응의 원리, 곧 당한 대로 갚아 준다는 삶의 자세에 저항할 것을 도전합니다. 자신에게 죄 지은 자에 대한 앙심과 복수심을 불쌍히 여기는 마음으로 변화시키고, 자기 의를 세우려는 교만에서 하나님의 용서에 의존하는 겸손으로 돌이키라는 요청입니다.

하나님 나라는 회심으로 사는 곳입니다. 이 땅에서 하나님 나라를 살아가기 위해서는 매일 양식이 필요한 것처럼 매일의 죄사함이 필요합니다. 우리에게 일용할 양식이 우선 공급되어야 생계의 불안에서 자유로워져서 하나님 나라와 의를 먼저 구할 수 있습니다. 동시에 우리에게 매일 용서의 은혜가 주어져야만 죄에서 해방되어 하나님과 화평을 누릴 수 있는 것입니다. 죄사함을 통해서만 하나님 나라의 모든 복이 우리에게 주어지고, 성령 안에서 의와 화평과 희락을 누릴 수 있습니다. 회개는 곧 하나님 나라로 들어가는 관문입니다.

우리는 매일 주어지는 용서 없이는 살 수 없는 존재입니다. 용서는 영적 폐에 꼭 필요한 신선한 공기이기에,* 용서가 없으면 영혼이 질식하고 말 것입니다. 그런데 우리는 육적 필요는 민감하게 느끼면서 영적 필요에는 아주 둔감합니다. 우리의 배꼽시계는 정말로 정확합니다. 밥시간이 조금만 지나면 배꼽시계가 요란하게 울리며 밥 달라고 아우성을 칩니다. 그런데 영혼의 감지기는 망가져서 작동조차 하지 않습니다. 간혹 울려도 소리가 너무 세미합니다. 영혼이 신음하고 탄식하는데도 우리는 그 탄식을 무시해 버리고 살아갑니다. 밥을 먹지 않고는 하루도 견디지 못하는데, 영혼이 용서를 먹지 못한 지가 꽤 오래되었는데도 무감각합니다. 여러분의 심령이 마지막으로 하나님의 용서를 맛본 때는 언제입니까? 언제 마지막으로 회개하셨습니까?

---

* 톰 라이트, 『마침내 드러난 하나님 나라』, p. 85.

반성 없는 신앙생활은 할 가치가 없다

소크라테스는 "반성하지 않는 삶은 살 가치가 없다"고 했습니다. 세상 사람들 중에도 지혜롭고 인격이 고매한 사람들은 늘 자기 삶을 돌아보고 반성하며 삽니다. 그들은 나름의 도덕적 기준과 이상을 가지고 있고, 거기에 비추어 자신을 성찰합니다. 그들은 도덕적 빛으로 자신을 조명하고 있다고 볼 수 있습니다. 그러나 아쉽게도 그들에게 영적 조명은 없습니다. 세상 사람들에게는 자기를 온전히 선명하게 바라볼 거울이 없습니다. 양심과 도덕이라는 희미한 거울이 있을 뿐, 어두운 영혼의 방을 밝히는 조명이 없습니다.

그에 반해 하나님 나라는 빛의 왕국입니다. 하나님 나라에는 자신을 비추어 볼 수 있는 최상급의 거울이 있습니다. 바로, 말씀의 거울입니다. 우리 안에 계신 성령께서 하시는 가장 중요한 사역은 어두운 마음의 방을 환하게 비추시는 것이며, 그분은 지속적으로 예수 그리스도의 복음을 통해 우리 마음에 하나님의 얼굴빛을 비추십니다.

칼뱅은 자기에 대한 지식과 하나님에 대한 지식은 긴밀하게 연결되어 있다고 했습니다. 우리는 하나님 앞에서만 자신을 발견할 수 있습니다. 또한 우리 자신을 볼 때 우리는 하나님 앞에 있는 것입니다. 우리 인생에서 가장 위대한 발견은 바로 자신을 발견하는 것이며, 가장 심각한 문제는 자신을 모르는 것입니다. 소크라테스가 "너 자신을 알라"는 유명한 말을 남겼듯이, 철인들은 자신을 알기 위해 무진 애를 썼습니다. 어떤 종교인들은 평생 명상과 수행을 통해 자기를 발견하는 긴 여정을 떠나기도 합니다. 그런데 이와 같은 모든 노력에도 불구하고 좀처럼 자신을 발견할 수 없습니다. 왜냐하면 위로부터 빛이 비쳐야 자기를 볼 수 있기 때문입니다. 어두운 자기 안에서는 자기를 발견할 수가 없습니다. 자신을 보는 것은 하나님의 얼굴빛을 접하는 매우 특별한 은혜 체험입니다.

자신을 보는 것이 구원이고, 성화의 시작입니다. 마침내 자신을 보게 되면, 더 이상 그 모습 그대로 살 수 없게 되기 때문입니다. 죄의 얼룩이 잔뜩 묻은 얼굴로 어떻게 살 수 있겠습니까? 변화의 비결은 바라봄에 있습니다. 주의 얼굴을 볼 때 우리는 그분의 형상으로 변화될 것입니다. 말씀의 거울에 비친 자신의 얼굴을 바라볼 때, 우리는 그와는 전혀 다른 모습으로 변화될 수 있습니다.

어두운 세상 왕국에는 거울과 조명이 없으니 진정한 자기 성찰이 불가능하고, 따라서 변할 수가 없습니다. 나이가 들면서 점점 굳어지고 추해질 뿐입니다. 사람들이 죄 속에서 추한 몰골로 살면서도 부끄러운 줄도 모릅니다. 그러나 우리는 밝은 조명과 선명한 거울이 있는 곳, 빛의 나라에 삽니다. 하나님 나라에서 사는 삶의 특징은 자기 성찰입니다. 반성이 없는 삶은 살 가치가 없다는 소크라테스의 말은 그리스도인들에게 반드시 적용되어야 할 말입니다. 반성과 성찰이 없는 신앙생활은 할 가치가 없습니다.

회개할 것이 없을수록 회개가 깊어진다

우리가 매일 하나님 앞에서 자신을 돌아보고 회개하는 것은, 우리가 하나님 나라 안에, 즉 빛 가운데 거하고 있다는 증거입니다. 그래서 사도 요한은 이렇게 말했습니다.

그가 빛 가운데 계신 것같이 우리도 빛 가운데 행하면 우리가 서로 사귐이 있고 그 아들 예수의 피가 우리를 모든 죄에서 깨끗하게 하실 것이요. 만일 우리가 죄가 없다고 말하면 스스로 속이고 또 진리가 우리 속에 있지 아니할 것이요. 만일 우리가 우리 죄를 자백하면 그는 미쁘시고 의로우사 우리 죄를 사하시며 우리를 모든 불의에서 깨끗하게 하실 것이요. (요일 1:7-9)

빛의 역할은 우리의 죄를 드러내 회개하게 하고, 우리를 깨끗하게 하는 것입니다. 하나님과의 사귐이 깊어지게 하는 것입니다.

매일 죄사함을 구한다는 것은 우리가 점점 더 깨끗해지고 거룩해지고 있다는 증거입니다. 빛 가운데 거하기 때문에 자신의 허물과 죄를 밝히 볼 수 있다는 뜻이기 때문입니다. 역설적이게도, 더 거룩해져서 회개할 것이 없을수록 더 회개할 것이 많아집니다. 그만큼 양심이 청결해지고 예민해졌다는 증거입니다. 그런 사람은 자신이 어떤 잘못을 행한 것에 대해서뿐 아니라 행하지 않은 것, 즉 더 사랑하지 못한 것, 더 베풀지 못하고 하나님 나라를 위해 더 헌신하지 못한 것, 그리스도의 형상을 더 아름답게 닮지 못한 것을 회개합니다. 자기의 죄는 별로 없을지라도 형제의 죄나 자식들의 죄, 교회의 죄, 민족의 죄를 자신의 죄로 여기고 죄사함을 구합니다. 주기도는 '자기' 죄뿐 아니라 '우리' 죄에 대해서도 용서를 구할 것을 요청합니다. 우리는 자신을 공동체 안의 다른 죄인들과 동일시해야 합니다. 형제의 죄는 바로 나의 죄인 것입니다. 죄사함을 구하는 기도에 있어서 우리는 개인주의를 벗어나야 합니다.

사도 바울은 그가 받은 극한 고난보다 더 힘들었던 것이 바로 매일 그를 압박하는 일, 곧 교회를 위한 염려라고 말했습니다. 그는 누군가가 약해지면 자신이 약해지고, 누군가가 실족하면 자신이 애가 타는 그런 사람이었습니다. 교회 지도자들에게 가장 힘든 일도 교회와 교인들에 대한 염려입니다. 교회가 영적으로 건강하지 못한 것, 교인들이 하나님을 사랑하지 않고 세상을 좇는 것을 보며 마음이 늘 눌리고 안타까운 것입니다.

회개할 것이 많을수록 회개가 없다

반면, 죄에 묻혀 사는 이들에게는 진정한 회개가 없습니다. 그러므로 우리는 그들의 죄를 자신의 죄로 여기고 죄사함을 구해야 합니다. 그러면 그 기도가 언젠가는 그들을 죄에서 돌이키게 할 것입니다. 우리 자녀들, 젊은이들 중에는 무엇을 회개해야 하는지 모르는 이들이 많습니다. 부모들은 그런 자녀들의 죄를 자신의 것으로 여기고 그들 대신 죄사함을 구해야 합니다. 그것이 우리 자녀들을 살리는 기도입니다. 한국 교회의 죄와 타락이 얼마나 심각한지 모릅니다. 한국 교회의 아픔을 자기 아픔으로 끌어안고 한국 교회의 죄를 우리 모두의 죄로 여기고 통회하며 죄사함을 구해야 합니다. 이런 기도가 한국 교회에 너무도 절실합니다.

가장 회개할 것이 많은 사람이 가장 회개하지 않습니다. 그것은 그가 어둠 가운데 있다는 증거입니다. 죄의 독기가 마음의 눈을 멀게 하고, 마음을 한없이 강퍅하고 완고하게 만든 것입니다. 이것이 바로 죄의 치명적 결과입니다. 죄는 회개를 불가능하게 합니다. 그럼으로써 하나님께로 돌이키지 못하게 합니다.

하나님 나라와 그분의 통치를 거부하는 사람의 특징은 빛을 거부한다는 것입니다. 우리 안에는 하나님의 빛을 필사적으로 회피하고 억누르려는 죄의 세력이 도사리고 있습니다. 또 이 빛이 우리에게 비치는 것을 필사적으로 방해하는 사탄의 역사로 인해 이 사태가 더 심각해집니다. 말씀을 통해 빛이 비치려고 하면 정신을 바짝 차리고 마음의 문을 닫아 버립니다. 은혜 받으려고 정신을 차리는 것이 아니라, 은혜 받을까 봐 정신을 바짝 차리는 것입니다. 빛이 비치면 방어막을 쳐 버립니다. 교회 안에도 이 빛을 거부하고 사는 이들이 있습니다.

오늘날 그리스도인들은 깊은 죄를 드러내고 자신의 부패한 모습을 하나님 앞에 노출시키는 복음을 매우 불편해합니다. 죄 자체를 처리해 주기보다 죄책감이라는 불편한 감정만 없애 주는 달콤한 설교를 원합니다. 죄 속에 살면서도 죄책감을 느끼지 않고 평안하게 살기를 원합니다. 그러다 보면 죄의식이 점점 마비되고, 죄를 거의 의식하지 못하는 지경에 이르고 맙니다. 그러니 용서를 구할 리가 없고 용서의 은혜를 누리지도 못합니다.

매일 죄사함을 구한다는 것은 날마다 하나님의 빛 가운데서 자신을 돌아보고 성찰하는 것을 전제합니다. 빛을 거부하는 태도와 정반대로, 빛 가운데로 나아가 그 빛이 자기 내면의 모든 것을 샅샅이 밝혀 주기를 간절히 사모하는 것입니다. 이것이 빛의 자녀들, 하나님 나라 백성들의 특징입니다. 성경의 다윗 역시 그런 태도를 지녔던 사람입니다. "하나님이여, 나를 살피사 내 마음을 아시며 나를 시험하사 내 뜻을 아옵소서. 내게 무슨 악한 행위가 있나 보시고 나를 영원한 길로 인도하소서"(시 139:23-24).

기도란, 다윗처럼 하나님의 빛 가운데서 자신을 성찰하는 구체적인 행위입니다. 하나님 임재의 빛 가운데 나아가 자신을 보는 것입니다. 기도의 자리에서 하나님께 말만 하지 말고, 하나님이 하시는 말씀을 들으시기 바랍니다. 하나님이 깨우쳐 주시는 자신을 돌아보십시오. 그러기 위해서는 늘 다음과 같은 태도로 기도해야 합니다. '하나님 저를 살펴주십시오. 저에게 무슨 악한 마음과 행위가 있는지 보게 하소서.'

이런 자기 성찰에도 위험이 도사리고 있습니다. 사탄도 자신을 광명의 천사로 가장해 하나님을 모방하고 빛을 비추어 줄 수 있습니다. 그런데 사탄이 하는 일이란 우리의 못난 모습을 보게 하고, 우리의 죄를 들추어내어 계속 정죄하는 것입니다. 그 죄에 진노하는 하나님을 느끼게 하고, 우리 안에 불안과 두려움이 고조되게 합니다. 사탄이 비추는 얼굴은 복음의 하나님이 아니라 율법의 화신이 된 자신의 얼굴입니다.

기도는 열심히 하는데 말씀을 잘 모르는 이들이 이런 위험에 빠지기 쉽습니다. 자기반성에는 열심인데 병적 자기 성찰에서 헤어나지 못하는 것입니다. 자신의 내면을 아플 때까지 헤집어 파면서 늘 자기를 고문합니다. 이런 이들에게 사탄은 쏠쏠한 재미를 느낍니다. 그러므로 진리를 바로 알아야 합니다. 예수님은 "진리를 알지니, 진리가 너희를 자유하게 하리라"고 하셨습니다. 말씀의 바탕 위에서 기도해야 합니다. 주기도는 하나님 나라를 위한 기도이므로, 하나님 나라의 복음에 반드시 기초해야 합니다.

하나님 나라 복음의 핵심이 무엇입니까? 바로 의로움입니다. 예수 그리스도의 십자가와 부활로 이루신 의가 우리의 모든 죄를 사하고, 우리로 의롭게 여김을 받게 합니다. 우리는 우리 과거의 죄뿐 아니라 현재와 미래에 짓는 죄까지 용서받는다는 약속을 이미 받았습니다. 우리는 매일 죄사함을 구함으로 그리스도 안에서 이미 주어진 죄사함을 체험합니다. 매일 죄 용서를 받으며 십자가의 은혜와 사랑을 더 깊이 깨닫고 체험합니다. 실로 그 은혜가 날마다 새롭습니다.

매일 회개하고 죄 용서를 구하는 것은 음울한 고행이 아닙니다. 우리는 매일 회개하는 것을 하나님 나라의 관점에서 이해해야 하는데, 회개는 하나님 나라의 잔치에 참여하는 것입니다. 탕자의 비유에 등장하는 아버지처럼 두 팔 벌리고 사랑의 품 안으로 죄인들을 받아 주시는 하나님 아버지께로 나아가는 것입니다. 아버지가 베푸는 기쁨의 잔치에 참여하는 것입니다. 하나님과 화평을 누리며 희락을 맛보는 것입니다. 회개는 슬픔이 아니라 기쁨으로 충만한 세계로 돌이키는 것입니다. 억압이 아니라 자유를 향해 돌아가는 것입니다. 매일 죄사함을 받음으로써 우리는 자유롭고 행복해집니다. 회개를 통해 하나님 나라의 복락이 우리에게 밀려들어 옵니다.

끔찍한 기도

한편, 우리가 다른 사람을 용서하는 것도 우리가 그리스도 안에서 이미 받은 용서에서 흘러나옵니다. 그런데 우리는 "우리가 우리에게 죄 지은 자를 사하여 준 것같이 우리 죄를 사하여 달라"는 간구를, 우리가 죄 용서를 받는 것이 다른 이의 죄를 용서하는 것에 달린 것으로 오해하기 쉽습니다. 그러면 이 기도를 드릴 때마다 마음이 불편해질 수밖에 없습니다. 실제로 어떤 사람은 주기도를 할 때 이 대목에서

입을 꽉 다물어 버립니다. 기도하면서 거짓말하는 죄를 보태지 않기 위해서라는 것입니다. 아우구스티누스는 이 간구를 끔찍한 기도라고 말했습니다. 우리가 죄사함을 받는 근거가 다른 이를 용서하는 우리 행위에 있다면 정말 끔찍한 기도가 아닐 수 없습니다. 그러면 죄사함이 은혜가 아니라 불가능한 율법적 행위에 대한 조건적 보상이 되고, 복음을 송두리째 부인하는 결과가 초래됩니다. 그렇다면 이 간구의 진정한 의미는 무엇일까요?

마태는 "우리가 우리에게 죄 지은 자를 사하여 준 것같이"라는 문구에서 동사를 완료형 시제로 사용합니다. 어떤 학자는, 주님이 제자들에게 아람어로 말씀하셨는데 아람어로 이 동사를 번역하면 완료된 것이라기보다 동시적인 것을 뜻한다고 해석합니다. 그러면 이 말씀은 "우리 죄를 사하여 주소서. 그와 동시에 우리도 우리에게 죄 지은 자를 사하겠습니다"라는 뜻으로 읽을 수 있습니다.* 이렇게 이해하는 것이 복음의 메시지와 잘 부합하는 것 같기는 합니다. 그런데 주님이 정말 그렇게 표현하셨는지는 여전히 의문입니다.

주님은 용서받는 것이 우리 자신이 용서하는 것에 달려 있다는 식으로 연이어 말씀하셨습니다. "너희가 사람의 잘못을 용서하면 너희 하늘 아버지께서도 너희 잘못을 용서하시려니와, 너희가 사람의 잘못을 용서하지 아니하면 너희 아버지께서도 너희 잘못을 용서하지 아니하시리라"(마 6:14-15). 그리고 마태복음 18장에서 만 달란트 빚진 자의 비유를 결론지으면서도 같은 말씀을 하셨습니다. "너희가 각각 마음으로부터 형제를 용서하지 아니하면 나의 하늘 아버지께서도

• 김세윤, 『주기도문 강해』, pp. 168-170.

너희에게 이와 같이 하시리라"(마 18:35).

이 예화에서 주님은 '빚'이라는 단어를 죄라는 의미로 사용하십니다. (우리말 성경은 죄라고 번역했지만) 주님은 주기도에서도 '빚'이라는 단어를 사용하셨습니다. 왕에게 만 달란트 빚을 탕감받은 이가 백 데나리온을 갚지 않는다는 이유로 동료를 가혹하게 옥에 잡아넣었습니다. 그 사실을 알고 크게 노한 왕은 그가 빚진 것을 다 갚을 때까지 감옥에 있게 했습니다. 당시 한 데나리온은 하루 품삯에 해당하는 돈이었고, 백 데나리온이면 넉 달치 월급에 해당합니다. 그렇다면 만 달란트는 얼마나 될까요? 한 달란트가 6천 데나리온, 즉 20년간 받는 임금에 해당합니다. 그리고 만 달란트면 20만 년 동안 받는 임금입니다. 도저히 갚을 수 없는 금액인 것입니다.

주님은 과연 적절한 비유를 드신 걸까요? 세상에 이렇게까지 악하고 야박한 인간이 과연 있을까요? 아무리 못된 인간이라도 그렇게 엄청난 빚을 탕감받았다면 자신에게 적은 빚을 진 자에게 어느 정도 관용을 베풀지 않겠습니까? 하지만 그것이 엄연한 우리의 모습입니다. 우리는 하나님께는 그렇게도 배은망덕하고, 다른 사람들에게는 그렇게도 가혹합니다. 하나님께 억만 죄를 사함 받았는데, 다른 이의 작은 죄는 용서하지 못합니다.

우리도 용서하지 마소서

자신의 죄를 깨닫고 죄사함을 구하는 것이 빛 가운데 거하는 것을 보여 주는 증거이듯, 다른 이의 죄를 사해 주는 것도 빛의 열매입니다. 성령의 조명으로 자신이 하나님에게서 얼마나 많은 죄를 용서받았는지 알고 그 은혜를 누리는 사람만이 남을 용서합니다. 그리스도의 보혈로 죄사함을 받고 하나님과 화평을 누리는 사람만이 자신에게 죄 지은 자를 용서하고 그와 화목한 관계를 맺습니다. 하나님 나라의 평강이 세상으로 흘러가게 하는 것입니다. 하나님의 용서는 용서받는 이 안에, 용서하시는 하나님과 같은 마음과 성품을 창조합니다.

우리 죄를 사하시기 위해 십자가에서 고난받으신 주님이 이제는 우리 안에 성령으로 거하여 우리에게 용서하는 새 마음과 용서할 수 있는 능력을 주십니다. 우리를 용서하신 주님이 이제 우리를 통해서 다른 이들을 용서하십니다. 용서의 비밀은 그리스도와의 연합에 있습니다. 용서란 인간에게 불가능한 일입니다. 오직 우리 안에 거하시는 그리스도로 말미암아 우리는 용서할 수 있습니다.

우리에게 죄 지은 자를 사하는 행위는 하나님께 받은 죄사함이 흘러넘치는 것입니다. 하나님으로부터 시작된 거대한 용서의 물결이 우리에게서 멈추어서는 안 되며, 반드시 우리를 통해 다른 이에게 흘러가게 해야 합니다. 하나님의 용서가 반드시 우리의 용서로 열매 맺고 계속 이어져야 한다는 바로 그 의미에서, 주님은 우리의 죄사함이 우리가 다른 이를 용서하는 데 달려 있는 것처럼 말씀하신 것입니다.

스스로 다른 이를 용서하지 않으면서 자기 죄를 용서해 달라고 기도하는 것은 큰 모순이 아닐 수 없습니다. 용서하지 않는 마음의 죄를 그대로 품은 채, 그 죄를 용서받고자 하는 마음이 조금도 없으면서, 죄를 용서해 달라고 기도하는 것은 거짓일 수밖에 없습니다. 그것은 자기를 용서하지 말라는 뜻이나 다름없습니다. 그래서 칼뱅은, 이 간구가 "우리가 다른 이를 용서하지 않으면 우리도 용서하지 마소서"라고 기도하는 것과 같다고 했습니다.*

하나님의 용서를 받은 사람이 다른 이의 잘못을 용서하는 것이 당연하지만, 우리의 부패성과 완악함 때문에 이런 열매가 자연스럽게 나타나지 않을 수 있습니다. 그래서 우리에게 만 달란트 빚진 자와 똑같은 모습이 재현될 때도 있습니다. 그러나 비록 우리가 다른 이를 온전히 용서하지 못할 때도 우리에게 죄 지은 자를 용서한 것같이 우리 죄를 사해 달라고 기도할 수 있습니다. 우리는 남을 용서하지 못하는 우리의 죄를 사해 달라는 간구를 담아 이 기도를 드릴 수 있을 것입니다.

그렇게 할 때 우리에게 용서하는 마음과 능력이 주어집니다. 그리스도의 영이 임합니다. 우리는 용서할 때 가장 그리스도를 닮아 갑니다. 그리스도의 마음과 영으로 충만해집니다. 서로 용서할 때 우리는 서로를 자유롭게 할 수 있습니다. 용서는 끝없이 돌고 도는 보복의 악순환으로 찢기고 파괴된 인간관계를 치유하는 유일한 비결입니다. 용서는 우리 가정과 교회에 하나님 나라가 임하게 합니다. 하나님으로부터 시작된 용서의 물결이 우리를 통해 교회와 가정과 사회로 흘러가기를 간절히 바랍니다.

‖ 함께 드리는 기도 ‖

1. 우리는 매일의 양식 없이 살 수 없는 것처럼 용서 없이는 살 수 없는 존재입니다. 매일 죄사함을 통해 하나님과 화평을 누리며 하나님 나라의 복락을 맛보게 하소서. 매일 빛 가운데서 자기를 성찰하고 회개하여 날로 거

---

* 장 칼뱅,『기독교 강요 (중)』(*Institutes of the Christian Religion*, CH북스), p. 498.

룩해지며 주님과의 사귐이 깊어지게 하소서.

2. '내' 죄뿐 아니라 '우리'의 죄를 용서해 달라고 구하게 하소서. 우리 자녀의 죄, 우리 형제의 죄, 교회의 죄, 민족의 죄를 나의 죄로 여기고 용서를 구합니다. 그들을 죄에서 자유롭게 하소서. 한국 교회의 죄를 우리 모두의 죄로 여기고 통회하며 죄사함을 구합니다. 한국 교회를 살려 주소서.

3. 하나님이 우리 죄를 사하신 것처럼 우리도 우리에게 죄 지은 이들을 용서하게 하소서. 우리에게는 용서하는 마음과 힘이 없기에, 우리 안에 거하시는 그리스도로 말미암아 용서하는 인격과 마음이 우리 안에 형성되게 하소서.

4. 하나님의 용서가 우리의 용서로 반드시 이어지고 열매 맺게 하소서. 남을 용서하지 않는 죄에서 돌이키지 않으면서 우리 죄를 사해 달라는 모순된 기도를 하지 않게 하소서. 남을 온전히 용서하지 못하는 죄에 대한 용서를 먼저 구하며 주기도를 드리게 하소서.

14. 하나님 나라, 회심으로 산다 (2)

복수의 본능에 충실하고 싶다

"우리가 우리에게 죄 지은 자를 사하여 준 것같이 우리 죄를 사하여 주시고"는 복음과 율법이 맞물려 있는 간구인 것 같습니다. 우리가 용서를 받는 일은 복음인데, 용서해야 한다는 것은 부담스러운 율법처럼 들리기 때문입니다. 그러나 이 간구는 오히려 율법에서 은혜로 돌이키라는 요청으로 이해해야 합니다. 이 세상은, 눈에는 눈으로 이에는 이로 갚는다는 율법이 지배하는 곳이며, 이런 율법은 우리의 본성과 꼭 들어맞습니다. 남이 우리에게 손해를 입히고 고통을 안겨 준 만큼, 아니 그 이상으로 되갚아 주고픈 복수심이 우리 천성입니다.

저는 평상시 머리를 많이 쓰는 일을 해서 그런지 복잡하게 생각하게 하는 영화보다는 액션 영화를 좋아하는 편입니다. 잠시 머리를 식힐 겸 아무 생각 없이 보기에는 액션 영화가 좋습니다. 그런데 그런 영화들은 대부분 원수나 악한에게 복수하는 이야기가 주류를 이룹니다. 영화는 주로 주인공이 악당을 응징하는 것으로 끝나고, 관객은 악당을 처벌하는 방식이 잔인할수록 통쾌해합니다. 그것이 바로 우리 안에 도사리고 있는 복수의 본능입니다. 실제로 주변을 둘러보아도 평생토록 복수심에 사로잡혀 사는 이들이 많습니다. 복수가 삶의 원동력이자 목적처럼 보일 정도입니다.

복수하려는 인간의 마음에는 일종의 정의감이 깃들어 있습니다. 그것은 불의를 응징하고 정의를 실현해야 한다는 의식입니다. 내가 피해 입고 상처를 받은 만큼 되갚아 주어야 공평해진다는 의식이고, 바로 이것이 율법의 원리입니다. 하지만 주기도는 율법의 원리를 따르던 삶에서 은혜의 원리를 따르는 하나님 나라의 삶으로 돌이킬 것을 요청합니다. 우리 안의 복수의 본능이 그리스도의 본능, 용서의 본능으로 바뀌어야 한다는 것입니다. 그래서 주기도의 이 간구는 우리에게 끊임없이 하나님 나라로 돌이키는 회심을 요구합니다.

하나님께 용서의 큰 빚을 진 사람으로서 동료 인간을 용서하는 것이 당연하다는 것을 우리는 잘 압니다. 또 그렇게 용서하는 행위 자체도 하나님의 은혜라는 사실도 압니다. 그럼에도 용서는 여전히 어렵습니다. 아마도 인간에게 가장 힘든 일이 용서일 것입니다. 왜냐하면 그것은 우리의 본능을 거스르기 때문입니다. 그것은 지금까지 세상에서 살아오면서 몸에 깊이 밴 율법의 원리, 보응의 원리와 정면으로 충돌하는 행위입니다.

용서하라고 고문하시는 하나님?

자신에게 악을 행한 자를 용서해야 하는 사람은 어떻게 보면 이중 고통을 당합니다. 억울한 일을 당해 충분히 괴로운데, 용서하지 못하는 자신으로 인해 더 괴롭습니다. 차라리 악을 행한 자를 실컷 미워하며 저주하고 앙갚음을 하면 분이 풀릴 것 같은데 그리스도인이라 그럴 수는 없는 것입니다. 주님의 말씀대로 용서해야 하는데 도저히 용서하지 못하는 자신을 보며 이중으로 괴롭습니다.

반면 해를 입힌 사람은 정작 아무런 갈등과 고통 없이 평안하게 지내고, 피해자에게 잘못을 행한 것에 대해 아무런 죄책감도 느끼지 못하는 것 같습니다. 자신이 고통과 피해를 안겨 주었다는 생각도 없어 보입니다. 하나님은 이렇듯 잘못을 범한 이는 처벌하지 않고 오히려 형통하게 하시면서, 고통을 받은 사람에게는 마치 용서하라고 고문을 하시는 것 같아 보입니다. 그래서 우리는 용서하기가 더 힘든 것입니다. 하나님이 불의에 대해 손 놓고 계시니 우리라도 복수해서 하나님 대신 정의와 공평을 실현하고 싶어집니다.

이렇듯 용서를 가로막는 장애물은 '용서하는 것은 나만 일방적으로 피해를 당하는 불공평한 처사'라는 생각입니다. 우리는 손해 보는 일은 절대 하지 않으려 하고, 그래서 항상 계산을 하면서 삽니다. 이것은 나름 지혜로운 일이며, 용서에 있어서도 좀더 정확한 손익계산을 해 볼 필요가 있습니다. 용서가 정말 손해만 보는 일인지 한번 따져 보면 좋겠습니다. 용서하지 않으면 가장 손해 보는 이가 누구겠습니까? 바로, 피해를 당한 우리 자신입니다.

미로슬라브 볼프는 "기억되는 상처는 경험되는 상처"라고 했습니다.▲ 과거에 다른 사람에게 입은 상처를 기억하는 한 그것은 계속 우리를 아프게 하는 현재적 경험이 되는 것입니다. 기억하는 과거를 구속하지 않으면 진정한 현재의 구속도 없습니다.• 그것은 고통스러운

• 미로슬라브 볼프, 『배제와 포용』, p. 210.
▲ 같은 책.

과거에 완전히 매여 있는 삶이고, 정신적·영적 성장이 과거에 멈춰 버린 삶입니다. 그러면 구속되지 않은 기억을 통하여 과거에 우리에게 고통을 안겨 준 사람이 계속 우리를 고문하게 됩니다. 그 사람이 더 이상 곁에 있지도 않고 아무 짓도 하지 않는데, 계속 우리 안에 머물러 우리를 괴롭힙니다. 우리를 미움과 분노와 원한의 감옥에 가두고 고통받게 합니다.

그러한 상처는 그를 자주 생각하고 묵상하게 만듭니다. 그럴 때마다 우리는 기분이 나빠지고 화가 치밀고 불행해지고 맙니다. 마치 그가 우리 안에 가득 차서 우리를 통제하는 것 같습니다. 그런데 우리가 아무리 그를 미워하고 저주한다고 해도 그는 아무런 해도 입지 않습니다. 우리 자신만 더 손해를 볼 뿐입니다. 그에게 되갚아 주기는커녕 우리 자신이 더 철저히 유린당하고 억압당하는 것입니다. 완벽한 패배이고, 이보다 더 밑지는 장사는 없습니다. 이렇게 자신이 손해 보지 않기 위해서라도 용서가 필요합니다. 용서의 가장 큰 유익은 먼저 자기 자신에게 돌아갑니다. 용서는 미움과 원한의 감옥에 갇힌 사람을 해방하는 행위이며, 그 과정에서 가장 먼저 풀어 주는 포로가 바로 자기 자신임을 발견하게 됩니다.* 용서는 참 어렵습니다. 그러나 용서보다 더 어려운 것은 용서하지 않는 것입니다.

용서하려는 의지와 그에 반하는 감정

좀 이기적으로 보이지만, 우리는 먼저 자신을 위해서라도 용서해야

• Lewis B. Smedes, *Shame and Grace* (San Francisco: Harper Collins, 1993), p. 141.

합니다. 우리는 어쩔 수 없이 자신의 유익과 행복을 우선적으로 추구하는 존재이기에, 이런 목표가 용서에 대한 강한 동기 부여가 될 수 있습니다. 물론 그런 태도를 가진다고 해서 용서가 수월해지지는 않습니다. 우리를 위해서라도 용서해야 한다는 것을 머리로는 얼마든지 수긍해도 우리의 감정과 마음이 따라 주지 않습니다. 마음의 상처와 원한이 치유되는 데는 실로 오랜 시간이 걸릴 수밖에 없습니다.

우리가 의지적으로 용서를 결단해도 감정은 의지에 저항합니다. 깊이 기도하는 중에 은혜를 받아 용서하는 마음이 생기고, 마음이 기쁘고 평안해졌습니다. 이제 정말 그 사람을 마음으로 용서한 것 같습니다. 그런데 그를 보는 순간 미운 감정이 다시 올라옵니다. 그러면 자신이 아직 그 사람을 진정으로 용서하지 못했다는 자괴감에 빠집니다. 그러나 기억해야 할 것은, 의지적으로 용서한 후에도 한동안은 감정적인 앙금이 내면에 남아 있을 수 있다는 사실입니다.

우리의 감정은 변화무쌍합니다. 그래서 감정으로 모든 것을 판단하는 것은 곤란합니다. 어떤 때는 그런 감정을 무시해 버리고 일단 결단한 대로 밀고 나갈 필요도 있습니다. 우리 안에 용서의 감정이 희미해지고 미운 감정이 올라올 때도, 자신이 용서하지 못했다고 자책하고 괴로워할 필요는 없습니다. 용서하겠다는 의지적 결단을 한 것만으로 이미 용서의 큰 걸음을 뗀 것이기 때문입니다. 그리고 하나님은 그것을 귀하게 보시는 분이며, 우리의 상처 입은 마음을 치유하시고 점차 우리 마음에 온전한 용서와 사랑의 정서를 불러일으켜 주실 것입니다. 용서는 이런 점진적 과정을 통해 이루어집니다. 단숨에 완벽한 용서가 이루어지지 않는다고 낙심할 필요는 없습니다.

사실 세상 사람들도 자기를 위해서라도 용서가 필요함을 인식하고 용서하기 위해 노력합니다. 현대 심리학에서도 분노와 증오 같은 부정적 감정에서 벗어나기 위한 수단으로 용서를 처방합니다. 내적 치유와 상담 영역에서는 용서가 단골 메뉴로 등장합니다. 만약 우리의 용서가 전적으로 자기를 위한 것이라고 한다면, 세상이 말하는 이런 용서와 크게 다른 점이 있을까요? 그리스도인의 용서의 독특한 점은 무엇일까요?

'나만을 위한 용서'의 한계 넘기

진정한 용서는 자기보다 우선적으로 남을 위한 것입니다. 그렇게 용서한 결과 그 용서의 유익을 먼저 누리는 이는 자기 자신이기는 하지만 말입니다. 용서는 자신이 아니라 자신에게 잘못한 자에게 베푸는 선물입니다. 용서하는 동기와 목적이 자신의 행복과 자유에만 집중되어 있으면 진정한 용서가 되기 어렵습니다. 그 인간은 밉지만 내가 그 인간 때문에 불행해지지 않기 위해서라도 용서하겠다는 것은 용서의 긍정적 측면을 잃어버린 것입니다.

하나님의 용서가 우리를 죄책에서 풀어 주고 새롭게 하듯이, 우리의 용서 또한 우리에게 죄 지은 자를 새롭게 하는 데까지 나아가야 합니다. 『레 미제라블』(Les Misérables)이라는 유명한 소설이 전하는 메시지도 바로 '용서가 인간을 새롭게 한다'는 것입니다. 주인공 장발장이 굶주린 조카들을 위해 빵 한 덩이를 훔친 죄로 19년간 감옥살이를 하고 풀려났지만 받아 주는 데가 없습니다. 다행히도 한 친절한 신부의 배려로 성당에서 밤을 지낼 수 있게 됩니다. 그런데 장발장은 모두가 잠든 사이에 방에 있는 은잔을 훔쳐 달아나고, 다음

날 경찰에게 붙잡혀 돌아옵니다. 신부는 뜻밖에도 그를 반기며 그가 도둑이 아니라고 합니다. 그리고 도리어 장발장에게 이렇게 말합니다. "내가 은잔뿐 아니라 촛대까지 주었는데 그것을 잊고 갔군요. 다시 와서 참 다행이에요. 촛대까지 가져가세요." 이 소설은 용서가 어떻게 복수와 증오에 사로잡힌 한 인간의 마음을 녹여 그를 새 사람이 되게 하는지를 잘 묘사해 줍니다.

루터는, 용서란 "그리스도께서 우리를 살리고 새롭게 하시기 위해 자신을 내어 주셨듯이 우리도 우리 자신을 또 다른 그리스도로 우리 이웃에게 내어 주는 것"이라고 말했습니다.• 그리스도의 용서와 우리의 용서 사이에는 질적·양적 면에서 하늘과 땅만큼 차이가 나지만 특성에 있어서는 유사한 점이 있습니다. 우리의 용서는 그리스도의 용서를 본받아야 합니다.

그리고 이것은 결코 죄를 별것 아닌 것으로 여겨 대충 얼버무리고 넘어가는 태도가 아닙니다. 니체는 용서를 노예의 도덕이라 칭하고 경멸했습니다. 그는 초인, 즉 성숙한 인간의 도덕은 용서를 초월하는 것이라고 보았고, 그래서 자기의 죄나 원수의 악행을 심각하게 받아들이지 말고 별것 아닌 것처럼 여기고 행동하면 된다고 말했습니다.▲ 그러나 용서는 죄를 눈감아 버리거나 죄의 심각성을 무시하는 것이 아닙니다. 용서는 오히려 죄를 죄로서 드러내는 것입니다. 용서한다는 것은 상대가 나에게 분명히 잘못했음을, 죄를 지었음을 선언

• Martin Luther, *Luther's Works*, ed. Harold J. Grimm, v. 31, p. 367. 미로슬라브 볼프, 『베풂과 용서』, p. 320에서 재인용.

▲ Friedrich Nietzsche, *On Genealogy of Morals* (Cambridge: Cambridge University Press, 1994), pp. 23-24. 미로슬라브 볼프, 『베풂과 용서』, pp. 266-267에서 참고함.

하는 것입니다. 그에게 유죄 판결을 내리는 것입니다. 즉, 용서 자체가 죄를 지적하고 책망하는 행위입니다.

그래서 완고하고 교만한 사람은 용서를 받아들이기를 거부합니다. 용서의 선물을 받는다는 것은 곧 자신의 죄를 인정하는 것이기 때문입니다. 용서의 선물을 거부하고 오히려 용서를 하겠다는 이에게 격분합니다. '내가 뭘 잘못했다고 너 따위에게 용서를 받아야 하느냐'고 큰소리치기도 합니다. 그런 이에게 베푸는 용서는 아무 유익도 거두지 못합니다. 우리의 선물이 짓밟힐 뿐입니다. 그러나 상대가 죄를 인정하거나 회개하지 않을지라도, 그를 용서하는 것으로 우리는 자기 몫을 다한 것입니다. 나머지는 하나님께 맡겨야 합니다. 루터가 말했듯이 끝내 우리의 용서를 받아들이지 않고 무시하는 이는 "용서할 수 있는 죄를 용서할 수 없는 죄로 변질시키는 것"과 같습니다.* 스스로 용서받지 못하는 자, 용서의 유익을 전혀 누리지 못하는 자로 남는 것입니다.

하나님과 사탄을 혼동하는 사람들

용서는 죄를 책망하는 동시에 그 죄에 대해 보복하지 않는 것입니다. 율법이 요구하는 정의는 죄에 대한 처벌과 보응입니다. 그러나 용서는 죄에 대한 책임과 처벌을 면하게 해 줍니다. 빚을 탕감해 줍니다. 용서란 상대가 입힌 고통과 피해에 대해 앙갚음하지 않는 것입니다. 물론 우리에게 심각한 잘못을 범한 사람이 국가법으로 처벌을 받는

---

* Luther, *Luther's Works*, 21:153. 미로슬라브 볼프, 『베풂과 용서』, p. 290에서 재인용.

것은 어쩔 수 없지만, 개인적으로는 그에게 복수하지 않는 것입니다. 용서는 우리에게 죄 지은 자를 죄에 대한 보응뿐 아니라 죄책감에서 자유롭게 해 주는 것입니다. 그것이 진정한 용서입니다.

하나님은 우리 죄를 용서하시고, 그 죄를 그분 등 뒤로 던지셨다고 했습니다(사 38:17). 우리는 자신의 등 뒤에 있는 것을 볼 수 없습니다. 마찬가지로 하나님도 우리가 지은 죄를 그분이 보지 못하시는 곳에 두셨습니다. 또한 그분은 우리 죄를 덮으셨습니다(시 32:1). 누구도 볼 수 없고 심지어 하나님도 들여다볼 수 없는 두껍고 검은 덮개로 우리의 죄를 덮으셨습니다. 그리고 하나님은 우리 죄를 지워 버리셨다고 말씀하십니다. "나 곧 나는 나를 위하여 네 허물을 도말하는 자니, 네 죄를 기억하지 아니하리라"(사 43:25). 우리 죄의 전과를 모두 지워 버리셨습니다. 죄가 기록된 파일을 완벽하게 삭제해서 복원이 불가능하게 하셨습니다. 그뿐 아니라 하나님은 우리 죄를 기억하지도 않으십니다(렘 31:34). 하나님은 결코 우리가 용서받은 죄를 다시 들추어내어 우리를 죄책감에 시달리게 하지 않으십니다.

그런 짓을 잘하는 이가 바로 사탄입니다. 사탄의 주특기는 용서받은 죄를 다시 끄집어내고 정죄하는 것입니다. 그래서 우리를 죄책감에서 헤어 나오지 못하게 합니다. 그리스도 안에서 자유와 생명을 풍성히 누리는 삶을 방해합니다. 그런데 하나님과 사탄을 자꾸 혼동하는 사람들이 있습니다. 모든 죄로부터의 자유를 선언하는 칭의 교리를 믿는 개신교인들 중에서도, 병적 죄책감의 굴레에서 벗어나지 못하는 이들이 많습니다. 영적으로 특별히 예민하고 하나님을 더 열심히 섬기고자 하는 이들 중에 이런 어려움을 겪는 이들이 많습니다.

죄를 망각하는 신비한 능력

하나님이 우리 죄를 사하시면, 그 죄를 다시 기억하지 않으십니다. 하나님은 결코 우리를 보실 때 과거의 죄를 다시 떠올리고 언짢아하며 우리를 대하시는 분이 아닙니다. 기억되는 죄는 현재의 화평을 방해합니다. 하나님은 모든 것을 빠짐없이 알고 기억하는 분이시며, 그 어떤 것도 하나님의 기억의 레이다를 벗어날 수는 없습니다. 그런 하나님이 우리 죄에 있어서만큼은, 기억하지 못하는 무력함에 빠지십니다. 이 무력함은 하나님의 전능함의 또 다른 표현입니다.

  정상적인 정신을 가지고 있는 한 우리에게는 기억하지 않을 수 있는 능력이 없습니다. 그러나 하나님은 우리 죄를 망각하는 능력까지 가진 전능하신 분이며, 그것으로 우리를 죄책감에서 온전히 자유롭게 하십니다. 하나님은 우리 죄를 완벽하게 기억하시는 동시에 완전히 망각하는 이중적 전능성을 지닌 분이십니다. 하나님은 우리 죄를 죄로 드러나게 하고 그것을 용서하기 위해 우리 죄를 낱낱이 기억하십니다. 그런 다음, 그 죄에서 우리를 온전히 자유롭게 해 주기 위해 그것을 망각하십니다. 하나님은 우리 죄를 용서하고 잊기 위해서만 죄를 기억하십니다.*

  우리도 그래야 합니다. 우리는 죄를 회개하고 변화되기 위해 반드시 자신의 죄를 기억해야 합니다. 또한 회개한 후 하나님과 화평을 누리기 위해서는 그 죄를 깨끗이 잊어야 합니다. 우리에게도 기억과 망각이 계속 반복되어야 합니다. 그러나 우리는 아직 연약하기 때

• 미로슬라브 볼프, 『배제와 포용』, p. 217.

문에, 기억해야 할 죄는 망각합니다. 그래서 회개하지 않습니다. 반대로, 망각해야 할 죄를 자꾸 기억함으로써 죄책감에 사로잡힙니다. 우리는 영적으로 성숙해 가면서 용서하시는 주님의 성품을 배워 가야 합니다. 기억과 망각 사이에서 섬세한 줄타기를 잘해야 합니다.

우리에게 죄 지은 이를 용서할 때도 마찬가지입니다. 그를 죄책감에서 자유롭게 해 주기 위해서는 그의 죄를 더 이상 기억하지 말아야 합니다. 더 이상 그 죄를 기억하고 마음에 깊이 새긴 눈으로 그를 바라보아서는 안 됩니다. '너는 나에게 이런 나쁜 죄를 범했다'는 낙인을 찍은 눈으로 그를 보지 말아야 합니다.

용서하는 자의 섬뜩한 오만

용서하는 자가 빠지는 가장 큰 위험은 자기 의와 교만입니다. 용서를 하면서 말로 표현하지는 않지만 '너같이 못된 인간을 용서할 정도로 나는 너그럽고 의로운 사람이야' 하는 자만심을 가질 수 있습니다. 그런 오만함이 깃든 눈빛이 상대에게 죄책감과 수치와 굴욕감을 느끼게 할 수 있습니다. 용서하는 자의 교만이 용서가 이루어야 할 바를 좌절시킵니다. 상대가 새 사람으로 변할 수 있는 가능성을 앗아 가는 것입니다.

언제나 그렇듯이, 용서의 선물을 베푸는 일에 있어서도 가장 중요한 자세는 겸손이라 하겠습니다. 우리는 하나님께 많은 빚을 진 사람으로서 용서하는 것입니다. 용서는 우리의 의로움과 선함과 너그러움으로 하는 것이 아니며, 우리에게는 용서하는 능력도 없습니다. 용서할 수 있는 마음도, 용서할 수 있는 능력도 모두 하나님께로부터 주어집니다. 하나님께 용서받는 것은 은혜의 빚을 지는 것이고, 다른 사람을 용서하는 것 역시 그분의 은혜의 빚을 져야 합니다. 그러니 우리는 자랑할 것이 없습니다. 용서할수록 더 많은 은혜의 빚을 지는 것이니 더 겸손할 수밖에 없습니다.

주님이 우리를 무죄한 자로 보시듯이 우리도 그런 눈빛으로 우리에게 잘못한 이를 바라보는 것, 그것이 바로 용서의 완성입니다. 상대방이 나에게 전혀 죄를 짓지 않은 사람인 것처럼 그를 바라보는 것입니다. 그 눈빛이 그를 죄책감의 족쇄에서 벗어나게 합니다. 그러므로 다른 이가 나에게 잘못한 것은 빨리 잊어야 합니다. 그것을 자꾸 끄집어내어 되씹어서는 안 됩니다. 제 아내도 과거에 제가 잘못한 일을 곧잘 되뇌곤 합니다. 출산하고 자신이 무엇인가가 먹고 싶다고 했는데 제가 사다 주지는 않고 '먹고 싶으면 가서 사 먹어'라고 말했다고, 저는 기억도 못 하는 그 일이 자신은 평생 잊을 수 없는 일이라고 말합니다. 제가 정말 잘못했으니, 이제는 아내가 그만 잊어 주기를 바랄 뿐입니다.

특별히 가정과 교회에서 이런 용서가 꼭 필요합니다. 우리는 사소한 일로 서로 틀어져 반목하며 지낼 때가 많습니다. 어떤 가정에서는 남편이 치약을 쓰고는 뚜껑을 안 닫아 놓는다고 티격태격하다가 몇 달씩 서로 말을 안 하고 지냅니다. 어떤 부부는 아내가 설탕을 사는 데 돈을 많이 지출했다는 이유로 부부 싸움을 하고는 40년간 말을 안 하고 살았다고 합니다.* 잘못했다는 말 한마디면 풀릴 문제로 우리는 오랫동안 관계 안에 지옥을 만들며 삽니다. 보통 남자들이 자

---

* 필립 얀시, 『놀라운 하나님의 은혜』(*What's So Amazing about Grace?*, IVP), p. 113.

존심이 강해서 잘못했다는 말을 못하는데, 남자가 먼저 이 말을 하면 좋겠습니다. 저도 거의 대부분 아내에게 먼저 용서를 구하는 편입니다. 그리고 주님이 우리의 죄를 기억하지 않으시듯 우리도 사랑하는 사람의 죄를 잊어 주어야 합니다. 우리는 매일 용서받고 용서하며 현실의 삶을 살아가는 사람들입니다.

사형 선고를 내리는 눈빛

용서를 잘하시는 하나님을 섬기는 이들의 특징도 당연히 용서를 잘하는 것입니다. 또 용서를 잘 구하는 것입니다. 우리는 매일 하나님께 죄 용서를 받음으로써 하나님 앞에 무죄한 자로 설 수 있습니다. 하나님이 보시기에는 어제까지 지은 우리의 모든 죄가 다 사라졌습니다. 하루 사이에 우리 안에 실제로 변한 것은 없지만 하나님은 매일 우리를 새로운 존재로 보십니다. 무죄한 자로서 새 출발을 하게 하십니다. 하나님의 그 눈빛이 우리가 날로 새로워질 수 있는 가능성을 열어 줍니다.

하나님의 용서의 눈빛을 받으며 사는 우리도 용서의 눈빛으로 서로를 보아야 합니다. 비록 상대가 큰 변화 없이 여전히 우리를 힘들게 하고 막되게 굴어도, 우리는 그를 예수의 보혈로 씻음 받은 새 사람으로 보아야 합니다. 그러면 그런 눈빛이 그를 서서히 변화시킬 것입니다. 이것이 바로 형제자매를 과거의 속박에서 해방하는 눈빛입니다. 그렇지 않으면 우리는 서로를 과거에 가두어 놓고 말 것입니다. '저 인간 지금까지 저렇게 살았는데 절대 안 변해. 죽을 때까지 저 모양으로 살 거야'라는 생각으로 쏘아보는 것은, 상대가 영적으로 인격적으로 끝났음을 선언하며 사망 선고를 내리는 눈빛입니다. 사람을 죽이는 눈빛 말입니다.

비록 상대가 별다른 변화를 보여 주지 않을지라도, 매일 우리는 그의 어제까지의 모습을 잊고 그를 그리스도 안에서 새롭게 출발할 수 있는 새 사람으로 보아야 합니다. 이렇게 우리의 눈빛에 용서와 사랑과 희망이 담긴다면 성령의 은혜가 눈빛을 따라 흘러가게 될 것입니다. 우리의 용서가 단순히 그 사람을 미워하거나 보응하지 않는 차원에서 머물지 않고, 그를 살리고 새롭게 하시는 성령의 사역을 향해 나아갈 것입니다.

용서의 몸부림

이런 용서는 하나님의 은혜가 아니면 불가능합니다. 그래서 우리는 기도합니다. 저도 용서에 대해 멋지게 설교할 수 있을지는 몰라도 실제로 용서하는 데는 여전히 어려움을 느낍니다. 우리에게 용서의 선물을 받는 손은 겸손하게 우리의 호의와 용서를 받는 손이 아니라, 우리에게 고통과 상처를 준 손입니다.* 그렇기에 기도 없이는 결코 용서할 수 없는 것입니다. 우리는 용서하기 위해 기도합니다.

기도는 용서하기 위한 몸부림이기도 합니다. 기도는 복수의 본능에 충실하고픈 자신과의 치열한 싸움입니다. 우리 안에 있는 미움을 밀어내고 하나님을 초청하는 것입니다. 우리 안의 보복하려는 본능이 용서하시는 그리스도의 본능으로 바뀌기를 바라는 기도입니다.

• 미로슬라브 볼프, 『베풂과 용서』, p. 306.

따라서 용서는 기도의 열매입니다. 용서를 위한 기도는 '성령이여 오소서. 우리를 그 사랑으로 채우소서'라고 기도하는 것과 같습니다. 결국 사랑의 나라, 하나님의 나라가 임하기를 기도하는 것입니다.˙ 교회의 가장 중요한 특성은 용서입니다. 이 땅의 모든 교회가 용서의 은혜로 가득한 교회가 되기를 소원합니다.

‖ 함께 드리는 기도 ‖

1. 우리 안에 있는 복수의 본능이 그리스도의 본능, 용서의 본능으로 바뀌게 하소서. 율법의 원리를 따르던 삶에서 은혜의 원리를 따르는 하나님 나라의 삶으로 끊임없이 돌이키게 하소서.
2. 용서를 통해 우리 자신이 미움과 분노와 원한의 감옥에서 해방되게 하소서. 우리의 용서가, 우리에게 죄 지은 이를 처벌과 죄책감으로부터 풀어 주고 새 사람이 되도록 성령이 역사하시는 통로가 되게 하소서.
3. 용서할수록 더 많은 은혜의 빚을 진 것이니 결코 자랑할 것이 없다는 겸손의 마음을 잃지 않게 하소서. 하나님이 우리를 죄 없는 자로 보시듯이, 우리도 우리에게 잘못한 형제를 예수의 보혈로 씻음 받은 새 사람으로 보게 하소서.
4. 그럼에도 용서는 어렵습니다. 용서하기 위해 먼저 기도하게 하소서. 우리의 기도를 통해 용서하는 그리스도의 마음과 영이 우리 안에 채워지게 하소서. 이 땅의 교회가 용서의 은혜로 충만한 교회가 되게 하소서.

• 로완 윌리엄스,『제자가 된다는 것』(*Being Disciples*, 복있는사람), p. 80.

여섯 번째
간구

우리를 시험에 들게 하지 마시고
다만 악에서 구하소서

15. 하나님 나라, 시험을 헤치며 산다

'시험 들었다'는 말

교회 생활을 하다 보면 '시험 들었다'는 말을 자주 듣습니다. '요즘 누가 시험 들었대.' '누구 때문에 시험 들었어' 하는 식입니다. 교회 생활을 잘하다가 시험이 들어서 교회에 나오지 않거나 다른 교회로 옮겨 가는 사람들도 있습니다. 제가 볼 때는, 많은 사람들이 너무 사소한 문제를 가지고 시험에 든다는 말을 하는 것 같습니다. 이 말이 교회에서 남용되고 있는 것입니다. 과연 성경에서 말하는 '시험에 든다'는 말은 어떤 뜻일까요?

주기도의 여섯 번째 간구인 "우리를 시험에 들게 하지 마시고"의 뜻을 이해하기는 그리 쉽지 않습니다. 원어를 직역하면 "우리를 시험 안으로 이끌지 마소서"가 되는데, 그렇게 번역하면 하나님이 우리를 시험으로 끌어들이시는 분이라는 말인지 의문이 생깁니다. 그런 점에서 우리말 번역이 그런 의문을 지혜롭게 우회할 수 있는 좋은 대안입니다. 하나님이 우리를 시험 안으로 이끄시는 것이 아니라 우리가 시험 안으로 들어간다는 듯한 뉘앙스를 전달해 주기 때문입니다.

흔히 이 간구를 해석하는 방식은 다음과 같습니다. 성경에서는

'시험'이라는 단어가 우리 믿음을 입증하는 '테스트'(test)라는 긍정적 의미와, 우리를 죄에 빠뜨리는 '유혹'(temptation)이라는 부정적 의미 두 가지가 사용되고 있다는 것입니다. 전자는 하나님이 주시는 시험이고 후자는 사탄이 주거나 스스로 미혹되어 받는 시험인데, 주기도는 부정적 의미에서의 유혹에 빠지지 않게 해 달라고 간구하는 것이라 해석합니다. 그래서 영어 성경은 대부분 여기서의 시험을 '유혹'으로 번역해 다음과 같이 씁니다. "우리를 유혹 안으로 이끌지 마소서"(Lead us not into temptation, NIV).

그런데 사도 야고보는 하나님이 우리를 그렇게 시험하시지 않는다고 말합니다. "사람이 시험을 받을 때에 내가 하나님께 시험을 받는다 하지 말지니, 하나님은 악에게 시험을 받지도 아니하시고 친히 아무도 시험하지 아니하시느니라"(약 1:13). 그렇다면 시험을 유혹으로 번역하지 말고 하나님이 우리 믿음을 테스트하는 긍정적 의미로 이해하면 어떻겠습니까? 그래도 문제가 될 것입니다. 하나님이 선한 뜻으로 우리를 시험하시는데 우리를 시험 안으로 이끌지 말라고 간구한다면, 그 뜻을 거스르는 행위가 되고 맙니다. 여기서 우리는 어느 쪽으로도 해석하기 어려운 딜레마에 빠집니다. 어떻게 이 문제를 풀어야 할까요?

하나님과 사탄이 모두 우리를 시험한다

물론 시험을 테스트와 유혹이라는 두 가지 개별적 의미로 이해할 수도 있습니다. 그러나 많은 경우에 이렇게 두 종류로 깔끔하게 분류되지는 않습니다. 대개 시험에는 두 요소가 혼합되어 있습니다. 한 예로 예수님이 광야에서 받으신 시험을 봅시다. 예수님이 사탄에게 시험을 받으셨습니다. 그런데 성경은 성령이 그를 광야로 몰아가셨다고 합니다. 하나님이 그분을 시험 안으로 이끄신 것입니다. 사탄이 예수님을 시험한 것과 하나님이 그를 시험받게 하신 것이 복합되어 있습니다.

사탄은 예수님을 시험하여 그의 메시아 사역을 좌절시키려 했습니다. 반면 하나님은 그 시험을 통해 예수님이 하나님의 뜻을 받들기에 합당한 메시아이심을 증명하셨습니다. 그 시험에는 두 가지 상반된 의지, 즉 하나님의 뜻과 마귀의 뜻이 개입되어 있습니다. 시험받는 예수님 곁에는 성령도 계셨고 마귀도 있었습니다. 이 시험에서 누구의 뜻이 실현되느냐에 따라 그 결과는 엄청나게 달라집니다. 만약 마귀의 뜻대로 시험이 끝나고 말았다면 인류에게 구원의 소망은 사라지고 영원한 파멸이 임했을 것입니다. 하나님의 뜻이 이루어졌기에 인류에게 구원과 영생과 하나님 나라가 임한 것입니다.

우리는 예수님이 받으신 시험을 통해 시험의 의미와 성격, 결과를 파악할 수 있습니다. 또 시험을 이기는 비결을 배울 수 있습니다. 즉 시험을 기독론적으로 이해해야 합니다. 이미 시험을 받으신 예수님이 아직도 이 땅에서 시험을 받아야 하는 제자들에게 그 시험을 대비해서 어떻게 기도해야 하는지를 가르쳐 주고 계십니다.

"시험 안으로 이끌지 마소서"라는 간구를 시험받지 않게 해 달라는 기도로 이해할 수는 없습니다. 악한 뜻이 결국에 이루어지는 시험으로 우리를 이끌지 말라는 뜻으로 보는 것이 이 간구를 해석하는 원만한 방식입니다. 그렇게 해석하는 것이, 이어지는 문구인 "우리를 악에서 구하소서"와도 잘 어울립니다. 여기서 악은 악한 자 사탄을 뜻합니다. 시험받을 때 악한 자의 손에 붙잡히지 않게 하나님의 능하신 손으로 우리를 붙드시고 건져 달라는 기도입니다.

베드로가 치른 시험

이런 시험의 구체적 예가 있을까요? 주님께 이 말씀을 들은 제자 중에서 시험에 빠진 이가 누구입니까? 바로, 베드로입니다. 주님은 겟세마네 동산에서 기도하실 때, 베드로와 제자들에게 이런 시험에 들지 않도록 깨어 기도하라고 말씀하셨습니다. 그러나 베드로는 기도하지 않고 잠을 자다가 시험에 빠져 주님을 세 번이나 부인했습니다. 마귀는 베드로를 철저히 파괴하여 비참한 배도를 저지르게 하려고 했습니다. 그러나 주님이 베드로를 마귀의 손에서 구해 주셨습니다. 주님은 "사탄이 너희를 밀 까부르듯 하려고 요구하였으나, 그러나 내가 너를 위하여 네 믿음이 떨어지지 않기를 기도하였[다]"(눅 22:31-32)고 말씀하셨습니다. 베드로는 그를 파멸에 이르게 할 마귀의 시험에 빠졌지만, 천만다행으로 주님이 그를 악한 자에게서 구원하셨습니다.

"우리를 시험에 들게 하지 마시고 다만 악에서 구하소서"라는 간구는 하나님의 이중적 보호와 은혜를 구하는 기도입니다. 우리를 멸망케 하는 시험에 빠지지 않게 하시고, 만약 그런 시험에 빠지더라도 악한 마귀에게서 구원해 달라는 간구인 것입니다. 그러나 우리가 악한 자의 손에 빠졌을 때 구원의 은혜가 꼭 주어진다는 보장은 없습니다. 오순절 이후 아나니아와 삽비라가 멸망에 이르게 되는 시험에 빠졌는데, 마귀의 손아귀에서 그들을 구원하는 하나님의 은혜가 임하지 않았습니다. 히브리서 기자도 광야에서 시험받아 멸망한 이스라엘처럼 시험에 들어 배도와 파멸에 이를 위험을 계속 경고합니다.

이 간구 바로 직전에 드리는 간구는 죄사함을 구하는 기도이며, 매일 우리는 죄 용서를 받습니다. 그러나 우리는 매일 용서받지 못할 죄, 파멸에 이르게 하는 죄와 시험에도 빠질 수 있습니다. 그렇기에 그런 시험에 빠지지 않게 해 달라는 기도가 절실히 필요합니다. 우리는 심히 연약하고, 우리의 대적은 우리를 철저하게 망가뜨리고 파괴할 기회만을 노리고 있습니다. 하나님이 졸지도 주무시지도 않고 우리를 지키시듯이, 사탄도 자지 않고 우리를 쓰러뜨릴 절호의 기회를 잡으려고 혈안이 되어 있습니다. 마귀의 눈은 항상 빨갛게 핏발이 서 있습니다. 그러므로 이 기도가 우리에게 얼마나 절실한지 모릅니다.

이 기도를 드리지 않는 사람은 큰 위험 속에 살고 있는 사람입니다. 칼 바르트는, 이 간구가 일반적 시험이 아니라 종말에 많은 사람들을 멸망으로 인도하는 특별한 시험을 뜻한다고 했습니다.[*] 그의 견해도 일리가 있겠지만 이 시험을 종말론적으로만 제한할 수는 없습니다. 매일 우리에게 임하는 평범한 시험도 매우 치명적일 수 있기 때문입니다.

예수를 믿으면 시험을 받는다

마르틴 루터는, 매일 일과를 마치고 잠자리에 들기 전에 죄를 사해 달라는 기도를 드리고 아침에 일어나서는 시험에 들지 않게 해 달라

---

* Karl Barth, *Prayer*, pp. 81-86.

는 기도를 꼭 했다고 합니다.' 우리의 삶은 매일 시험받는 삶입니다. 예수님을 믿는다고 이 땅에서 반드시 복을 받지는 않습니다. 그리스도인이 이 땅에서 꼭 받는 것은 복이 아니라 시험입니다. 예수님을 믿지 않았다면 우리에게 시험이 없었을 것입니다. 예수님을 믿으니 우리의 믿음을 흔드는 시험이 닥쳐옵니다. 이 땅에 임한 하나님 나라에서의 삶은 매일 시험을 헤쳐 나가는 삶입니다.

우리를 대적하는 자인 사탄이 우리를 시험하고, 우리 스스로 시험에 들기도 합니다. 우리는 이렇게 안팎으로 시험하는 세력에 둘러싸여 있습니다. 좌우편에 시험이 도사리고 있습니다. 칼뱅은 우리 왼쪽에 있는 시험이 가난과 수치와 멸시와 시련이라면, 오른편에 있는 시험은 부와 권력과 명예라고 말했습니다.▲ 루터 역시 같은 주장을 하면서, 왼편에서 쓰러지는 사람이 천 명이라면 오른편에서 쓰러지는 사람은 만 명이라고 했습니다. 가난과 시련이라는 시험보다 부와 권력과 성공이라는 시험에서 열 배나 더 많은 사람들이 실족한다는 것입니다.■ 왼편의 시험을 잘 통과한 사람들도 오른편에 있는 시험에 걸려 대부분 넘어진다고 합니다. 가난보다 부의 시험을 이기기가 더 어렵습니다. 낮아졌을 때보다 높아졌을 때 교만의 시험에 빠지기 쉽고, 무명이었을 때보다 유명해졌을 때 인기와 명성의 유혹에 쓰러지기 쉽습니다.

바로 이 두 가지 시험이 우리를 테스트하고 단련합니다. 낮아짐이 우리가 바닥에서도 겸손히 하나님을 섬기는지를 시험하고 훈련한다

• Jan M. Lochman, *The Lord's Prayer* (Grand Rapids: Eerdmans, 1990), p. 125.
▲ 장 칼뱅, 『기독교 강요 (중)』, p. 499.
■ Lochman, *The Lord's Prayer*, p. 127.

면, 높아짐과 명성은 변함없이 낮은 마음으로 하나님 앞에서 행하는지를 더 높은 강도로 시험하고 단련합니다. 시험이 참된 신학자를 만든다는 말이 있습니다. 참 신학자가 되려면 좌우편의 시험, 즉 낮아짐과 높아짐, 비천함과 존귀함, 무명과 유명의 시험으로 빚어져 가야 한다는 것입니다. 신학자뿐 아니라 모든 하나님의 사람들은 시험으로 그 믿음이 증명되고 단련되는 사람들입니다. 시험이 참된 하나님의 사람, 참 신자를 만들며, 하나님 나라는 오직 시험을 통과해야만 들어갈 수 있는 나라입니다.

신구약 성경은 시험에 관한 책이라는 말이 있습니다.* 성경을 '시험전서'라고 불러도 될 것 같습니다. 어떻게 보면 성경은 시험에서 시작해서 시험으로 끝나는 책이라 할 수 있습니다. 성경 맨 앞부분에는 아담과 하와가 받은 인류의 첫 시험이 기록되어 있고, 마지막 책인 요한계시록에는 세상에 임할 마지막 시험이 예고되어 있습니다.

> 네가 나의 인내의 말씀을 지켰은즉 내가 또한 너를 지켜 시험의 때를 면하게 하리니, 이는 장차 온 세상에 임하여 땅에 거하는 자들을 시험할 때라. (계 3:10)

신구약 성경에 흐르는 하나님의 구원 역사는 시험이 계속되는 과정입니다. 인류는 첫 시험에서 실패함으로 하나님 나라를 상실했고 그 시험의 결과가 아담과 하와뿐 아니라 그 후손 전체에까지 미치게 되었습니다. 아담의 실족이 인류에게서 하나님의 통치를 밀어내고

---

* Lohmeyer, *Our Father: An Introduction to the Lord's Prayer*, p. 198.

사탄의 통치를 불러들인 통로가 되었습니다. 아담이 세상에 죄가 들어오는 입구 역할을 한 것입니다.

실패한 시험을 시험으로 대처하다

하나님은 이 같은 첫 시험의 비극적 결과를 해결하기 위한 방안으로 도 시험을 택하셨습니다. 아담과는 달리 시험을 너끈히 이길 한 사람을 통해 잃어버렸던 것을 만회하고, 인류가 하나님 나라에 들어갈 수 있도록 문을 열고자 하신 것입니다. 그래서 그분은 자신의 아들을 우리와 똑같이 시험을 받는 인간이 되게 하셨습니다. 실로 예수님의 생애 전체가 시험이었음을 우리는 잘 압니다. 그분은 공생애를 시작하시면서 곧장 광야로 나아가 마귀에게 시험을 받으셨습니다. 이후 유대인들은 끊임없이 그분을 시험했습니다. 십자가의 고난을 앞두시고는 겟세마네에서 마지막으로 치열한 시험을 치르셨습니다.

예수님이 모든 시험을 이기심으로 첫 사람 아담과 대조되는 새 사람의 원조가 되셨습니다. 첫 사람 아담이 시험에서 실패한 결과가 모든 인류에게 미치듯이, 두 번째 사람 예수님이 시험에서 승리한 결과도 그를 믿는 모든 사람에게 미칩니다. 그래서 사도 바울은 로마서 5장에서 두 결과의 극명한 대조를 보여 줍니다.

한 사람의 범죄로 말미암아 사망이 그 한 사람을 통하여 왕 노릇 하였은즉, 더욱 은혜와 의의 선물을 넘치게 받는 자들은 한 분 예수 그리스도를 통하여 생명 안에서 왕 노릇 하리로다. 그런즉 한 범죄로 많은 사람이 정죄에 이른 것같이 한 의로운 행위로 말미암아 많은 사람이 의롭다 하심을 받아 생명에 이르렀느니라. 한 사람이 순종하지 아니함으로 많은 사람이 죄인 된 것같이, 한 사람이 순종하심으로 많은 사람이 의인이 되리라. (롬 5:17-19)

그리스도께서 시험에 굴하지 않으시고 죽기까지 하나님께 순종하신 덕분에 우리도 의인이 되었습니다. 주님이 우리의 대표자, 대리자로서 시험을 이기신 의로운 행위를 우리의 의로움인 것처럼 여겨주시는 것입니다. 우리를 주님과 같이 시험을 이긴 새 사람의 반열에 서게 하신 것입니다. 우리는 더 이상 첫 사람 아담의 실패가 불러온 죄와 사망의 통치와 영향력 아래 있지 않습니다. 이제 우리는 그리스도의 승리가 가져온 충만한 은혜와 생명이 왕 노릇 하는 영역에 살고 있습니다. 하나님 나라 안에 살고 있습니다.

이제 우리는 하나님의 통치를 받기에, 사탄은 결코 우리를 주관하지 못합니다. 하나님이 임재하시는 곳에 있기에 사탄이 손을 대지 못합니다. 하나님이 우리 옆에 계시니, 사탄이 우는 사자처럼 울부짖기는 하지만 우리를 물지는 못합니다. 우리가 현재 들어와 누리고 있는 바로 이 하나님 나라에, 시험을 이기는 비결과 능력이 담겨 있습니다. 그래서 우리가 받는 시험은 삶 속에 하나님 나라의 능력을 풀어놓는 통로가 됩니다. 2천 년 전에 우리 대신 시험을 받고 이기신 주님이 이제는 성령으로 우리 안에 거하여 시험받는 우리를 도우십니다. 능력으로 우리와 함께하여 시험을 이기게 하십니다. "그가 시험을 받아 고난을 당하셨은즉 시험받는 자들을 능히 도우실 수 있느니라"(히 2:18).

시험을 제거하는 시험

예수님의 삶이 그러했던 것처럼, 둘째 사람인 신자의 삶도 시험의 연속입니다. 우리가 하나님의 통치를 받으며 하나님 나라를 위해 살면 사탄의 거센 공격과 유혹과 시험을 받습니다. 이 사회를 지배하는 우상숭배적 문화, 물질주의, 경제제일주의, 성공제일주의를 거슬러 하나님의 뜻을 따르기로 결단할 때 얼마나 많은 시험이 닥쳐오겠습니까? 하지만 이 세상의 풍조와 문화를 따라 물 흐르듯이 편하게 살면 시험이 없습니다. 이 세상의 방식을 따라 사는 이에게는 그 어떤 것도 시험이 되지 않겠지만, 하나님 나라의 원리와 가치관을 따라 살면 모든 것이 시험을 가져다줄 수 있습니다.

우리에게 가장 중요하고 사랑스러운 것, 심지어 하나님이 주신 귀한 선물도 인간을 시험에 빠뜨릴 수 있습니다. 아브라함은 백 세에 하나님이 주신 독자 이삭으로 인해 시험을 받기가 쉬웠을 것입니다. 그래서 이삭을 바치라는 시험은 그를 쓰러뜨릴 수 있는 시험을 제거하는 시험이었습니다. 우리는 우리가 가장 소중히 여기는 보물들 때문에 마귀의 옆자리에 엎어집니다.* 하나님은 우리를 망하게 하는 시험을 제거하기 위해 우리를 시험하십니다. 무엇이든 우리가 가장 사랑하고 집착하는 것, 그래서 하나님으로부터 우리 마음을 빼앗아 가는 것이 우리에게 시험을 제공합니다.

사람들이 불안에 쫓기는 원인 중 하나가 성과주의라고 합니다. 우

---

* 헬무트 틸리케, 『세계를 부둥켜안은 기도』(*Das Gebet, das die Welt umspannt*, 홍성사), p. 219.

리는 왜 그토록 성과에 집착할까요? 바로 성과를 통해 자신의 가치를 증명해 보이라는 사회적 압박 때문입니다. 성과를 많이 올리고 높은 성취를 이룰수록 인정과 대우를 받습니다. 성과가 존재의 가치와 행복을 상승시켜 주기에 우리는 거기에 목을 맵니다. 그래서 열심히 일을 하는데, 만약 그에 대한 성과를 이루지 못할 경우에는 맥이 빠지고 의욕을 상실하고 마는 것입니다.

선한 일을 하다가도 열매가 부진하면 낙심하곤 합니다. 하나님 나라를 위해 일할 때도 성과주의의 시험에 빠질 수 있는 것입니다. 목사가 당하는 시험은 교회 성장과 부흥이라는 거룩한 명분으로 다가옵니다. 물론 교회가 부흥하고 성장하는 것은 중요합니다. 그러나 교회가 부흥해서 목회에 성공했다는 인정을 받으려는 마음이 생기면 정말 큰 시험에 빠질 수 있습니다. 오랫동안 교회를 섬겼음에도 그 열매가 나타나지 않으면 지치고 낙심되며, 목회에 실패했다는 생각까지 들기도 합니다. 자신이 수고한 것에 대한 성과에 너무 집착하면 이런 시험에 빠지기가 쉽습니다.

세상은 성과로 우리를 판단하지만, 하나님 나라에서 그보다 더 중요한 가치는 그 일에 대한 태도가 얼마나 신실했느냐 하는 것입니다. 성과가 별로 없어도 끝까지 충성하는 것이 더 의미 있습니다. 그것이 진정한 성공입니다. 언젠가 목사로 일하고 있는 저의 제자가 "교수님은 목회에 죽을 쑤어도 제자들에게 위로가 된다"고 농담을 건넸습니다. 기분이 좀 나쁘면서도 위로가 되는 말이었습니다.

아무리 선한 비전도, 심지어 하나님이 원하시는 건강한 교회를 세운다는 비전까지도 우리에게 시험이 될 수 있습니다. 실제로 공동체의 형제자매들을 섬기는 것보다 그 비전을 성취하는 일에 더 마음을 빼앗길 수 있습니다. 가장 아름답고 고상하고 인간적인 목표, 약자와 소외된 자의 편에 서고 사회 정의와 개혁을 위해 일하고자 하는 선한 뜻까지도, 우리를 하나님으로부터 멀어지게 하는 시험거리가 될 수 있습니다. 실제로 사회 정의를 위해 일하던 바르고 의식 있는 사람들이 타락하여 망가지는 경우를 저는 많이 보았습니다.

그러므로 그 어떤 것도 우리에게 시험이 되지 않도록 항상 깨어서 기도해야 합니다. 삶에 존재하는 무서운 위험에 무지한 채 살아가는 것이야말로 가장 위험한 삶입니다. 우리 삶 전체가 시험이며 위험입니다. 이 사실을 안다면 기도하지 않을 수 없을 것입니다. 기도하지 않고 사는 것은 자신을 너무 과신하는 태도입니다. 우리는 심히 약하고 우리를 파괴하려는 시험의 세력은 말할 수 없이 강하고 사악하고 잔혹합니다. 얼마나 많은 주의 종들과 하나님의 사람들이 비참하게 쓰러지고 있는지 모릅니다. 잘나가던 목사도 한 방에 갑니다. 잠시 방심한 사이에 우리 신앙이 거덜 나고, 영적 침체에 빠져 결국 몰락합니다.

쓰러짐의 거대한 여파

아담 한 사람이 시험에 빠져 그 후손 전체에 악영향이 미친 것처럼, 내가 시험에 들면 자신뿐 아니라 자녀와 후손들, 공동체 전체에 큰 피해를 줍니다. 주기도문은 '우리가' 시험에 들지 않게 기도할 것을 요청합니다. 따라서 우리는 자신만이 아니라 서로가 시험에 들지 않도록 기도해야 합니다.

무엇보다 우리는 교회를 위해 기도해야 합니다. 목사가 시험에 들면 온 교회가 곤욕을 치릅니다. 그렇다면 사탄이 누구를 집중해서 공격하겠습니까? 당연히 목사와 장로 같은 교회 지도자를 먼저 공격합니다. 그래서 한 교회의 장로가 말씀과 기도로 무장되고 훈련된 사람이 아니면 시험에 들어 교회에 큰 해를 입히게 됩니다. 장로교회는 장로들 때문에 망한다는 말 들어 보셨습니까? 장로교회는 장로들에 의해 세워지는 교회인데, 그만큼 장로들 때문에 수없이 많은 교회가 무너지고 있습니다. 한국 교회가 이 지경이 된 것은 똑똑한 사람이 없어서도 아니고, 열심이 없어서도 아닙니다. 많은 목사와 장로들이 시험을 이기지 못해, 교회와 하나님 나라를 세우는 데 아무 쓸모도 없는 방해꾼이 되어 버리고 말았기 때문입니다.

또한 유혹이 범람하고 성적 실족으로 수많은 가정이 붕괴하는 사회 속에서, 우리는 배우자를 위해 기도해야 합니다. '절대 그럴 사람이 아니다'라는 굳은 신뢰를 주던 사람이 갑자기 쓰러져 우리를 놀라게 할 때가 너무 많습니다. 시험은 사람을 가리지 않고 무서운 괴력을 나타냅니다. 그렇기에 우리는 자신이나 서로를 과신하지 말고 겸손하게 기도해야 합니다. 기도하는 것은 지속적으로 하나님을 모셔 들이는 행동, 하나님 나라의 능력을 우리 안에 불러들이는 행동입니다. 하나님의 이중적 보호와 도움을 구하는 것입니다.

하나님은 결코 우리가 감당할 수 없는 시험을 주시지 않습니다. 그분은 우리가 능히 감당할 수 있음을 알기에 시험을 주시는 것입니다. 우리 안에 믿을 만한 것이 있어서가 아니라, 우리가 자신의 무력함을 알고 하나님을 전적으로 의지하며 기도할 것을 아시기 때문입니다. 하나님은 자신의 연약함을 알고 기도하는 자를 신뢰하십니다. 오직 그분만을 붙잡는 기도의 손을 신뢰하십니다. 그리고 그 손에 시험을 이길 수 있는 능력과 은혜를 부어 주십니다.

시험은 우리가 하나님 나라에 합당한 사람인지를 증명하는 수단이 될 수 있습니다. 시험을 통해 우리가 참으로 하나님을 사랑하고 순종하는지 여부를 평가할 수 있습니다. 우리 앞에는 세상 영광과 번영을 좇으며 평안과 안락과 명성을 누리는 육신의 길과, 희생과 고난과 멸시가 있을지라도 기쁘게 하나님 나라에 헌신하는 성령의 길이 함께 놓여 있습니다. 만약 육신의 길을 뿌리치고 성령의 길을 자원해서 걸어간다면, 참으로 하나님을 사랑하고 순종하는 제자임이 입증될 것입니다. 우리는 매일 세상과 하나님 나라 사이에서 선택의 기로에 놓입니다. 그리고 하나님의 도움으로 이 시험을 잘 이기면, 하나님 나라의 능력으로 충만하여 하나님 나라를 세우고 확장하는 귀한 일꾼이 될 수 있을 것입니다.

‖ 함께 드리는 기도 ‖

1. "우리를 시험에 들게 하지 마시고 악에서 구하소서"라는 간구를 통해 하나님의 이중적 보호와 은혜를 누리게 하셔서 감사합니다. 시험받을 때, 우리를 파멸에 이르게 하려는 악한 자의 손에 빠지지 않게 하나님의 능하신 손으로 우리를 붙들고 건져 주소서.

2. 용서받지 못하는 죄, 파멸에 이르는 죄를 범하는 시험에 빠지지 않게 매일 도와주소서. 매일 우리 삶에 무서운 위험이 존재한다는 사실을 알고, 항상 깨어 기도하게 하소서.

3. 좌우편에 있는 시험, 즉 가난과 부, 낮아짐과 높아짐, 비천과 존귀, 무명과 유명의 시험을 잘 통과하여 참된 하나님의 일꾼으로 빚어지게 하소서. 우리에게 가장 소중하고 사랑스러운 것 때문에, 혹은 성과에 대한 과도한

집착 때문에 시험에 빠지지 않게 하소서.

4. 성령을 따르는 삶에 희생과 고난과 멸시가 있을지라도 그 길을 선택함으로써 참으로 아버지를 사랑하는 백성임이 입증되게 하소서. 시험에서 넘어져 가정과 교회에 큰 피해를 끼치기보다 시험을 이겨서 공동체에 많은 유익을 주는 이들이 되도록 기도로 무장하게 하소서.

16. 하나님 나라를 향한 출정

하나님과 마귀의 대칭 구조

이제 주기도의 마지막 간구에 이르렀습니다. "우리를 악에서 구하소서"라는 간구는 치열한 전쟁의 출정을 앞두고 드리는 기도와 같습니다. 우리가 매일 주기도를 드리며 하나님의 나라를 먼저 구하면 악한 세력이 들고일어나 우리를 대적합니다. 하나님 나라를 구하며 사는 것은 우주적 전쟁의 한복판으로 들어가는 것을 뜻합니다. 그래서 악에서 구해 달라는 기도는 그 싸움터로 출정하는 모든 그리스도인들이 간절하게 드려야 할 기도입니다.

여기서 '악'이라는 단어의 원어는, 중성 명사이기도 하고 남성 명사이기도 합니다. 그래서 그것을 남성으로 보면 '악한 자'가 되고 중성으로 읽으면 '악' 또는 '악한 행위'가 됩니다. 여기서 학자들의 견해가 갈리는데, 킹 제임스 성경은 '악'으로 번역한 반면에 NIV는 '악한 자'로 옮겼습니다. 악을 사탄이라는 인격적 존재로 이해하기를 꺼리는 이들은 남성보다는 중성으로 보는 것을 선호합니다. 사실 어떻게 번역해도 큰 차이는 없습니다. 악과 악한 자 마귀는 긴밀하게 연결되어 있기 때문입니다. 악의 배후에는 항상 악한 자 마귀가 있습니다.

어느 쪽을 택하든 별 상관은 없지만, 악한 자로 번역하면 주기도의 대칭 구조를 파악하기가 더 쉽습니다. 기도문 맨 앞의 하나님과 맨 뒤의 악한 마귀가 대칭을 이루는 것입니다. 즉 하나님의 통치와 마귀의 통치가 대비됩니다. 하나님의 통치를 바라는 간구와 악한 자의 지배에서 구해 달라는 간구는 사실 한 청원의 두 측면으로서, 앞뒤에서 주기도를 감싸는 양괄식 대칭 구조(인클루시오)를 형성하고 있습니다. 우리가 악과 사탄의 지배에서 건짐을 받을수록 우리 가운데 하나님 나라가 온전히 임합니다.

C. S. 루이스는 『스크루테이프의 편지』에서 마귀에 대한 사람들의 두 가지 잘못된 반응을 지적합니다.* 첫 번째 반응은 무관심입니다. 많은 사람들이 요즘 세상에 마귀가 어디 있냐고 코웃음을 칩니다. 반면에 어떤 사람들은 마귀에 대해 지나치게 예민합니다. 삶의 구석구석에서 마귀의 존재와 활동을 속출해 내려고 합니다. 그런 사람들은 질병과 고통을 모두 마귀와 연관된 것으로 보는 경향이 있습니다.

마포를 장악하고 있는 귀신의 두목

한때 귀신론에 대한 가르침이 유행한 적이 있습니다. 귀신론 신봉자들은 삶의 고통스러운 문제는 모두 귀신이 일으키는 것으로 보고 귀신을 쫓아내는 일에 열심입니다. 귀신론의 진원지는 서울 구로동의 성락교회라는 곳이었는데, 그 교회를 담임하는 목사가 백억 원대의 교회 돈을 횡령해서 징역형을 받았습니다. 그래도 일부 교인들은 여

• C. S. 루이스, 『스크루테이프의 편지』(*The Screwtape Letters*, 홍성사).

전히 그런 인간을 추종합니다. 귀신을 쫓아낸다고 열을 올리는 이들이 귀신에 사로잡히고 만 것입니다. 맨날 귀신, 귀신 하는 이들이 오히려 마귀의 홀리는 마력에 빨려 들어가기가 쉽습니다.

성경은 귀신에 대해 많은 것을 말하지 않습니다. 그러므로 귀신에 대해 말할 때는 각별히 주의해야 합니다. 이전에 어떤 목사가 신학교에 와서 특강을 했는데, 귀신도 조폭들처럼 자신들의 '나와바리'가 있다고 합니다. 예를 들어 마포를 관할하는 마귀 두목의 이름은 '투산'이고 그 밑에 많은 귀신 졸개들이 있다는 것입니다. 그리고 이 투산이라는 마귀 두목을 마포에서 쫓아내야만 마포가 복음화된다는 황당한 이야기를 했습니다. 온통 귀신 이야기에만 몰입하는 것 자체가 벌써 마귀의 계략에 말려든 것입니다. 우리는 마귀가 아니라 하나님을 설교해야 합니다. 마귀의 역사가 아니라 하나님의 구원을 전해야 합니다. 마귀론이 아니라 하나님 나라의 복음을 가르쳐야 합니다. 마귀가 아닌 하나님께 절대적 관심을 기울여야 합니다.

루터는 악한 자에게서 구해 달라는 기도가 주기도에서 마지막이 되어야지 우선이 되어서는 안 된다고 말했습니다.[*] 어떤 이는 모든 것을 악한 자와 결부시켜서 생각합니다. 일종의 마귀 공포증이 있어서 항상 마귀를 대적하는 기도를 해야 합니다. 걸핏하면 '마귀야 물러가라'고 외쳐 댑니다. 잘못 배운 것입니다. 물론 그런 기도가 특별히 필요한 경우가 있습니다. 주님과 제자들도 마귀를 꾸짖어 쫓아냈습니다. 대적 기도라는 말을 쓰곤 하는데 이는 잘못된 것입니다. 하나님께 드리는 것이 기도이지 마귀를 꾸짖는 것을 기도라고 할 수는

---

* Lochman, *The Lord's Prayer*, p. 147.

없습니다.

　무속적 기도의 특징이 바로 복을 빌고 악을 퇴치하는 것입니다. 우리는 본성적으로 우리에게 나쁜 일이 생기지 않기를 바랍니다. 그런데 만약 그런 것만을 우선적으로 구한다면 그 기도는 무속적 기도에 가깝다고 할 수 있습니다. 반면 악에서 구해 달라는 간구는, 하나님 나라를 먼저 구할 때 필연적으로 따라오는 문제에 대응하는 기도라는 성격을 지닙니다.

마귀는 하나님의 원숭이

우리를 대적하는 악의 세력은 거대하고 우주적이며 조직적이고 교묘하며 집요합니다. 사탄이 지배하는 영역도 하나의 나라를 이룹니다. 그래서 어두움의 왕국이라고 표현하는 것입니다. 거기에는 사람들을 다스리는 권세가 있는데, 사도 바울은 그것을 정사와 권세라고 했습니다. 그 왕국에는 조직과 시스템이 있고, 정책과 전략이 있습니다. 사탄이 이 세상을 다스리는 정치술은 굉장히 뛰어납니다.

　사탄의 왕국에는 인간을 오랜 세월 관찰하여 분석하고 연구한 인간론이 있습니다. 사탄은 대중의 심리와 기호를 잘 읽습니다. 그야말로 대중의 인기를 끄는 포퓰리즘의 원조입니다. 그는 사람들의 본능과 욕망을 잘 알고, 어떻게 사람들의 마음을 사로잡을 수 있는지를 꿰뚫고 있습니다. 그래서 매력이 철철 넘치고 감동을 주는 모습으로 우리에게 다가옵니다. 혐오스러운 잡귀의 모습으로 나타나는 귀신은 우리를 교란시키기 위한 하나의 속임수일 뿐이며, 우리의 관심을 그쪽으로 돌려 '마귀는 저렇게 혐오스러운 존재'라고 오해하게 만듭니다.

사탄의 일차 전략은 철저한 은폐와 위장입니다. 가장 선한 광명의 천사로 위장하는 데 명수가 따로 없습니다. 빛 되신 하나님을 모방하는 것입니다. 마귀는 '하나님을 흉내 내는 하나님의 원숭이'라는 말이 있습니다. 마귀도 하나님처럼 우리 마음을 감동시켜서 우리에게서 헌신을 끌어냅니다. 그를 좇는 대가로 우리에게 하나님 나라의 복락과 유사한 것들을 줍니다. 우리에게 한시적이나마 평안을 주고, 성취감과 행복감을 줍니다. 마귀를 따르면 불행해지고 고통스럽기만 하다면 누가 그를 따르겠습니까?

언젠가 고양시의 유명한 대형 쇼핑몰에 간 적이 있습니다. 실내가 넓고 시원해서 걷기에 딱 좋은 곳이었습니다. 어느 자동차 회사의 전시 공간이 있었는데, 무려 1억이 넘는 고급 자동차가 있어 타 보았습니다. 차가 어찌나 좋은지 입을 다물 수가 없었습니다. 이래서 사람들이 비싼 차를 원하는구나 싶었습니다. 나도 이런 차를 타고 다니면 조금은 행복하겠다는 생각도 했습니다. 이것이 바로 돈이 줄 수 있는 행복이고, 그래서 사람들은 하나님 나라보다 돈을 더 열심히 좇게 되는 것입니다.

광야에서 예수님이 사탄에게 받으신 유혹도 얼마나 매혹적이고 달콤했습니까? 사탄은 40일을 굶은 예수님께 돌을 떡으로 만들어 보라고 속삭입니다. 놀라운 기적을 일으켜 인간의 가장 절박한 문제인 생계 문제를 해결해 주는 메시아가 되라는 것입니다. 사람들의 가장 원초적 욕구, 배고픔을 면해 보려는 욕구를 채워 주는 이가 사람들의 마음도 얻고 영혼까지 지배하게 된다는 것입니다.* 사람들은 매일 생

---

* 헬무트 틸리케, 『세계를 부둥켜안은 기도』, pp. 245-246.

계의 염려가 없도록 양식을 공급해 주는 이를 따르게 마련입니다. 그래서 정치인들도 경제 이슈를 앞세워 민심을 사로잡으려고 혈안입니다. 영민한 마귀는 사람의 심령을 변화시키고 영혼을 새롭게 하기보다, 굶주린 배를 채워 주는 메시아가 되라고 주님을 시험한 것입니다. 얼마나 달콤한 제안입니까?

그런데 많은 교회들이 이런 마귀의 유혹적 음성으로 뒤틀린 복음을 전합니다. '예수 믿으면 세상에서 물질의 복을 받고, 밥 문제가 해결된다'는 기복 신앙을 전합니다. 예수를 전하는 것 같지만 실제로는 전혀 다른 예수, 마귀가 제시하는 거짓 메시아를 전하는 것입니다.

또 마귀는 천하만국과 그 영광을 보여 주며 "나에게 엎드려 경배하면 그 모든 것을 주리라"고 말합니다. '아무것도 없는 맨땅에서 시원찮은 제자들 몇 사람을 데리고 언제쯤 네가 꿈꾸던 나라를 건설하겠느냐? 내가 단번에 모든 것을 성취해 주겠다'는 것입니다. 이 역시 황홀한 유혹입니다. 이처럼 사탄이 우리 마음을 사로잡는 가장 교묘하면서도 집요한 방식은 성공에 대한 숭배를 조장하는 것입니다. 세상뿐 아니라 교회까지 성공이라는 우상 앞에 무릎 꿇기에 교회가 하나님 나라의 공동체가 되지 못하고 있습니다. 목사들이 목회적 성공이라는 우상 앞에 고꾸라져 하나님 나라를 위해 제대로 일하지 못하는 것입니다.

이 사회에서 귀신을 쫓아내는 엑소시스트

사탄은 우리 마음 안에서뿐 아니라 세상의 구조와 시스템을 통해서도 조직적으로 일합니다. 악하고 모순된 구조는 개인 안의 악을 부추기고, 이런 개인의 악으로 인해 악한 구조가 한층 더 강화되는 것입니다. 인간의 욕심이 집단적으로 응축되어 물질주의, 경제제일주의, 성공지상주의의 문화를 창출하고, 그런 문화 속에서 개인의 욕망이 다른 이의 욕망을 모방하면서 더 자극됩니다. 그리고 그 욕망을 이루지 못하는 데서 오는 좌절과 불안이 끝없이 고조됩니다.

이 사회의 모든 문제들은 서로 얽히고설켜 있습니다. 자라나는 아이들을 질식시키는 괴물 같은 교육 제도를 어떤 정치인도 바꾸지 못합니다. 교육 제도는 모든 것과 얽혀 있기 때문입니다. 교육이 취업과 경제와 신분 상승과 직결되는 것입니다. 이 사회 전반에 스며 있는 치열한 경쟁 구조가 변화되고 사람들의 가치관과 인식이 새로워지지 않는 한 어떤 개혁도 기대하기 힘든 상황입니다.

부패한 구조 속에서 개인의 선은 쉽게 무력해집니다. 한 개인이 대기업에서 성실하고 정직하게 일해도, 만약 그가 속한 기업이 중소기업을 죽이는 카르텔을 형성한다면 그 조직의 악에 원치 않게 동참하는 셈이 됩니다. 선한 개인이 거대한 기업의 이익을 위해 이용당하는 것입니다. 이렇게 악은 사회의 치밀한 조직망으로 우리를 옭아맵니다. 이런 사회 조직과 문화와 풍조를 통해 우리를 지배합니다.

악한 구조의 문제는 단순히 제도 개혁으로만 해결되지 않습니다. 그 배후에 도사리고 있는 어두움의 권세와 싸워야 합니다. 악에서 구해 달라는 기도는 우리 개인만이 아니라 정치, 경제, 교육, 문화, 예술 등 우리 사회 전 영역에 똬리를 틀고 있는 어두움의 권세를 몰아내는 기도입니다. 그리고 이 땅의 교회와 그리스도인들이야말로 이 사회 구석구석에서 귀신을 쫓아내는 엑소시스트의 역할을 할 수 있는 존재들입니다. 물론 이런 기도의 열매가 금방 나타나지는 않겠지만, 그럼에도 우리가 꾸준히 이 기도를 드린다면 그 열매가 우리 자녀 세대에라도 나타날 것입니다.

악은 마귀가 아니라 우리가 한 짓

악한 자의 유혹은 치열하며 우리를 옥죄는 압박은 거셉니다. 그럼에도 악한 자는 우리를 강압하지는 못합니다. 강제적으로 자신을 따르도록 우리 의지를 비틀지 못합니다. 하나님은 우리의 의지를 마귀도 강압하지 못하게 만드셨습니다. 우리의 의지는 누구도 넘보지 못하는 성역입니다. 하나님도 우리의 의지를 무시하고 강권적으로 우리를 굴복시키지 않으십니다. 우리는 우리가 원치 않는데도 사탄의 강압에 못 이겨 악을 행하는 것이 아니라, 스스로 나서서 사탄의 유혹을 따라 죄의 길을 택함으로써 사탄에게 결국 낚이는 것입니다. 그러므로 우리가 행하는 악의 책임은 전적으로 우리에게 있습니다.

악을 '악한 자' '사탄'으로 이해할 때 따라오는 위험은, 악의 책임을 사탄에게 돌리고 그의 강압에 못 이겨 어쩔 수 없이 악을 행했다는 변명거리를 만들어 낼 수 있다는 점입니다. 우리 죄에 대한 면죄부를 얻어 내는 것입니다. 하지만 우리는 악의 피해자나 희생자가 아니라 적극적으로 악을 선택하고 자행하는 장본인입니다. 우리는 서로에게 악을 행하는 가해자인 동시에 피해자입니다.

한편, 집단이나 국가가 권력을 이용해 거대 악을 행할 수 있습니다. 히틀러와 나치 정권은 유대인 6백만 명을 학살했습니다. 홀로코스트는 20세기 최대의 비극입니다. 쥐 한 마리를 가스실에 집어넣어 쥐가 온몸을 비틀며 고통스럽게 죽어 가는 것을 보는 것도 끔찍한데,

수많은 사람들을 그토록 잔혹하게 죽였다는 것이 과연 인간이 할 수 있는 짓인지 믿기지 않습니다. 너무나 악마적인 행위입니다.

우리는 도저히 인간이 저질렀다고 볼 수 없는 악의 극치를 보며 그것이 마귀의 소행이라고 생각하는 경향이 있습니다. 그러나 그것은 철저히 인간이 한 짓입니다. 인간의 악한 마음이 민족우월주의라는 자만심에 사로잡혀 악한 계획을 치밀하게 세우고 조직적으로 실행에 옮긴 것입니다. 악마적 소행이지만 마귀가 직접 개입해서 한 일은 없습니다. 모두 인간이 행한 것이며 그렇기에 철저히 인간적 소행입니다.

인간은 그렇게 사악한 존재입니다. 마귀 때문에 인간이 그런 악을 행하는 것이 아니라 인간 자체가 마귀적인 존재라고 보아야 합니다. 인간 안에는 천사와 같이 선한 것이 있는 동시에 마귀와 같은 성향, 악이 도사리고 있습니다. 인간은 모순덩어리인 것입니다. 홀로코스트 같은 사건은 인간을 아주 고상한 이성적 존재로 보는 우리의 낙관주의적 착각을 여지없이 깨뜨리고 말았습니다. 그런데 더 심각한 것은 그렇게 밖으로 드러난 악보다 더 끔찍한 악이 우리 안에 잠재되어 있다는 사실입니다. 단지 그것이 밖으로 분출되지 않고 제어되고 있을 뿐입니다.

나를 악한 나에게서 구해 주소서

악의 근원은 우리 안에 있습니다. 주님은 우리 마음에서 악이 흘러나온다고 말씀하십니다. 온갖 탐욕과 거짓과 음란과 교만이 마음에서 계속 솟구쳐 올라옵니다. 만물보다 심히 거짓되고 부패한 것이 인간의 마음이라고 했습니다. 그래서 "악에서 구하소서"라는 기도는, 마귀에게서 구해 달라는 간구일 뿐 아니라 자신 안의 악에서 구해 달라는 간구이기도 합니다. 아우구스티누스가 그랬던 것처럼 "악한 자인 나에게서 나를 구해 주소서"라고 기도하는 것입니다. 바울도 그런 기도를 드렸습니다. 그는 로마서 7장에서 이렇게 고백합니다.

> 내 지체 속에서 한 다른 법이 내 마음의 법과 싸워 내 지체 속에 있는 죄의 법으로 나를 사로잡는 것을 보는도다. 오호라, 나는 곤고한 사람이로다. 이 사망의 몸에서 누가 나를 건져 내랴. (롬 7:23-24)

이 간구는 우리 안의 악의 세력으로부터 우리를 구해 달라는 기도입니다. 죄의 속박에서 자유롭게 되기를 원하는 기도, 성화를 위한 기도, 우리가 끊임없이 드려야 할 기도입니다. 사탄을 대적하기 전에 먼저 자신을 대적하시기 바랍니다.

오늘날은 교회에서도 '자기를 긍정하라' '자기를 사랑하라' '자존감을 높이라'는 메시지가 유행입니다. 신앙의 선진들이 강조했던 '자기를 부인하라' '옛 자아를 죽이라' 같은 가르침은 인기가 없습니다. 물론 그리스도 안에서 우리는 자기를 사랑하고 긍정해야 합니다. 건강한 자긍심을 가져야 합니다. 사랑의 기초는 자기 사랑이기 때문입니다. 그러나 우리 안에 도사리고 있는 악, 우리를 부패하고 망하게 하는 악과 싸울 때 우리는 진정한 자아를 발견하고 자신을 진정으로 사랑하게 됩니다. 자기밖에 모르고 도통 남을 섬길 줄 모르는 이기적인 자아를 대적해야 합니다. 옛 자아의 교만과 탐욕과 혈기를 죽여야 합니다. 우리 안의 악을 성령의 능력으로 죽이지 않으면 그 죄악이 우리를 죽이고 말 것입니다. "너희가 육신대로 살면 반드시 죽을 것이로되, 영으로써 몸의 행실을 죽이면 살리니"(롬 8:13).

또한 이 간구는 '나' 개인만이 아니라 '우리'를 악에서 구해 달라는 기도임을 명심해야 합니다. 우리는 서로를 위해 이 기도를 드려야 합니다. '우리 모든 교우들을 악에서 구해 주소서. 죄악에서 자유롭고 거룩해지게 하소서. 우리 자녀들을 악에서 자유롭게 하소서. 죄에 매여 사탄의 속박 아래 살지 않게 하소서' 하고 기도해야 합니다. 또한 교회를 악에서 구해 주시고, 세상의 악에 오염되어 타락하지 않게 해 주시기를 기도해야 합니다. 교회는 항상 외부의 악보다 내부의 악 때문에 부패하고 몰락했습니다. 우리를 타락하게 하는 우리 안의 악에서 구해 주시기를 기도해야 합니다. 한국 교회에 대한 연대 책임을 통감하며 기도해야 합니다. 주여, 죄와 세상의 포로가 된 우리를 돌이켜 주소서! 교회가 교회 되게 하소서!

이 세상을 악에서 구해 주소서

더 나아가, 이 간구는 이 세상을 악에서 구해 달라는 기도입니다. 이 세상은 악이 가득하여 흘러넘치는 곳입니다. 뉴스만 보더라도 악의 실체를 목격할 수 있습니다. 매일 직장과 사회에서 우리가 상대하는 사람들에게서 악이 드러나는 것을 봅니다. 우리가 사랑하는 가족에게서도 악이 나타납니다. 우리의 말을 통해 자녀와 배우자를 죽이는 악과 독이 흘러나옵니다. 가정과 사회에 말과 글을 통한 언어폭력이 난무합니다. 악한 혀, 거짓 뉴스, 악플들을 통해 악이 우리 사회에 넘쳐흐릅니다. 우리 가정과 교회에 하나님 나라의 평화가 임하려면 매일 우리를 악한 혀의 권세에서 구해 주시기를 기도해야 합니다.

우리는 자신이 속해 있는 조직과 기관에서 매일 불의와 모순을 접하고, 국가 간의 관계에서도 악이 그 교활한 모습을 드러냅니다. 일본은 우리를 침략해서 36년간 주권을 찬탈한 것을 진정으로 사죄하지도 않고, 다시 그 약탈의 마수를 뻗치려고 합니다. 이제는 경제라는 강력한 무기로 우리를 위협하고 압제하려고 합니다. 이런 상황에서 우리 민초들이 할 수 있는 일은 별로 없지만, 그럼에도 국민들은 열심히 불매운동을 벌이고 있습니다. 저도 지금까지 사용하기 편리한 일제 염색약을 써 왔는데, 더 이상 사용하지 않으려고 합니다. 이런 작은 항거의 몸짓이 우리 국민의 민족정신이 얼마나 강한지를 보여 주는 것 아니겠습니까?

그러나 그런 것으로는 문제를 근본적으로 해결하지 못합니다. 국력을 키워야 하는데 정치하는 이들은 당리당략을 일삼고 있으니 나라가 몹시 염려됩니다. 강대국의 틈바구니에 놓인 이 나라의 앞날이 참 위태롭습니다. 이렇게 나라가 어려울 때, 바로 교회가 이 나라를 위해 기도하는 왕 같은 제사장의 직무를 수행해야 합니다. 그것이 애국하는 일입니다. 우리의 기도에는 나라를 살리는 위력이 있습니다. 자신의 기도를 비하하지 마십시오. 우리의 기도 자체는 미미하기 짝이 없지만, 우리 기도를 들으시는 하나님 아버지는 역사를 주관하시고 나라를 흥하게도 하시고 쇠하게도 하시며 세계정세와 판도를 재편하시는 전능한 하나님이십니다. 그분만이 이 나라를 지키고 구하실 수 있습니다. 그런데 하나님은 그 일을 자녀인 우리들의 기도에 대한 응답으로서 행하기를 원하십니다. 그러니 우리는 마땅히 기도해야 하겠습니다.

또한 이 간구는 이 우주와 창조 세계를 파괴하고 오염시키는 악에서 구해 달라는 기도이기도 합니다. 지구가 몸살을 앓고 있습니다. 환경이 심각하게 오염되고 파괴되고 있어, 지구가 인간이 더 이상 살 수 없는 곳이 되고 있습니다. 온난화의 문제가 점점 심각해지고 있습니다. 대기가 오염되어 숨을 쉴 수 없는 지경에 이르렀습니다. 매일 아침에 일어나면 미세먼지 농도부터 확인하는 것이 생활화되고 말았습니다.

예수 그리스도의 십자가와 부활로 이루신 하나님의 구속은 우리 인간만 구원하는 것이 아니라 죄로 망가진 창조 세계를 갱신하는 것입니다. 성령은 만물을 새롭게 하시는 원동력입니다. 이 지구를 파괴하는 악에서 우리를 구해 달라고 기도해야 합니다. 이렇게 기도하는 동시에 우리 자신이 환경을 파괴하는 죄에서 돌이켜야 합니다.

우주보다 더 큰 기도

무엇보다 이 기도는, 악으로 비참하게 찢기고 망가진 세상을 비관하지 않고 소망하며 드리는 기도입니다. 완성될 하나님의 나라를 바라보면서 기도하는 것입니다. 악에서 구해 달라는 간구는 우주만큼이나 그 폭이 넓습니다. 우주를 주관하고 새롭게 하시는 광대하신 하나님을 아버지로 모신 사람은 기도의 폭도 확장되어야 합니다. 아버지의 관심이 우리의 관심이며 아버지의 비즈니스가 우리의 비즈니스여야 합니다. 주기도는 "하늘에 계신 아버지"로 시작하고, 중심에는 이 땅의 밥 문제에 관한 간구("일용할 양식을 주시고")가 놓여 있습니다. 그리고 마지막에 악에 관한 간구가 놓입니다. 주기도는 하늘에서 시작하여 이 땅, 그리고 지옥의 심연까지 포괄합니다.• 우주의 모든 실체를 끌어안습니다.

교회의 선교와 전도는 '세상 사람들을 사로잡고 있는 악에서 저들을 구하소서'라는 기도로만 수행할 수 있습니다. 아직 하나님을 모르는 가족과 친지와 이웃을 악에서 구해 주시기를 간절히 기도하는 것이 전도의 비결이며 능력입니다. 오직 이 기도를 통해, 사람들을 죄와 사탄의 속박에서 해방하는 하나님 나라의 권능이 세상에 방출됩니다. 이 간구는 하나님 나라의 능력에 기초하고 예수 그리스도의 승리에 근거한 것입니다. 예수 그리스도의 십자가와 부활은 악한 자 사탄을 결정적으로 꺾고 승리한 사건입니다. 그리고 우리는 이미 이긴 싸움에 참여하는 사람들인 것입니다. 마귀는 더할 나위 없이 사악하고 위협적인 존재이지만 이미 패배한 권세입니다. 우리는 이미 십자가로 승리하신 예수 그리스도를 따라가며 악의 잔존 세력을 청산하는 마무리 작업을 하고 그 전리품을 챙기는 사람들입니다.

사탄과 악한 세력을 간과하고 방심해서는 큰코다치지만, 그것을 지나치게 두려워하는 것은 금물입니다. 사탄은 분명 무서운 세력을 가졌으며 심히 연약한 우리가 상대할 수 없지만, 우리 뒤에는 항상 하나님이 계십니다. 어떤 신학자는 강력한 적에 맞서는 우리의 기도를 이런 식으로 표현합니다. 악한 자와 맞서 있다가 뒤에 계신 하나님께 돌이켜 그 앞에서 납작 엎드리면, 나를 상대하던 마귀는 내 뒤에 서 계신 하나님과 마주서게 된다는 것입니다.▲ 기도는 하나님이

• Lochman, *The Lord's Prayer*, p. 147.
▲ 채영삼, 『삶으로 드리는 주기도문』(이레서원), p. 192.

악한 자와 상대하시도록 그 앞에 바짝 엎드리는 것입니다. 기도는 겸손의 표현입니다. 그리고 가장 위험한 것이 교만입니다. 교만한 자는 사탄의 밥입니다. 교만한 자는 기도하지 않는 사람이며, 따라서 기도하지 않는 것은 치명적 죄입니다.

그런데 우리는 심지어 기도를 하면서도 교만에 빠지기가 쉽습니다. 기도를 많이 한 것에 대한 보상과 성과를 은근히 기대하고, 자기도 모르게 그에 대한 공로 의식에 사로잡히기가 쉽습니다. 기도의 바탕은 겸손이고 기도할수록 겸손해져야 합니다. 겸손과 믿음은 단짝으로 항상 같이 다닙니다. 겸손한 믿음으로 드리는 기도가 사탄을 이기고, 죄와 사탄의 결박에서 자신과 다른 사람을 구원합니다. 아주 미미해 보이는 우리의 기도가 가족과 자녀들을 악과 영원한 파멸에서 구원합니다. 우리 이웃을 구원합니다. 우리나라를 구원하고, 이 세상과 지구를 구원합니다. 우리의 기도를 들으시는 분은 구원에 능하신 하나님이시기 때문입니다.

우리를 대적하는 악한 세력의 존재로 인해 우리는 하나님의 품속으로 더 깊숙이 파고듭니다. 악으로 에워싸여 있기에 하나님께 꼭 붙어 삽니다. 이렇게 하나님 안에 거하며 하나님 나라의 풍성한 은혜를 누리는 것이야말로 악을 이기는 비결입니다. 하나님 나라의 보화에 매료되고 그 나라에서 주어지는 더 좋은 것으로 만족할 때 사탄의 달콤한 유혹을 이길 수 있습니다.

‖ 함께 드리는 기도 ‖

1. 하나님 나라를 대적하는 악한 세력과의 싸움에 출정하면서, 자기 힘을 의지하지 않고 하나님 아버지께 우리를 악에서 구해 달라고 겸손히 기도하

게 하소서.

2. 마귀의 달콤한 유혹에 마음이 끌려 우리의 의지가 자발적으로 악을 선택하고 자행하지 않도록 우리 마음을 굳게 지켜 주소서. 거짓되고 이기적이며 교만하고 탐욕스러운 나 자신을 대적하게 하소서.

3. 제가 속한 교회의 교우들을 악에서 구해 주소서. 그들을 죄악에서 자유롭게 하여 거룩하게 하소서. 우리 자녀들을 악에서 구해 주소서. 그들이 죄에 매여 사탄의 속박 아래 살지 않게 하소서. 한국 교회를 세상의 악에서 구해 주시고 교회를 몰락하게 하는 우리 안의 죄악에서 구해 주소서.

4. 이 나라를 악에서 구해 주소서. 강대국의 틈바구니에서 다시금 이권 다툼에 이용되고 희생당하지 않도록 이 나라를 보호하소서. 나라가 어려울 때 교회가 깨어서, 기도로 나라를 살리는 왕 같은 제사장의 직무를 성실하게 수행하게 하소서. 이 세상을 오염시키고 파괴하는 악의 세력으로부터 창조 세계를 구해 주소서. 무엇보다 우리가 예수 그리스도의 승리에 기초하여 이 기도를 드리며, 그 승리의 효력과 열매가 온 세상에 충만하게 하소서.

송영

나라와 권세와 영광이 아버지께
영원히 있습니다 아멘

17. 주기도의 종점

성경적 권위가 없는 송영?

주기도는 송영으로 끝납니다. 송영이란 하나님께 영광을 돌리는 기도 또는 찬양을 뜻합니다. 그런데 성경 본문을 보면 이 송영이 괄호 안에 들어가 있습니다. 난외주에는 이 괄호 안의 구절이 고대 사본에는 없다고 나와 있습니다. 실제로 이 송영은 가장 오래된 사본들에는 없고 이후에 나온 사본에는 있습니다. 누가복음에 기록된 주기도에도 원래 송영이 없습니다. 따라서 이 송영은 나중에 첨가된 것으로 보이며, 대부분의 학자들도 원래 주님이 주기도를 가르치셨을 때는 송영을 말씀하시지 않았을 것이라고 봅니다.

그래서 어떤 목사는 이 구절은 영감된 하나님의 말씀으로서의 권위를 갖지 못한다고 말합니다. 주기도문 자체와 동등한 권위를 갖지 못한다는 것입니다.* 그럼에도 이 송영은 주기도의 내용과 잘 연결되며 주님이 송영을 드리는 것에 동의하고 기뻐하셨을 것이라고 말합니다. 그러나 이런 주장은 모순일 수밖에 없습니다. 성경적 권위가

---

* 김남준, 『깊이 읽는 주기도문』, pp. 427-429.

없는 구절을 왜 성경에 집어넣어 하나님 말씀처럼 읽어야 하느냐는 의문이 생깁니다.

이 송영이 고대 사본에 나오지 않는다고 해서, 원래 주님이 말씀하셨을 가능성을 완전히 배제할 수는 없습니다. 유대의 모든 기도는 송영으로 끝납니다. 백성들이 기도를 하면 제사장이 송영으로 화답하며 기도를 마무리했습니다. 이런 유대 전통을 따라 주님도 송영을 드렸을 것입니다.• 그리고 제자들과 초대 교인들도 주기도를 할 때마다 송영으로 끝맺음을 했을 것입니다. 김세윤 박사와 신약학자 톰 라이트도 이런 주장을 합니다. 톰 라이트는 "예수님이 단순히 '우리를 악에서 구하소서'라는 말로 기도를 끝내셨다고 생각하기란 불가능하다"고 말합니다. 그는 처음부터 이 송영과 유사한 것이 있었을 것이며, "이 송영은 주기도 전체의 메시지와 정확히 일치한다"고 했습니다.▲ 저는 톰 라이트의 칭의론을 비판하는 입장이고 그에 관한 책을 쓰기도 했지만, 이 부분에서는 그의 견해가 상당히 일리가 있다고 봅니다.

장엄한 피날레

이 송영은 주기도의 전체 내용과 잘 어울릴 뿐 아니라 그것을 집약하여 아름답고 장엄한 피날레를 장식합니다. 주기도의 핵심 주제는 하나님 나라입니다. 주기도는 그 나라의 주인이신 하나님 아버지로부터 시작하여 그 나라의 권세와 영광을 영원히 소유하시는 하나님

• 김세윤, 『주기도문 강해』, p. 45.
▲ 톰 라이트, 『주기도와 하나님 나라』, p. 109.

아버지로 끝납니다. 주기도의 첫 간구인 "하늘에 계신 우리 아버지여, 이름이 거룩히 여김을 받으시고"는 청원인 동시에 찬양입니다. 그래서 송영과 한 짝을 이룹니다. 둘은 보자기처럼 주기도를 감싸며 인클루지오를 형성합니다. 어떤 저자는 이것을 기도하는 두 손으로 비유합니다. 첫 간구가 기도하는 오른손이라면 송영은 왼손이며, 그 두 손 안에 주기도를 담아 하나님께 올리는 것이라고 그는 말합니다.* 주기도는 아버지에 대한 찬양으로 시작해서, 그분께 영광을 올려 드리는 송영으로 절정에 이릅니다. 주기도는 찬양에서 더 깊은 찬양으로 나아가는 기도인 것입니다. 주기도의 근본 특성은 찬양입니다. 그래서 주기도를 드리는 가장 적합한 방식은 찬양이라고 합니다.

하나님을 아버지라고 부르는 것 자체가 하나님을 찬양하고 높여 드리는 행위입니다. 지극히 높고 광대하고 영화로우신 하나님이 비천한 죄인들에게 아버지가 되신다는 사실을 찬양하는 것입니다. 하나님이 우리 죄인들의 아버지가 되시기 위해 얼마나 위대한 구원 사역을 행하셨는지를 찬양하는 것입니다. 우리 아버지가 어떤 분인지를 선전하고 자랑하며, 무엇보다 먼저 자기 자신에게 자랑하는 것입니다. 우리의 고질적 문제는 자긍심이 너무 빈약하다는 것입니다. 기도를 못하는 것도 사실은 빈곤한 자아상 때문입니다. 자아상은 하나님상과 직결됩니다. 하나님이 나에게 어떤 존재인지를 확신할 때, 내가 누구인지에 대한 부요한 자긍심을 가질 수 있습니다.

모든 나라와 권세와 영광을 가진 하나님이 우리 아버지이시며, 우리는 그의 자녀요 상속자라는 진리가 복음의 핵심입니다. 너무도 크

---

* 정현구, 『주기도문과 21세기를 위한 영성』(한들출판사), p. 212.

고 놀라운 사실이라 잘 믿기지 않고, 상상의 나래를 최대한 펼쳐도 결코 완전히 이해할 수 없는 엄청난 진리입니다. 믿음이 없다면 뜬구름 잡는 이야기로도 들릴 수 있습니다.

우리 신앙의 문제는, 이 놀라운 진리가 우리 삶에서 전혀 작동하지 않는다는 데 있습니다. 믿음이란 이 진리를 진지하게 받아들이는 것, 이 진리에 존재와 삶을 던지는 것입니다. 이 진리 자체가 너무도 크고 광대하기에 그에 대한 겨자씨만 한 믿음만 있어도 삶에 큰 변혁을 가져올 수 있습니다. 그 믿음은 실로 우리 존재와 삶과 영원한 운명을 송두리째 바꾸어 놓을 것입니다. 우리는 이 복음의 진리에서 자신이 누구인지에 대한 정체성을 발견하고, 하나님께 참으로 존귀하고 소중한 존재인 자신에 대해 자긍심을 가져야 합니다. 주기도는 가장 탁월한 하나님상과 자아상을 우리 안에 심어 주고 배양해 주는 기도입니다.

소유가 아니라 존재의 부요함

"나라와 권세와 영광이 아버지께 영원히 있다"고 고백하는 송영은 그 나라와 권세와 영광이 상속자인 우리에게도 어느 정도 있다는 뜻도 내포합니다. 아버지의 것이 다 우리 것이기 때문입니다. 우리가 하나님의 자녀가 되었다는 것은 그분의 정당한 법적 상속자가 되었다는 뜻입니다. 바울은 "만물이 다 너희 것"이라고 말했습니다. 아직은 자녀 된 영광과 특권을 다 누리지 못하지만, 우리는 믿음으로 하나님 자녀로서의 자부심을 가지고 살아갑니다. 이 세상에서 가진 것이 전혀 없어도 우리는 모든 것을 가졌습니다.

저는 이십대 청년 시절에 회심을 한 후 미국으로 이민을 갔습니다. 누님들은 가게를 운영해서 달러를 끌어모았고, 부자 동네의 좋은 집에 살며 벤츠를 몰고 다녔습니다. 하지만 저는 신학 공부를 하느라 낡은 아파트에 살며 오래된 중고차를 50만 원에 구입해 타고 다녔습니다. 하루는 출근 시간에 로스앤젤레스를 가로지르는 고속도로의 가장 번잡한 지점에서 저의 고물차가 퍼져 버려 교통이 마비되는 당황스러운 사고가 발생했습니다. 이처럼 저는 미국에 사는 내내 공부하느라 가난하게 살았지만, 주위의 잘사는 이들이 전혀 부럽지 않았습니다. 젊은 시절에 하나님이 우리 아버지라는 복음을 믿으니 가진 것이 없어도 모든 것을 가진 것처럼 마음이 부유했습니다. 이것이 존재의 부요함 아닐까요? 여러분도 그럴 것이라 믿습니다.

우리는 하나님을 모셨으니 모든 것을 가진 사람들입니다. 그러나 우리가 하나님의 상속자라고 해서 이 땅에서 꼭 우리를 부유하게 하시지는 않습니다. 하나님은 우리의 소유가 아닌 존재를 부유하게 하십니다. 탁월한 기독교 사상가인 자크 엘륄(Jacques Ellul)은 이렇게 말했습니다. "당신의 소유가 늘어날수록 당신의 존재는 줄어든다.…소유를 증대시키는 것은 존재를 상실하는 것이다."• 자본주의 제국의 영광과 돈의 위력을 쫓는 이 시대에 반드시 기억해야 할 말입니다.

아버지의 나라와 권세와 영광을 찬양하기 위해서는, 거기에 마음이 매료되어야 합니다. 아버지의 나라와 권세와 영광이 무엇인지를 잘 알아야 하는 것입니다. 우리가 가장 원하는 것이 사실은 나라와 권세와 영광입니다. 그런데 슬프게도 아버지의 나라와 영광에는 별

• 자크 엘륄, 『존재의 이유』(*La Raison d'être*, 규장), p. 57.

관심이 없고, 나의 왕국과 영광을 추구하는 데 여념이 없습니다. 우리가 하는 모든 일의 저변에는 나의 나라와 권세와 영광에 대한 추구가 깔려 있습니다.

내 나라와 영광을 위한 열정

죄의 근본이 무엇입니까? 하나님이 다스리는 하나님의 왕국을 거부하고 나의 왕국을 원하는 것입니다. 인간의 왕국을 건설하려는 고집, 그것이 인류 역사에서 계속되는 바벨탑의 문화입니다. 동물들도 치열하게 영역 다툼을 합니다. 자기 영역을 보존하려고 목숨 걸고 싸웁니다. 우리 인간도 자기 영역을 지키느라 치열하게 생존 경쟁을 합니다. 나의 '나와바리'를 유지하기 위해 힘이 있어야 합니다. 얼마나 높은 학력과 실력, 재력과 권력을 갖느냐에 따라 자신의 작은 왕국이 든든하게 서고, 세상에서 얼마나 성취하고 소유했느냐에 따라 존재가 인정받고 이름이 빛납니다. 그것이 '내 나라'의 영광입니다. 부를 비축함으로 노후 대비까지 다부지게 해 두어야 나의 왕국이 오래 보존되리라고 생각합니다.

자기의 왕국을 건설하고 지키려는 이러한 본능이 바로 인간의 가장 강렬한 욕구입니다. 이렇게 모든 관심이 자기 왕국 건설에 쏠려 있어서, 하나님 나라에는 관심을 가질 수가 없습니다. 자신의 나와바리를 넘보는 자를 용납할 수 없습니다. 그것이 하나님이라도 가만두지 않을 기세입니다. 왜 우리에게 하나님 나라가 임하지 않을까요? 바로 자아의 왕국을 깨부수고 임하는 하나님 나라에 대한 강한 적개심이 우리 안에 도사리고 있기 때문일 것입니다. 자기 왕국을 원하는 자아가 하나님의 통치를 결사적으로 거부하는 것입니다.

그런 사람에게 주기도는 아주 위협적이고 두려운 기도입니다. 주기도는 자아의 왕국이 폭삭 망하고 하나님 나라가 임하기를 기원하는 기도이기 때문입니다. 주기도를 진심으로 드리면 자아의 왕국은 망합니다. 그것을 원하지 않는 우리는 주기도를 드려도 하나님 나라가 아니라 자기 왕국을 위한 주문으로서 주기도를 외곤 합니다. 자기 왕국을 양도하는 대신 하나님께 종교적 서비스를 해 드리는 것입니다. 그리고 그 대가로 자기 왕국을 유지할 수 있는 축복을 얻어 내려고 합니다. 그저 자기의 작은 왕국에서 평안하고 건강하고 행복하기만 하면 되니 말입니다.

우리는 모두 힘을 원하는 권력 지향적인 사람들입니다. 물론, 하나님 나라를 건설하는 권능이 아니라 자기 성공을 위한 힘과 은사를 원합니다. 자기실현의 동력을 구하는 것입니다. 그 힘으로 자신이 세상에서 잘나가고 성공해서 인정받고 자기 이름이 빛나기 원합니다. 목사도 예외는 아닙니다. 목사야말로 가장 간교한 방식으로 자기 왕국을 추구할 수 있는 사람들일 것입니다. 목사들은 성령의 권능을 간절히 구하고, 그 능력으로 목회에 성공해서 명성과 영광을 얻기 원합니다. 그러면서 하나님 나라와 영광을 추구한다는 거룩한 명분으로 굳은 자기 확신에 빠집니다. 이것이 가장 교묘하면서도 집요한 유혹, 시험입니다. 우리는 이 시험을 통과해야 주기도를 바로 드릴 수 있습니다. 그래서 우리를 시험에 들지 않게 하시고 악에서 구해 달라는 간구 후에 나라와 권세와 영광이 아버지께 영원히 있다는 송영이 이어지는 것이 참 의미가 있습니다.

구유와 십자가에서 재정의된 나라와 권세와 영광

주님은 주기도를 가르치시기 전에 광야에서 이 시험을 치르셨습니다. 마귀는, 아버지의 나라와 권세와 영광이 아닌 바로 자기의 왕국과 권세와 영광을 구하라고 제안했습니다. 하지만 주님은 그 달콤한 유혹을 단호히 물리치셨습니다. 그분은 마귀가 제안한 영광의 메시아가 아니라 고난의 메시아의 길을 가심으로, 아버지의 나라와 권세와 영광이 무엇인지를 밝히 보이셨습니다. 그것은 나라와 권세와 영광에 대한 사람들의 통상적 생각을 완전히 뒤집어엎는 혁명이었습니다.

오늘날 사람들의 마음과 생각을 사로잡는 나라와 권세와 영광의 상징이 자본주의 제국과 돈의 위력이듯이, 당시에는 바로 로마 제국이었습니다. 예수님이 오셨을 당시 로마 황제 아우구스투스(Augustus)는 유럽과 지중해 연안의 모든 나라를 점령하고 다스렸습니다. 그러니 모든 나라와 권세와 영광이 로마 황제에게 있다고 했어야 옳을 것입니다. 그런데 주기도는 나라와 권세가 로마 황제가 아니라 하나님께 있다고 말합니다. 그 당시 이런 기도를 한다는 것은 목숨을 걸어야 할지도 모르는 위험천만한 일이었습니다.

그 당시 로마 황제는 천하를 호령하는 막강한 권세자였습니다. 그가 로마에서 손가락을 까딱이니, 그가 점령한 모든 나라 사람들이 호적 등록을 위해 대이동을 해야 했습니다. 로마에서 2,400킬로미터나 떨어진 팔레스타인 변방에서도 한 남자가 만삭인 아내를 데리고 호적을 위해 멀고 험한 여정을 떠나야 했습니다.* 그 여행 도중에 베들

---

* 톰 라이트, 『주기도와 하나님 나라』.

레헴이라는 작은 동네의 구유에서 아내가 출산을 하고, 그렇게 태어난 아기가 천하만국을 다스리는 진짜 왕이 되셨습니다. 하나님 나라는 거대하고 화려한 로마 제국에 비하면 너무도 미미하고 초라하게 임했습니다. 천하를 호령하는 로마 황제의 막강한 권세와 구유에 누인 아기의 여리디여린 모습은 극적인 대조를 이룹니다. 로마 황제가 가진 권세에는 피비린내 나는 폭력과 잔혹함이 깃들어 있었습니다. '팍스 로마나', 즉 로마가 가져다준 평화란 사실 무지막지한 폭력적 지배에 굴복하는 이에게만 허락된 평화였습니다. 그러나 구유에 왕 중의 왕으로 오신 주님은 자신의 여린 몸으로 인간의 폭력과 악을 친히 담당하심으로 우리에게 진정한 평화를 안겨 주셨습니다.

구유에 오신 아기 예수, 십자가에서 고난받으신 예수님을 통해, 우리는 나라와 권세와 영광의 의미를 재정의하고 새롭게 이해해야 합니다. 십자가의 예수님을 통해 진정한 영광이 무엇인지 우리는 알 수 있습니다. 십자가에서 하나님의 빛나는 아름다움이 나타났습니다. 하나님의 거룩과 자비, 선과 의, 무궁한 지혜와 능력이 계시되었습니다. 십자가 위에서 찢기고 상한 예수님의 얼굴에 나타난 하나님의 영광을 바라보는 것이 구원이고 영생입니다. 그 아름다운 분의 얼굴과 성품을 사모하고 바라보며 사는 것이 그의 형상으로 변화되는 비결입니다.

십자가를 통해 나타난 아버지의 권세는 우리를 죄와 사망의 권세에서 해방하는 능력입니다. 죄로 망가진 인생들에게 샬롬이 임하게 하는 새 창조의 능력입니다. 사람들을 살리고 만물을 회복하는 권능입니다. 인간이 자기 왕국과 영광을 위해 살면 결국 추해지고 비루해집니다. 자기 왕국은 곧 붕괴되고 말 것이기 때문입니다. 세상의 헛된 영광과 부귀는 향료처럼 곧 말라 버릴 것입니다. 평생 힘써 쌓아 올린 자기 왕국이 무너진 후에 들어갈 영원한 나라와 영광이 있겠습니까? 그동안 그 나라를 건설하기 위해 무슨 일을 했나요? 그 나라를 위해 쌓아 놓은 것은 무엇입니까? 하나님은 이처럼 세상에서 자기 왕국을 세우기 위해 쉼 없이 헛된 수고를 하고 있던 우리를 복음으로 불러 아버지의 영원한 나라와 권세와 영광을 위해 살게 하셨습니다. 우리는 아버지의 나라와 영광과 권세를 바라보고 추구할 때 가장 영광스러운 사람이 됩니다. 오직 하나님이 우리를 존귀하게 하십니다.

초점과 목표를 잃은 기도

우리는 평생에 걸쳐 주기도를 드립니다. 그러나 하나님의 나라가 임하고 그분의 뜻이 이 땅에 이루어지기를 구하는 우리 기도는 이 땅에서 온전히 성취되지 않습니다. 우리는 하나님 나라와 거리가 먼 비참한 이 세상의 현실을 보며 우리의 기도가 무슨 의미와 효력이 있는지 회의에 빠질 수 있습니다. 송영은 이런 우리가 낙심하지 않도록, 우리의 모든 간구가 헛되지 않을 것이라는 확신을 심어 줍니다. 미래에 완벽하게 드러날 하나님 나라의 영광을 바라보며 찬양하게 합니다.

기도에서 가장 중요한 것이 무엇일까요? 바로 우리 기도가 바라보고 추구하는 최종 목표입니다. 성경이 어떤 기도로 끝나는지 기억하십니까? "주 예수여, 오시옵소서. 마라나타." 이것이 바로 초대 교회 교인들이 드렸던 기도의 특징입니다. 그들은 주 예수가 오심으로 하나님 나라와 권세와 영광이 온전히 드러나기를 궁극적으로 꿈꾸며 기도했습니다. 그런데 오늘날 교회는 이 기도의 초점과 목표를 잃어버리고 말았습니다. 기도가 그 목표를 향해 날아가지 못하고 중도에 다 떨어져 버립니다. 믿음의 시야가 아주 짧습니다. 멀리 내다보지 못합니다. 기도가 바라보는 것이 그저 눈앞에 놓인 현세적 목표에 불과합니다. 그리고 그것이 만족되지 않으면 인내하며 기도하기보다 낙심합니다.

주님은 "인자가 올 때에 세상에서 믿음을 보겠느냐?"고 하셨는데, 어떤 맥락에서 이 말씀을 하셨는지 생각해 봅시다. 그분은 매일 불의한 재판장을 찾아가 귀찮게 구는 과부에 대한 이야기를 하시면서, 밤낮 부르짖는 택한 자의 탄원을 하나님이 속히 들어주시지 않겠느냐고 말씀하셨습니다. 주님이 말씀하신 믿음은 인내하는 기도로 구체적으로 나타납니다. 참된 믿음은 소망으로 인내하는 믿음입니다. 소망한다는 것은, 우리 믿음의 초점이 잘 맞추어져 있어서 온전한 대상을 바라보고 있다는 증거입니다.

기도와 찬양은 감정과 감동으로 하는 것이 아니라, 바라보는 관점으로 하는 것입니다. 미래에 온전히 나타날 하나님 나라와 영광을 바라보며 그 관점에서 우리의 고통스러운 현실을 해석할 때만, 낙심되는 상황에서도 비로소 찬양할 수 있게 됩니다. 저명한 신학자 헬무트 틸리케(Helmut Thielicke)는 이렇게 말합니다. "삶에서 탈출구라곤 전혀 찾을 수 없는 막막한 순간에도 우리는 하나님을 찬송해야만 합니다. 그리하면 우리는 삶을 위해 마련된 탈출구를 보게 될 것입니다. 모든 막다른 길의 끝에는 하나님이 서 계시기 때문입니다."⁹

- 헬무트 틸리케, 『세계를 부둥켜안은 기도』, p. 285.

만약 주기도가 "악에서 구하소서"로 끝났다면 좀 아쉬울 뻔했습니다. 그랬다면, 과연 우리가 악에서 확실히 구원받을 수 있을까 하는 불안감이 남았을지도 모릅니다. 그러나 주기도는 그 악에서 우리를 구할 권세와 영광이 우리를 사랑하는 아버지께 있음을 확증함으로써 그런 불안을 말끔히 해소해 줍니다. 우리 아버지의 나라는 전 우주적입니다. 온 우주에서 우리 아버지가 다스리는 나라에서 제외되는 영역은 단 한 치도 없습니다. 하늘과 이 땅, 그리고 지옥의 심연까지 이 우주의 모든 실체를 아버지께서 관장하십니다. 이 땅의 현실과 생계의 문제도 하나님이 주관하십니다. 그렇기 때문에 밥을 위해 우리가 매일 드리는 기도를 아버지는 당연히 들으시고 우리의 필요를 공급하십니다.

나라에 권세가 없으면 통치가 불가능합니다. 과거에 우리나라는 힘이 없어 주권을 일본에게 빼앗겼습니다. 그런 비운을 되풀이하지 않으려면 온 국민이 함께 국력을 길러야 합니다. 우리 하나님 아버지는 모든 권세 위에 뛰어난 권세를 가지셨습니다. 우리 아버지는 죄와 사망의 세력도 다스리십니다. 부활의 권능으로 사망의 권세를 깨뜨리셨습니다. 그분은 죄사함의 간구를 들으시고 매일 우리에게 용서의 은혜를 베푸실 수 있습니다. 우리 아버지는 자연계뿐 아니라 영적 세계도 주관하시며, 어두움의 영인 사탄을 주관하십니다. 그러므로 우리를 시험에 들지 않게 하시고 악에서 구해 달라는 간구를 능히 들어주실 수 있는 분입니다.

하나님을 쉬지 못하시게 하라

하나님은 우리가 궁극적으로 바라고 소망하는 것이 헛되지 않음을 확증해 주시기 위해, 계속해서 미래의 힘이자 은총인 성령을 부어 주십니다. 성령은 우리가 바라는 아버지의 나라와 권세와 영광이 반드시 임할 것이라는 보증입니다. 하나님이 의심 많은 우리들을 안심시켜 주기 위해 보증금을 미리 주시는 것입니다. 보증금을 주셨으니 잔금을 주실 것이 확실합니다. 집을 사기 위해 보증금을 내고도 차후에 구매를 포기하는 경우가 간혹 있지만, 성령의 보증금과 잔금은 절대 분리될 수 없습니다. 성령의 보증금을 받은 사람은 틀림없이 나머지 잔금을 받을 것입니다. 그러나 성령의 보증금을 받지 못한 사람은 받을 잔금이 없습니다. 현재적 하나님 나라와 미래적 하나님 나라는 결코 분리될 수 없습니다. 현재 임한 하나님 나라를 누리지 못하는 사람에게는 앞으로 들어갈 하나님 나라도 없습니다.

소망은 미래의 힘이 현실로 파고 들어와 현실을 변혁시키는 능력입니다. 소망은 미래에 온전히 임할 아버지의 나라와 권세와 영광이 우리의 현실로 침투해 들어오는 통로입니다. 우리가 아버지의 나라와 권세와 영광을 바라보며 주기도를 드릴 때 그 미래의 힘과 영광이 우리에게 엄습해 옵니다. 우리가 송영으로 주기도를 끝내는 순간 기도는 본격적으로 시작됩니다. 하나님이 그 나라와 권세와 영광이 온전히 임하도록 일하기 시작하십니다.

우리가 매일 주기도를 쉬지 않고 드리는 이유는 하나님이 그 일을 멈추지 않게 하시기 위해서입니다. 하나님이 그분의 나라와 영광을 위해 쉬지 못하시도록 하는 것입니다. 하나님은 우리가 이렇게 기도로 그분을 귀찮게 하는 것을 기뻐하십니다. 그렇게 해 주기를 간절히 원하십니다.

> 예루살렘이여, 내가 너의 성벽 위에 파수꾼을 세우고 그들로 하여금 주야로 계속 잠잠하지 않게 하였느니라. 너희 여호와로 기억하시게 하는 자들아, 너희는 쉬지 말며 또 여호와께서 예루살렘을 세워 세상에서 찬송을 받게 하시기까지 그로 쉬지 못하시게 하라. (사 62:6-7)

쉬지 말고 기도하라고 하신 주님의 말씀은, 사실 하나님을 쉬지 못하게 하라는 말과 다름없습니다. 기도는 하나님을 그분의 모든 권능으로 열심히 일하시게 만드는 것입니다. 그러므로 기도는 인간이 행할 수 있는 가장 존귀하고 위대한 일입니다.

하나님을 쉬지 않고 일하시게 해야 우리 자신과 교회와 세상에 소망이 있습니다. 급속하게 쇠퇴해 가는 한국 교회를 회복시키기 위해 우리가 할 수 있는 일이 무엇입니까? 하나님이 일하시게 하는 것 외에 할 수 있는 일이 어디 있겠습니까? 부패한 세상을 회복시키기 위해 우리가 할 수 있는 일은 정말 미미한 수준입니다. 오직 하나님이 강력하게 일하셔야만 합니다.

어떤 저자는 주기도가 아주 위험한 기도라고 말합니다. 우리가 진정으로 이 기도를 드리면 세상의 질서가 뒤집히고 삶이 변형되기 때문입니다.* 주기도를 드리면 우리 자신이 변화됩니다. 기도를 해도 아무런 변화가 없는 것 같지만, 물밑에서는 우주적 변혁이 일어납니

---

* 김영봉, 『가장 위험한 기도, 주기도』(IVP), p. 208.

다. 틸리케는 우리가 주기도를 드리면 천 배의 응답을 받는다고 말했는데,• 어쩌면 종말에 가서 우리 기도가 천 배가 아니라 만 배 이상 응답된 것을 알게 될지도 모릅니다. 우리의 기도로 세상에 수많은 변화가 일어난 것을 확인하게 될 것입니다.

무엇보다 주기도는 우리 인생의 중심축을 하나님 나라의 동력에 연결시킵니다.▲ 우리를 아버지의 나라와 권세와 영광에 사로잡히게 합니다. 우리가 주기도를 진실하게 드릴 때 우리 아버지의 나라와 권세와 영광이 우리 자신과 교회에 충만히 임할 것입니다. 그리고 세상으로 흘러갈 것입니다.

‖ 함께 드리는 기도 ‖

1. 나라와 권세와 영광이 우리 아버지께 영원히 있음을 찬양합니다. 지극히 높고 영화로우신 하나님이 비천한 우리의 아버지가 되심을 찬양합니다. 매일 아버지를 찬양함으로 우리가 아버지의 존귀한 자녀라는 부요한 자의식과 자긍심으로 충만하게 하소서.

2. 예수 그리스도의 복음을 통해 계시된 아버지의 나라와 권세와 영광의 탁월함에 우리 마음이 매료되고 사로잡히게 하소서. 그래서 자신의 왕국과 영광을 추구하는 헛된 수고에서 돌이켜 아버지의 영원한 나라와 영광을 위해 살게 하소서.

3. 우리 기도가, 주 예수님이 다시 오셔서 아버지의 나라와 권세와 영광이 온전히 나타나는 것을 궁극적으로 지향하는 기도가 되게 하소서. 그 영광

• 헬무트 틸리케, 『세계를 부둥켜안은 기도』, p. 282.
▲ 김형국, 『한국 교회가 잃어버린 주기도문』(죠이선교회), p. 339.

스러운 미래를 내다보며, 고통스러운 현실에도 낙심하지 않고 모든 나라와 권세와 영광이 아버지께 있음을 찬양하게 하소서.

4. 우리가 매일 주기도를 쉬지 않고 드림으로써, 하나님 아버지께서 쉼 없이 일하시게 되기를 원합니다. 우리의 기도를 통해 아버지의 나라와 권세와 영광이 이 땅의 교회에 충만히 임하여 세상으로 흘러가게 하소서.

18. 아멘

교인들을 바보로 만드는 '아멘'

기독교 방송에서 흘러나오는 어떤 설교를 듣다 보면 섬뜩해질 때가 있습니다. 목사가 한마디씩 할 때마다 교인들이 열렬하게 '아멘'을 외칩니다. 목사의 말이 적절하거나 성경적이지 않은 경우에도 무조건 아멘을 연발합니다. 그런 식으로 아멘을 하도록 교인들을 훈련하는 것은 그들의 건전한 사고와 분별력을 마비시켜 바보로 만드는 것이나 다름없습니다. 그렇게 되면 목사의 말에 맹종하는 사이비 집단이 양산될 뿐이고, 결국 '아멘교'라는 조롱을 듣게 되는 것입니다. 아멘은 진리에 대한 바른 이해와 확신에서 우러나와야 합니다. 우리는 생각하면서 '아멘' 해야 합니다.

저는 이따금 다른 교회에 가서 설교를 하는데, 이때도 교인들이 적절치 않은 대목에서 아멘 하는 경우를 종종 봅니다. 한번은, 구약 시대를 언급하며 성전에 하나님 임재를 상징하는 구름이 가득했는데 지금도 그런 신비한 현상이 나타난다면 이 교회가 한 달 만에 초대형 교회로 부흥할 것이라고 했더니, 교인들이 큰 소리로 아멘을 합니다. 오늘날은 구약 시대처럼 성령이 구름이라는 상징으로 나타나지 않으며, 그런 현상이 나타난다고 주장하는 교회는 이단이라고 말하려던 참에 그런 황당한 아멘이 나온 것입니다. 성경의 진리를 모르니 어느 대목에서 아멘을 해야 하는지를 분별하지 못하는 것입니다. 또 어떤 교회에서 설교하면서, "목사가 죽어야 교회가 삽니다"라고 했더니 어떤 교인이 큰 소리로 아멘 하는 바람에 그 교회 목사가 아주 난처해졌던 일도 있습니다. 아멘은 지혜롭게 해야 하는 것입니다.

물론, 아멘을 안 하는 것이 점잖고 세련된 것이라는 생각도 결코 옳지 않습니다. 아멘을 해야 할 때는 온 마음을 다해서 해야 합니다. 슬프게도, 소중한 아멘이 오늘날 교회에서 그 의미가 퇴색되고 심각하게 오용되고 있습니다. 아멘의 참된 의미를 부활시키는 것이 교회가 해야 할 일입니다.

'아멘' 하는 대로 임하는 저주

'아멘'은 히브리어인데, '진실로'(verily) '참으로'(truly) '그렇게 되기를'(so it be) 등의 뜻을 지닙니다. 그러므로 기도 끝에 아멘 하는 것은 '진실로 그러합니다' '그렇게 되기를 바랍니다'라는 고백을 올려 드리는 것입니다.

아멘은 신구약 성도들과 교회를 하나로 엮는 띠 역할을 합니다. 구약의 성도들은 하나님의 말씀을 들을 때 아멘으로 화답했습니다.

장색의 손으로 조각하였거나 부어 만든 우상은 여호와께 가증하니 그 것을 만들어 은밀히 세우는 자는 저주를 받을 것이라 할 것이요, 모든 백성은 응답하여 말하되 아멘 할지니라. 그의 부모를 경홀히 여기는 자는 저주를 받을 것이라 할 것이요, 모든 백성은 아멘 할지니라.
(신 27:15-16)

그리고 26절까지 '아멘 할지니라'라는 말씀이 열세 번이나 반복됩니다. "이 율법의 말씀을 실행하지 아니하는 자는 저주를 받을 것이라 할 것이요, 모든 백성은 아멘 할지니라"(신 27:26).
　이때 신명기 27장과 28장을 비교해 보면 특이한 점을 발견할 수 있는데, 28:1-6을 봅시다.

네가 네 하나님 여호와의 말씀을 삼가 듣고 내가 오늘 네게 명령하는 그의 모든 명령을 지켜 행하면 네 하나님 여호와께서 너를 세계 모든 민족 위에 뛰어나게 하실 것이라. 네가 네 하나님 여호와의 말씀을 청종하면 이 모든 복이 네게 임하며 네게 이르리니, 성읍에서도 복을 받고 들에서도 복을 받을 것이며 네 몸의 자녀와 네 토지의 소산과 네 짐승의 새끼와 소와 양의 새끼가 복을 받을 것이며 네 광주리와 떡 반죽 그릇이 복을 받을 것이며, 네가 들어와도 복을 받고 나가도 복을 받을 것이니라.

무엇이 다릅니까? 이 말씀에는 아멘 하라는 말씀이 없습니다. 왜 그랬을까요? 우리는 백성들이 계속 아멘을 했을 것이라고 전제할 수 있습니다. 복을 선언하는 말씀은 아멘을 명하지 않아도 절로 아멘이 나왔을 것입니다. 그러나 저주를 선언하는 말씀에 아멘 하고 싶은 사람은 없을 것이기에 모세가 아멘을 명한 것입니다.
　모세는 이스라엘 백성들에게 '내가 너희 앞에 복과 저주를 둔다'

고 했습니다. '너희가 하나님의 율법의 말씀을 아멘으로 받아 순종하면 복을 받고 그 말씀에 불순종하면 율법에 명시된 저주를 받는다'고 했습니다. 이스라엘의 역사는 그들이 이 말씀에 대해 아멘 한 그대로 이루어진 역사였습니다. 실제로 그들은 율법에 순종할 때 복을 받았고, 불순종할 때 저주를 받았습니다. 그들의 고질적 불순종 때문에 이스라엘의 역사는 주로 저주가 임하는 쪽으로 진행되었습니다. 구약에는 이스라엘 백성에게 임한 혹독한 징계와 저주에 관한 말씀이 가득합니다. 그것들은 그들이 아멘한 그대로 이루어진 것입니다.

'아멘 하는 것이 두려운 일이구나. 이제 아멘 하지 말아야지' 생각할 사람이 있을지도 모릅니다. 모세가 저주를 선언할 때마다 아멘을 명했는데 과연 모든 사람이 그렇게 했을까요? 백성들 가운데 불순종하는 완고한 사람은 아멘을 하지 않았을지도 모릅니다. 입술로는 마지못해 했어도 마음으로는 하지 않았을 것입니다. 그렇다고 그들에게 저주가 임하지 않았습니까? 오히려 그들에게 먼저 저주가 임했습니다.

징계의 말씀도 아멘으로 받아야 한다

구약의 이스라엘 백성들처럼 우리도 하나님의 말씀을 들을 때 아멘으로 화답해야 합니다. 우리에게 복 주신다는 말씀에는 아멘을 잘 하면서, 말씀대로 살지 않으면 징계를 받는다는 말씀에는 입을 닫는데, 그런 말씀에도 아멘 해야 합니다. 그렇게 아멘 하는 것은 하나님 말씀대로 살겠다고 굳게 다짐하는 것입니다. 만약 우리가 하나님 말씀에 불순종하면 우리를 징계하신다는 말씀이 이루어질 것임을 명심하는 것입니다. 그래야만 늘 자신을 돌아보며 깨어 살 수 있습니다. 그런 말씀에 아멘을 한다는 것은, '우리가 하나님을 떠나 그릇되게 행하면 우리를 징계하십시오'라고 기도하는 것과 같습니다. 그리고 혹여 그런 말씀이 듣기 싫어 귀를 막더라도, 그 말씀대로 징계가 임하는 것은 막을 수 없습니다.

복음의 말씀에는 우리에게 복 주신다는 말씀만 있는 것이 아닙니다. 물론 복음은 복과 저주를 선언한 모세의 율법, 즉 옛 언약과는 다른 새 언약입니다. 예수님의 십자가에서 율법의 저주가 제거되고 우리에게 새 언약의 영인 성령이 주어졌습니다. 이제 우리는 성령 안에서 풍성한 은혜와 생명을 누리게 되었습니다. 그러나 그리스도 안에서 율법의 저주로부터 자유로워졌다고 해서 새 언약을 깨뜨리고 성령과 말씀을 거역하고 살면, 복이 아니라 재앙이 임합니다. 교회 시대에도 하나님은 성령과 말씀을 멸시하고 불순종한 교회와 교인들을 징계하십니다. 우리가 듣는 하나님의 말씀은 진실로 그대로 이루어지는 아멘의 말씀입니다. 그러니 하나님의 말씀과 성령을 따라 살지 않는 이들은 자신에게 징계가 임할 것이라는 말씀을 기억하고 두려워해야 합니다. 바로 이런 두려움이 자신을 돌아보고 회개에 이르게 할 것입니다. 우리는 징계를 받기 전에 속히 돌이켜야 합니다.

물론 많은 그리스도인들이 징계를 받고 정신을 차리는 경험을 하고 있습니다. 겸손하고 진실해져서 죄와 세상의 길에서 돌이킵니다. 이렇듯 성도들이 받는 징계는 저주가 아닙니다. 죄에 대한 형벌과 보응이 아닙니다. 율법을 범한 죄에 대한 저주와 형벌을 주님이 십자가에서 다 받으셨기에, 우리에게 임하는 징계에서 저주가 완전히 제거되었습니다. 그리고 징계가 오히려 축복과 회복의 방편이 되었습니다.

예수님은 우리 대신 십자가에서 율법의 저주를 받으심으로, 하나님의 율법을 거역하고 불순종하면 저주를 받는다는 말씀이 온전히 이루어지게 하셨습니다. 그 말씀이 참으로 아멘이 되게 하셨습니다. 동시에, 예수님이 우리 대신 율법의 모든 말씀에 순종하심으로써 하나님이 약속하신 모든 복을 받는다는 말씀이 온전히 이루어지게 하셨습니다. 그 말씀이 아멘이 되게 하셨습니다.

아멘의 중보자

예수님은 구약의 모든 복과 저주를 약속한 말씀, 이스라엘 백성을 회복하신다는 새 언약의 말씀이 온전히 성취되게 하는 아멘의 중보자가 되셨습니다. 그래서 요한계시록은 예수님을 "아멘"으로 칭하고 있습니다. "라오디게아 교회의 사자에게 편지하라. 아멘이시요 충성되고 참된 증인이시요, 하나님의 창조의 근본이신 이가 이르시되"(계 3:14). 예수님 자신이 하나님의 진실함과 신실함의 결정체이십니다. 그분은 하나님의 신실함을 온전히 드러내 보이신 분입니다.

그분은 자신의 삶과 사역을 통해, 하나님의 말씀이 반드시 이루어진다는 것을 증명해 준 아멘의 화신입니다. 예수님은 메시아에 대한 모든 구약 예언의 말씀이 아멘이 되게 하셨습니다. 메시아를 통해 하나님 나라가 임하고 구원과 회복의 은혜가 임한다는 말씀이 아멘이 되게 하셨습니다. 구약에 약속된 새 언약과 새 창조가 말씀하신 그대로 성취되게 하셨습니다. 또한 그리스도 안에 임한 하나님 나라가 점차 번성하여 마침내 영광스러운 형태로 완성된다는 소망의 말씀이 확실히 성취되어 아멘이 되게 하실 것입니다.

그분은 우리가 하나님 나라를 위해 간구하는 모든 기도가 헛되지 않고 아멘이 되게 하실 것입니다. "하나님의 약속은 얼마든지 그리스도 안에서 '예'가 되니, 그런즉 그로 말미암아 우리가 아멘 하여 하나님께 영광을 돌리게 되느니라"(고후 1:20). 우리가 기도하는 것이 진실로 그대로 될 줄로 믿는 확신의 근거는 아멘이신 예수님의 신실함입니다. 예수님이 우리 아멘의 유일한 바탕이며 원천입니다. 우리의 아멘은 오직 아멘이신 예수님께 뿌리를 내리고 있습니다. 그런 면에서 주기도의 아멘은 우리가 드리는 기도의 후렴인 "예수님의 이름으로 기도합니다. 아멘"의 축약이라 할 수 있습니다.

만약 주님이 십자가에서 고난받고 부활하신 후에 주기도를 가르치셨다면 자신의 이름으로 기도한다는 문구를 넣으셨을 것입니다. 그러나 오직 주님이 십자가 고난과 부활을 통해 영광을 받으신 후에야 비로소 제자들은 예수님의 이름으로 기도할 수 있게 되었습니다. 그래서 주님은 제자들을 떠나시면서 이런 말씀을 하셨습니다. "지금까지는 너희가 내 이름으로 아무것도 구하지 아니하였으나, 구하라 그리하면 받으리니 너희 기쁨이 충만하리라"(요 16:24). 주님이 십자가의 죽음과 부활을 통해 율법의 저주에 대한 말씀과 새 언약에 대한 약속의 말씀을 온전히 성취하여 아멘이 되게 하셨기에, 우리는 그 공로를 의지해 예수님의 이름으로 기도할 수 있게 되었습니다. 그래서 아멘과 예수의 이름으로 기도하는 것은 긴밀하게 엮여 있습니다.

우리는 예수님의 이름으로 기도합니다. 아멘은, 예수님이 십자가와 부활을 통한 중보 사역으로 아멘이 된 하나님의 약속과 말씀이 우리에게도 반드시 아멘이 된다는 뜻입니다. 우리가 기도를 아멘으로 끝마치는 것은 무한한 확신으로 기도하는 것입니다. 우리는 기도를 해 놓고도 반신반의하며, 기도 응답을 기대하지도 않습니다. 하지만 존귀하신 하나님의 아들이 인간이 되셔서 십자가에서 고난받고 부활하심으로 아멘이 되게 하신 하나님의 모든 은혜의 약속은, 아멘으로 끝맺는 우리 기도에서 반드시 응답됩니다.

예수님의 이름으로 하나님 나라가 임하기를 구하는 기도는 반드시 응답됩니다. 예수님의 이름으로 죄사함과 우리 심령을 새롭게 하는 새 언약의 은혜를 구하는 기도는 분명히 응답됩니다. 우리가 이 땅에서 하나님 나라를 위해 사는 데 필요한 양식과, 형제와 이웃을 섬기는 데 필요한 자원을 구하는 기도는 꼭 이루어집니다. 험한 세상에서 시험과 죄와 사탄을 이기고 거룩하게 살기를 소원하는 기도는 틀림없이 이루어집니다. 주기도는 주님이 십자가와 부활을 통해 아멘이 되게 하신 복음이 우리 안에서 아멘이 되게 하는 능력을 체험하게 합니다.

주님과 함께 드리는 기도

주님은 우리에게 주기도라는 선물을 주시기 위해 자신을 희생하셨습니다. 주기도를 통해 주님이 고난으로 이루신 모든 구원의 효력과 은총을 우리가 누리게 하셨습니다. 주기도는 인류를 구원하시며 온 세상을 새롭게 하시는 거대한 하나님의 드라마에 우리가 빨려 들어가게 합니다. 우리는 주기도에서 우리를 위해 죽으시고 부활하신 주님을 인격적으로 만나 교제합니다. 주님과 연합합니다. 주님의 뜻이 우리의 뜻이 됩니다. 아버지의 이름이 거룩히 여김을 받고, 아버지의 나라가 임하고, 아버지의 뜻이 이 땅에 이루어지는 것이 주님의 소원이자 기도였습니다. 그리고 바로 이 주기도에서 그러한 주님의 소원이 우리의 소원이 되며, 주님의 기도가 우리의 기도가 됩니다.

지금도 주님은 하늘에서 이 기도를 드리고 우리 안에서 성령으로 이 기도를 하십니다. 주기도를 드린다는 것은 곧 예수님과 함께 기도하는 것과 같습니다. 주기도에서 우리는 예수님과의 마음과 뜻이 우리와 하나가 되는 깊은 인격적 만남과 연합을 체험합니다. 주기도에서 예수님을 닮은 존재로 빚어져 갑니다. 주기도에서 계속 주님을 만나고 주님을 바라봄으로 그와 같은 형상으로 변화됩니다.

우리는 주기도를 통해 주님과 함께 만물을 통치하는 법을 배웁니다. 인간이 하나님의 형상으로 지음 받았다는 것은 하나님과 같이 왕적인 존재로 지음 받았음을 의미합니다. 구원이란 하나님의 형상을 상실하고 죄의 종으로 전락한 우리가 다시 왕이 되는 것입니다. 우리는 하나님 나라에서 하나님의 통치를 받을 때 만물을 다스리는 왕이 됩니다. 사도 바울은 하나님이 우리를 그리스도와 함께 일으켜 그와 함께 하늘에 앉혔다고 했습니다. 이것은 우리가 만왕의 왕이신 주님과 함께 만물을 다스리는 왕이 되었다는 실로 놀라운 선언입니다.

개혁교회에서는 신자에게 세 가지 직분이 주어졌다고 가르치는데, 그 직분은 바로 왕과 제사장과 선지자를 말합니다. 주기도는 만물을 다스리는 왕적 권위를 구체적으로 행사하는 것입니다. 주기도는 존귀한 왕의 기도입니다. 만왕의 왕이신 주님이 드리신 기도인 것입니다. 물론 주님은 우리처럼 죄를 사해 달라는 기도를 드리실 필요는 없었습니다. 그러나 앞의 세 간구, 즉 아버지의 이름이 거룩히 여김을 받고 아버지의 나라가 임하고 아버지의 뜻이 이 땅에 이루지는 것은 주님이 항상 기도하시는 내용입니다. 만왕의 왕이 드리는 기도를 함께 드리는 우리는 얼마나 영광스러운 특권을 지닌 사람들입니까?

하늘의 뜻을 바꾸는 기도의 위력

세상을 다스리는 왕이 드리는 기도의 위력이 미치지 못하는 영역은 어디에도 없습니다. 그것은 하늘과 땅과 지옥의 심연까지, 우주의 모든 실체를 포괄합니다. 우리의 기도를 통해 하늘의 뜻이 이 땅에 실현됩니다. 그뿐 아니라 우리의 기도를 통해 하늘의 뜻이 바뀌기도 합니다. 하늘의 뜻은 그 어떤 것으로도 움직일 수 없는 요지부동의 무정한 운명 같은 것이 아닙니다. 우리가 기도해 봤자 결국 이미 정해진 뜻대로 이루어진다는 생각은 기도를 불가능하게 합니다. 자녀가 아버지에게 어떤 요청을 계속하는데도 아버지가 그 뜻을 전혀 굽히지 않는다면, 자녀도 더 이상 어떤 부탁도 하고 싶지 않은 법입니다. 아버지와 말도 하고 싶지 않을 것입니다. 그러나 하나님의 뜻은 그렇게 고집스럽고 독단적이고 비인격적인 것이 아닙니다. 아버지의 뜻은 자녀의 기도에 유연하게 반응하는 뜻입니다. 하나님은 우리의 요청과 기도에 반응하시며, 큰 틀에서 우리와 함께 궁극적인 목적을 이루어 가십니다.

성경에도 하나님이 그 백성의 기도에 따라 뜻을 바꾸신 예들이 기록되어 있습니다. 하나님이 광야에서 계속 불평하는 이스라엘 백성을 멸하려고 하자 모세가 하나님께 뜻을 돌이켜 달라고 간구합니다. 그리고 하나님은 모세의 간청에 설득되어 그 뜻을 돌이키셨습니다. 그리고 유다 왕 히스기야의 유명한 이야기도 있습니다. 히스기야가 병이 들어 죽음이 임박하자, 하나님은 이사야를 통해 '네가 죽으리라'고 말씀하십니다. 이때 히스기야는 벽을 향해 심히 통곡하며 하나님께 기도합니다. 그는 자신이 하나님 앞에 신실하게 행한 것을 근거로 하나님의 자비를 구했고, 하나님은 그 기도를 들으시고 뜻을 돌이켜 병을 고치신 후 15년을 더 살게 하셨습니다.

하나님은 우리의 기도에 따라 자신의 뜻을 얼마든지 변경하는 분이십니다. 특별히 우리가 회개하고 돌이킬 때, 그분은 우리를 심판하고 징계하려는 뜻을 돌이키십니다. 우리를 벌하시려는 뜻을, 축복하고자 하는 뜻으로 바꾸십니다. 우리의 간절한 기도를 들으시고 타락한 교회와 민족을 심판하려는 뜻을 바꾸거나 보류하십니다. 우리의 기도는 이 땅에 하나님의 복이 임하게 하며, 하나님의 심판이 교회와 이 나라에 임하는 것을 막기도 합니다. 하나님이 우리의 기도에 따라 뜻을 바꾸시기도 하는 것은, 우리를 자신과 함께 세상을 다스리는 왕적 존재로 대우하고 훈련하시는 것입니다. 기도를 통해 우리를 그분의 친구로 삼으시는 것입니다. 하나님이 그분의 뜻을 이 땅에 이루시기 위해 우리의 기도에 의존하시는 것은, 우리를 파트너로 지극히 높이시고 그만큼 자신을 낮추시는 행위입니다. 자신의 자유를 제한하시는 행위입니다.

지옥의 심연까지 뒤흔드는 기도의 위력

우리의 기도에는 하늘뿐 아니라 지옥의 심연까지 뒤흔드는 위력이 있습니다. 우리의 기도가 죄와 사망의 권세를 제압하고 사탄의 왕국을 무너뜨리고 이 땅에 하나님 나라가 권능으로 임하게 합니다. 주님은 기도 외의 다른 것으로는 귀신이 나갈 수 없다고 말씀하셨습니다. 귀신이 쫓겨 나가고 하나님 나라가 임하는 데 있어 기도가 결정적 역할을 합니다. 저는 기도를 통해 귀신의 세력에 은밀히 괴롭힘을 받던 이들이 풀려나는 것을 여러 번 목격했습니다. 기도를 통해 죄와 사망의 권세에 사로잡힌 사람들이 해방되고, 영적으로 죽어 말라 뼈와 같아진 인생들이 살아나 하나님 백성의 큰 무리를 이룹니다. 에스겔 골짜기의 비전이 실현되는 것입니다. 기도는 세상 속에 하나님의 새 창조가 거대한 스케일로 일어나게 하는 힘을 가지고 있습니다.

교회는 이 세상이 모든 능력을 총동원해도 도저히 할 수 없는 일을 기도를 통해 이루라는 부름을 받았습니다. 그것이 교회의 존재 이유입니다. 그 일을 하지 못하는 교회는 존재할 이유가 없습니다. 가장 나쁜 교회는 기도하지 않음으로 교회가 해야 할 가장 중요한 일을 하지 못하는 교회입니다. 기도 외에는 소망이 없는 지경에 이르러야 참 교회의 역할을 하게 됩니다. 기도 외에는 더 이상 교회 일을 할 수 없다는 절망에 이르러야 진정한 사역자가 될 수 있습니다. 기도하지 않고는 더 이상 신자로 살 수 없다는 뼈저린 인식에 도달해야 참 신자가 될 수 있습니다. 오직 거기서부터 참 신자가 될 수 있는 능력이 주어집니다.

기도는 전능하신 분께 나아가 우리 힘으로 할 수 없는 일을 대신해 주시도록 요청하는 것입니다. 우리는 할 수 있는 일보다 할 수 없는 일이 훨씬 많습니다. 우리에게는 꼭 하지 말아야 할 짓을 할 능력은 있어도, 꼭 해야 할 일을 할 수 있는 능력은 없습니다. 악을 행할 힘은 있어도 선을 행할 힘은 없습니다. 죄 지을 자유는 있어도, 의를 행할 자유의 능력은 없습니다. 남을 미워하고 시기하는 악한 능력은 있어도, 남을 사랑하고 용서하는 능력은 없습니다. 얼마든지 교만해질 수는 있어도, 진정으로 겸손하고 온유해질 수는 없습니다. 더 부패할 수는 있어도 더 거룩해지지는 못합니다. 얼마든지 자기와 세상은 사랑해도 하나님은 사랑할 수 없습니다. 염려하는 천부적 재능을 가지고 있지만, 염려하지 않을 수 있는 능력은 없습니다. 내 마음대로 살 자유는 있지만, 마음을 다스릴 자유는 없습니다. 돈을 모아 좋은 집을 살 수는 있지만, 진정한 행복과 평안을 만들어 낼 능력은 없습니다. 우리에게는 인간답게, 그리스도인답게 살 수 있는 능력이 전혀 없습니다.

매일 하나님께 나아가는 거지

마르틴 루터는 우리가 평생 하나님께 구걸하는 걸인으로 살아야 한다고 했습니다.* 인간다워지기 위해, 신자다워지기 위해 꼭 있어야 할 것이 없으니, 우리는 매일 하나님께 나아가 구걸할 수밖에 없습니다. 루터가 말했듯이 매일 걸인처럼 하나님께 나아가 이 능력을 구걸하지 않으면 우리는 정말 거지 같은 교회가 됩니다. 아무 일도 못하는 무력한 교회가 되고 맙니다. 평생 영적으로 빈곤하고 곤고한 삶을 살면서 복음의 영광을 가릴 뿐입니다. 그러나 매일 거지같이 하나님께 구걸하며 사는 이는 왕같이 존귀하고 부요한 삶을 살게 됩니다. 자신만이 아니라 많은 이들을 영적으로 풍성하고 행복하게 해 주는 은혜의 통로가 됩니다.

• Lochman, *The Lord's Prayer*, p. 125.

주기도는 천국의 언어입니다. 미국에 이민을 가서 살려면 영어를 배워야 합니다. 영어를 못하면 미국에서 살기가 참 불편합니다. 마찬가지로 천국의 말을 못하는 사람은 천국에서 살기가 어렵습니다. 우리가 하나님 나라에서 살며 그 나라의 축복과 특권을 풍성하게 누리기 위해서는 천국의 언어인 기도를 배워야 합니다. 인간이 말을 어떻게 배우는지 생각해 봅시다. 부모가 먼저 아기에게 말을 하고 아기는 그 말을 따라 합니다. 엄마, 아빠, 맘마 하고 한마디씩 따라 하는 능력을 기르면서 말을 배우는 것입니다. 마찬가지로, 기도는 먼저 말을 걸어오시는 하나님에 대한 응답입니다. 예수님이 아멘으로 이루어 주신 복음의 말씀을 들음으로써 우리도 천국의 말을 배웁니다. 주기도에는 하나님이 주신 복음의 말씀이 응축되어 있습니다. 이 주기도를 드림으로써 우리는 주님의 말씀과 기도를 따라 하며 천국의 언어를 배웁니다. 이 언어를 잘 구사할수록 천국을 충만하게 누릴 수 있을 것입니다. 지금이라도 이 언어를 배워 보시지 않겠습니까?

결론을 맺겠습니다. 주님이 이 땅에 육신으로 오심으로써 구약의 모든 하나님의 말씀과 약속이 아멘이 되게 하셨습니다. 또한 주님이 종말에 다시 오심으로 신약의 모든 말씀과 소망이 실현되어 아멘이 되게 하실 것입니다. 그 예수님 안에서 우리가 드리는 주기도의 모든 간구도 아멘이 됩니다. 반드시 이루어집니다. 주님과 함께 드리는 주기도가 우리 자신과 교회와 이 세상과 만물을 아버지의 뜻대로 빚어 갈 것입니다. 주기도를 드림으로써 우리는 주님과 함께 세상을 다스리는 존귀한 왕이 되어 갈 것입니다. 부디 우리 모두가 주기도를 드림으로 복된 인생을 살아가게 되기를 진심으로 바랍니다.

‖ 함께 드리는 기도 ‖

1. 하나님이 우리에게 복 주신다는 말씀뿐 아니라, 불순종하면 징계하신다는 말씀도 아멘으로 받게 하소서. 성령과 말씀을 거역하고 살면 그 말씀대로 징계가 임한다는 것을 기억하고 항상 자신을 살피고, 그런 징계가 임하기 전에 돌이키게 하소서.

2. 주님이 이 땅에 육신을 입고 오셔서 고난받고 부활하심으로, 구약의 모든 말씀과 약속이 아멘이 되게 하셨습니다. 또한 주님은 종말에 다시 오심으로 신약의 모든 말씀과 소망이 아멘이 되게 하실 것입니다. 예수님 안에서 우리가 드리는 주기도의 모든 간구도 이같이 아멘이 될 것이라는 확신을 주소서.

3. 우리가 속한 교회가 기도 외에는 소망이 없는 자리에 항상 머물러 참된 교회의 역할을 감당하게 하소서. 교우들이 기도하지 않고는 더 이상 살 수 없다는 뼈저린 인식에 이르러 참된 신자로 살게 하소서.

4. 주기도를 통해 하나님 나라를 풍성히 누리는 천국의 언어를 배우게 하소서. 주기도를 드림으로 주님의 마음과 뜻이 우리와 하나 되는 깊은 인격적 만남과 교제를 체험하게 하시고, 만왕의 왕이신 주님과 함께 세상을 다스리는 왕으로서 존귀하고 복된 삶을 살게 하소서.

참고 도서

주기도에 관한 참고 도서

강준민, 『주기도문은 하나님의 마음입니다』(토기장이)

김남준, 『깊이 읽는 주기도문』(생명의말씀사)

*김세윤, 『주기도문 강해』(두란노)

*김영봉, 『가장 위험한 기도, 주기도』(IVP)

김형국, 『한국 교회가 잃어버린 주기도문』(죠이선교회)

김홍전, 『주기도문 강해』(성약출판사)

*스탠리 하우어워스·윌리엄 윌리몬, 『주여, 기도를 가르쳐 주소서』(복있는사람)

윌리엄 퍼킨스, 『주기도문 강해』(개혁된신앙사)

임영수, 『주기도문 학교』(홍성사)

*장 칼뱅, 『기독교 강요 (중)』(CH북스)

정용섭, 『주기도란 무엇인가』(홍성사)

*정현구, 『주기도문과 21세기를 위한 영성』(한들출판사)

제임스 패커, 『주기도문』(아바서원)

채영삼, 『삶으로 드리는 주기도문』(이레서원)

코르넬리스 프롱크, 『하이델베르크 교리문답으로 보는 주기도문』(그책의사람들)

톰 라이트, 『주기도와 하나님 나라』(IVP)

*헬무트 틸리케, 『세계를 부둥켜안은 기도』(홍성사)

*Ernst Lohmeyer, *Our Father: An Introduction to the Lord's Prayer* (New York: Harper & Row, 1965)

*Jan M. Lochman, *The Lord's Prayer* (Grand Rapids: Eerdmans, 1990)

Karl Barth, *Prayer*, ed. Don E. Saliers (Philadelphia: Westminster, 1985)

기도에 관한 참고 도서

그레엄 골즈워디, 『기도와 하나님을 아는 지식』(IVP)

김영봉, 『사귐의 기도』(IVP)

리처드 포스터, 『기도』(두란노)

스탠리 그렌츠, 『기도』(SFC 출판부)

오 할레스비, 『오 할레스비 기도』(생명의말씀사)

제임스 패커·캐롤린 나이스트롬, 『제임스 패커의 기도』(IVP)

팀 켈러, 『팀 켈러의 기도』(두란노)

P. T. 포사이스, 『영혼의 기도』(복있는사람)

기타 참고 도서

게하더스 보스, 『바울의 종말론』(좋은씨앗)

달라스 윌라드, 『하나님의 모략』(복있는사람)

데이비드 반드루넨, 『하나님의 두 나라 국민으로 살아가기』(부흥과개혁사)

로완 윌리엄스, 『그리스도인이 된다는 것』(복있는사람)

로완 윌리엄스, 『제자가 된다는 것』(복있는사람)

미로슬라브 볼프, 『배제와 포용』(IVP)

미로슬라브 볼프, 『베풂과 용서』(복있는사람)

알랭 드 보통, 『불안』(은행나무)

앤터니 티슬턴, 『조직신학』(IVP)

윌리엄 제임스, 『종교적 경험의 다양성』(한길사)

제럴드 싯처, 『하나님의 뜻』(성서유니온선교회)

제임스 스미스, 『습관이 영성이다』(비아토르)

제임스 스미스, 『하나님 나라를 상상하라』(IVP)

톰 라이트, 『마침내 드러난 하나님 나라』(IVP)

톰 스매일, 『잊혀진 아버지』(IVP)

필립 얀시, 『놀라운 하나님의 은혜』(IVP)

C. S. 루이스, 『스크루테이프의 편지』(홍성사)

Cornelius Plantinga Jr., *Engaging God's World* (Grand Rapids: Eerdmans, 2002)

John Calvin, *Genevan Catechism*

Karl Barth, *The Christian Life* (Grand Rapids: Eerdmans, 1981)

Lewis B. Smedes, *Shame and Grace* (San Francisco: Harper Collins, 1993)

Martin Luther, *Luther's Works*, ed. Harold J. Grimm (Philadelphia: Fortress Press, 1957)

*표시된 것은 저자의 추천 도서임.

밥심으로 사는 나라

초판 발행_ 2020년 2월 3일
초판 3쇄_ 2024년 6월 10일

지은이_ 박영돈
펴낸이_ 정모세

펴낸곳_ 한국기독학생회출판부
등록번호_ 제2001-000198호(1978.6.1)
주소_ 04031 서울시 마포구 동교로 156-10
대표 전화_ (02)337-2257 팩스_ (02)337-2258
영업 전화_ (02)338-2282 팩스_ 080-915-1515
홈페이지_ http://www.ivp.co.kr 이메일_ ivp@ivp.co.kr
ISBN 978-89-328-1741-5

ⓒ 박영돈 2020

책값은 뒤표지에 있습니다.
무단 전재와 복제를 금합니다.